文艺视阈下

多向度研究

翻译论

肖红 著

新华出版社

图书在版编目(CIP)数据

文艺视阈下翻译的多向度研究/肖红著. —北京：
新华出版社,2019.8

ISBN 978-7-5166-4803-2

Ⅰ.①文…　Ⅱ.①肖…　Ⅲ.①英语－翻译－研究
Ⅳ.①H315.9

中国版本图书馆 CIP 数据核字(2019)第 169110 号

文艺视阈下翻译的多向度研究

著　　者:肖　红

责任编辑:蒋小云　　　　　　　封面设计:崔　蕾

出版发行:新华出版社

地　　址:北京石景山区京原路 8 号　邮　　编:100040

网　　址:http://www.xinhuapub.com

经　　销:新华书店

新华出版社天猫旗舰店、京东旗舰店及各大网店

购书热线:010－63077122　　中国新闻书店购书热线:010－63072012

照　　排:北京静心苑文化发展有限公司

印　　刷:北京亚吉飞数码科技有限公司

成品尺寸:170mm×240mm

印　　张:16.75　　　　　　　字　　数:217 千字

版　　次:2020 年 3 月第一版　　印　　次:2020 年 3 月第一次印刷

书　　号:ISBN 978-7-5166-4803-2

定　　价:80.00 元

前　言

在人类语言的历史上,只是在传说中存在过同一的人类语言。不同语言群体之间始终发生着各种交往活动,翻译就成了一种基本的交往行为。有人认为翻译是一门科学,有人认为翻译是一门艺术,有人将翻译家称为"传声筒",有人将他们称为"媒婆",不同的界定与隐喻体现了人们对翻译审视视角的不同。归根结底,翻译是不同语言信息之间的转换活动。在科技高速发展、计算机广泛应用的现代社会中,能否准确、及时、顺畅地接收信息、处理信息和输出信息,已经成了衡量社会发达程度的一个重要标志;也是衡量社会进步与落后的一个重要尺度。作为交际媒介和信息转换的手段,翻译的重要性越来越凸显出来,并受到社会各界的广泛关注与重视,从事翻译工作的人数也与日俱增。其中,文艺翻译就是翻译研究的一个重要领域。基于此,笔者试图从文艺层面对翻译进行研究,策划并撰写了《文艺视阈下翻译的多向度研究》一书。

本书共有九章内容。作为本书开篇,第一章首先对翻译进行了概述,具体涉及翻译的界定、分类、过程、对译者的素质要求以及中西方翻译理论分析。文艺视阈下的翻译实践必须以一定的理论为依据,故译者应该对中西语言差异、中西文化差异有清楚的认识,进而能在翻译过程中得心应手,所以第二章重点研究了文艺视阈下翻译实践的基础,即中西语言差异、中西文化差异。翻译实践还必须有一定的技巧作为支撑,所以第三章分别对文艺视阈下词汇、句子和语篇三个层面的翻译技巧进行了探讨。前三章是对翻译的理论阐述,为下述章节的展开做了铺垫。第四章至第七章是本书的核心内容,研究了文艺视阈下翻译的不同向度,

包括理论向度、意义向度、意象向度和传统向度。在第四章，作者
首先分析了文学翻译的本质及特点，然后引出了翻译的理想与理
想的翻译之辩，并且论述了译者的主体性，接着讨论了译者的文
化身份与翻译策略的选择，最后概述了操控文学翻译的三个要
素。第五章文艺视阈下翻译的意义向度研究，具体涉及作为交际
行为的文学翻译；文学翻译：一种复杂的意义生成行为；文学译本
的意义重构；意义的筹划与突显；文学翻译中的语境与意义问题。
第六章文学视阈下翻译的意象向度研究，包括译者对原作意境美
和意象美的阐释，译者对原作意境美、意象美的再现，以及文化意
象的翻译。第七章文艺视阈下翻译的传统向度研究，首先介绍了
文学传统的概念，然后讨论了文学传统与文学翻译，接着论述了
文学传统影响下的文学类作品翻译，进而引出外来文学传统对文
学类作品翻译的影响，最后探讨了变化中的文学传统。第八章研
究了文艺视阈下小说与诗歌的翻译实践，做到了理论与实践的结
合。第九章作为本书的最后一章，探讨了文艺视阈下中国部分古
代文学经典的译介与个案分析。

　　本书立足传统、借鉴西方、中外融合，全面阐述文艺视阈下的
翻译。整体上说，本书的亮点是实用性强、见解新颖独到。本书
从文艺的角度出发，全面剖析了翻译基本理论，详细梳理了翻译
实践，做到了翻译理论与实践的完美结合。另外，本书着重研究
了文学翻译的一系列问题，并提供了一些中西方文学经典译介及
案例。本书对于文艺翻译的研究者、读者而言不失为一本有价值
的参考书。

　　在撰写过程中，作者听取了很多专家、学者的宝贵意见，同时
也得到了同行友人的大力支持，在此表示由衷的谢意。由于作者
水平有限且时间仓促，书中疏漏之处在所难免，恳请广大读者不
吝指正。

作　者

2019 年 6 月

目　录

第一章 翻译概述

由于经济全球化的影响,中外交流已经深入到社会的各个领域,因此翻译已经成为人们在日常生活中耳熟能详的词语。由于每个国家都有着自己的语言和文化,因此翻译作为语言和文化转换的媒介就可以充分发挥其作用了。翻译在语言交流中的媒介作用已经得到了人们的普遍认同,但这并不等于人们可以真正了解翻译及其运行机制。因此,本章就对翻译作基本的介绍。

第一节 翻译的界定

对翻译的基本概念进行界定,是翻译理论研究和实践研究的起点。中外很多学者都针对翻译的基本概念提出了自己的看法。

一、西方学者的界定

苏联翻译理论家费道罗夫(Fedorov)从信息传递的角度出发,认为源语文本所具有的独特内容和形式携带着一些信息,翻译就是用译语使这些信息再现。[①]

斯莱普(Slype)也是从对等的角度来定义翻译,他认为翻译是在实现意义对等的条件下将源语文本用译语文本进行替换。

英国著名翻译理论家卡特福特(J. C. Catford)从等值的角度来界定翻译,他认为翻译就是在保证等值的前提下用译语文本去替换源语文本。[②]

---

① 何江波. 英语翻译理论与实践教程[M]. 长沙:湖南大学出版社,2010:2.
② 同上.

美国著名翻译理论家尤金·A·奈达(Eugene A. Nida)坚持对等翻译观,提出翻译就是将源语文本呈现出来的风格以及表达的意义,用最自然、最接近的译语对等地体现出来。

二、中国学者的界定

王克非将翻译视为一种文化活动,指出翻译是用译语再次展现源语的内涵。

孙致礼基于文化发展的角度,提出翻译是用译语来揭示源语的意义,从而实现文化的交流与发展以及社会文明的进步。

侯林平从跨文化交际的角度指出,翻译就是为了顺利地进行跨文化交际而用译语文本去传递源语文本的意图。

王宏印以译者和文本价值为切入点,指出翻译是以译者为主体,用译语准确转换源语从而获得与源语类似的文献价值的一种创造性思维活动。

张培基将翻译视为一种重新表达的语言活动,认为翻译就是用译语重新表达源语的内容。

谭载喜将翻译视为有艺术性质的技术,认为翻译是一种用译语再现源语意义的创造性过程。

第二节　翻译的分类与过程

一、翻译的分类

(一)二分法

德国目的学派翻译理论的代表人物克里斯蒂安·诺德(Christiane Nord)按照译文的功能进行分类,将翻译分为工具翻译(instrumental translation)和纪实翻译(documentary translation)。

1. 工具翻译

工具翻译是从语言的工具属性这一角度来界定的,它将语言视为交际的工具,因此翻译也是一种交际,除了记录源语作者与译语读者之间的交际行为,还试图在译语文化中实现新的交际功能。工具翻译又可以分为以下几类。

第一,功能等同的翻译(equifunctional translation),这种翻译常常是针对技术文本和实用文本展开的。

第二,功能对应的翻译(homologous translation),这种翻译试图实现译作与原作在功能上的对应。

第三,功能相异的翻译(heterofuncitonal translation),这种翻译可以对原作的功能进行一定程度的改良。

2. 纪实翻译

纪实翻译是对源语文本的作者和读者间的交际"进行记录"(serves as a document of a communication between the author and the ST recipient)。因此,译者无须根据译入语的语境调整源语文本,其又可以分为以下几类。

第一,直译(literal translation)或语法翻译(grammar translation),这种翻译一般用于较为正式和官方的文献资料,既要遵守译语的规范,又要完整地传达源语的语法偏好。

第二,异化翻译(foreignizing translation),这种翻译常常是针对文学资料而言的,通过改变原文的某些功能而使译语读者感受到一种文化上的新鲜感。

第三,逐词翻译(word-for-word translation)或对照译法(interlinear translation),这种翻译常常针对的是语言学学术资料,尤其是比较语言学,旨在反映不同语言的形式差异。

第四,哲学翻译法(philological translation)或学术翻译(learned translation),也称"直译加注法",这种翻译常用于古代文献或异文化的文本。

（二）三分法

1. 歌德的分类

歌德（Goethe）将翻译分为以下三类。

（1）第一种翻译立足于文化传播的角度，旨在让译语文化了解源语文化。

（2）第二种翻译立足于文化吸收的角度，旨在让译语文化吸收源语文化的某些成分并创造性的展示出来。

（3）第三种翻译立足于等值的角度，追求译语和源语的对等。

2. 罗曼·雅各布逊的分类

1959年，罗曼·雅各布逊（Roman Jakobson）根据翻译所涉及的两种代码的性质，将翻译分为语内翻译（intralingual translation）、语际翻译（interlingual translation）和符际翻译（intersemiotic translation）。

（1）语内翻译

语内翻译严格来讲不算是翻译，它只是在一种语言的系统内用一种表达方式替换另一种表达方式，以达到解释、讨论的目的，如汉语中的简体、繁体互换等。

（2）语际翻译

语际翻译是严格意义上的翻译，存在于两种语言之间，是语言和语言之间的相互转换，如英汉互译、英法互译、汉韩互译、日汉互译等。

（3）符际翻译

符际翻译是指用非语言符号系统解释语言符号系统，或用语言符号解释非语言符号，是不同语言系统之间的翻译，如用手势代替言语。

（三）四分法

1. 彼得·纽马克的分类

彼得·纽马克（Peter Newmark）根据译者重点关注的方面，

将翻译进行了分类。

如果侧重于译入语，翻译可分为以下几类。

（1）惯用翻译（idiomatic translation）。

（2）改译（adaptation）。

（3）自由翻译（free translation）。

（4）传意翻译（communicative translation）。

如果侧重于译出语，翻译可分为以下几类。

（1）字面翻译（literal translation）。

（2）语意翻译（semantic translation）。

（3）逐字对译（word-for-word translation）。

（4）忠实翻译（faithful translation）。

2. 谭卫国的分类

谭卫国在《略论翻译的种类》一文中根据翻译的内容与目的将翻译分为以下四类。[①]

（1）信息资料翻译，这主要涉及科技、法规、经济等信息方面的文本资料的翻译，如科技论文、技术规格和安全标准、国家法规、财产让渡书、专利证书以及投标书等。

（2）摘要翻译，是对各种文本资料的主旨大意的翻译，如论文摘译、科研摘译、口语摘译等。

（3）文学翻译，这种翻译只适用于文学体裁的文本，如小说、戏剧、诗歌、散文、影视剧等。

（4）广告文献与说明性文字翻译，这种翻译涉及的文本类型包括广告语篇、说明书和维修指南以及路标、告示、通知等。

（四）七分法

古阿德克（Gouadec）将翻译分为以下七种类型。[②]

（1）选译（selective translation），也称"节译"，顾名思义，就是

---

① 谭卫国．略论翻译的种类［J］．上海师范大学学报，2002，(3)：110-116.
② 方梦之．译学辞典［M］．上海：上海外语教育出版社，2003：124.

选择性翻译,具体是指为了满足客户的特定需求而把原文的一部分内容选择性地翻译出来。

(2)绝对翻译(absolute translation),这是可译性理论指导下的一种翻译,认为原文和译文可以在语言结构、内容和交际价值方面达到一种完美的对等。

(3)夸张式翻译(hyperbolic translation),这是从主观角度进行的翻译,也就是译者基于自己对原文的主观见解而创造性地将其转换成译文,这种翻译关注的是译者心中所产生的信息传达,灵活性强。

(4)图译(diagrammatic translation),这是将源语的文字转换成译语的图片,往往是出于一种特殊的目的而做出的决策。

(5)关键词翻译(keyword translation),这是从职业翻译需求的立场来界定的翻译,也就是指译者先译出关键词,然后根据这些关键词的信息来决定翻译的范围和策略。

(6)摘译(abstract translation),也称"译要",这是针对主题要旨的一种翻译,也就是在不添加主观看法的基础上将源语的中心大意用译语的摘要呈现出来。

(7)再结构翻译(translation with reconstructions),是从译文读者的角度来界定的,它是指为了使译文读者对原文信息获得准确的理解而进行的一种忽视译文形式的翻译。

二、翻译的过程

(一)分析

翻译的起步阶段就是分析,分析是表达的前提。如果译者无法完整、准确、透彻地分析源语文本,就无法用译语来表达源语文本所传递的信息。分析是翻译过程中最关键的环节,同时也是最容易出现纰漏的环节。

1. 对原文的宏观分析

(1)分析源语文本的体裁。在理解源语文本的过程中,译者首先要对文本的体裁进行辨识。因为不同的语篇类型所采用的翻译策略或方法不同,如文学翻译要求译者在翻译的过程中具有创新意识,商务翻译对信息的准确性要求较高,所以这一任务非常重要。分析了源语文本的体裁,也就是了解了源语文本的文体风格,译者可以据此思考译语文本所采用的文体风格。

(2)分析文化背景。翻译具有跨文化交际性质。因此,译者必须了解两种文化在政治、历史、经济、科技、风俗习惯等诸多文化内部要素方面存在的差异,唯如此,译者才能准确理解或者表达,进而在翻译中避免文化冲突的发生。

2. 对原文的微观分析

在分析了源语文本的宏观要素后,接下来就应该分析源语文本的微观因素了。

(1)分析语言现象。源语文本中的语言现象是译者在翻译中绕不开的部分,语言现象不仅包括语音、语法规则、词汇构成等层面,还包括语义的层面,如一词多义、多词同义等。

(2)分析逻辑关系。每一种语言都是思维的反映,是体现、传达思维的工具,思维就是逻辑分析的方式。既然翻译是跨语言的转换活动,那么就应该属于语言逻辑活动。逻辑贯穿于翻译过程的始终,译者不仅需要通过逻辑分析来理解原文,更要依据逻辑方式来进行译语的表达。语言表达不能仅仅只合乎语法规则,还要合乎逻辑,否则表达也就失去了意义。

总之,对源语文本的准确理解,应该涉及以上四个方面,缺一不可。

(二)再现

理解的最终目的是表达。表达就是用译语来转换源语的过程,也就是用译文再现原文的过程。再现是否足够精准,在很大程度上取决于译者对源语文本的分析是否到位以及译者的双语语言能力。在"互联网＋"的时代背景下,新经济的发展以创新为驱动,而创造性思维作为一切创新成果的源头和内核更是重中之重。余光中指出,翻译作为一种心智活动,其中无法完全避免译者的创作。创作即是创造性思维发挥作用的体现。在翻译实践中,译者如果没有创造性思维,根本不可能实现语言间的高质量转换。翻译过程中需要的创造性思维表现在译者认识到翻译难点,然后通过灵活运用语言内和语言外知识,全新地组织语言并形成恰当的译文。创造性思维的关键特色在于"奇"和"异",具有较大难度的政论文本翻译更需要创造性思维的参与。

由于英汉两种语言具有不同的语言特点,并且归属于两种不同的文化,因此译者必须跳出源语文本的形式框架,用另一种语言来表达源语文本的语义,进而在双语文本之间找到共享结构,这个过程必定需要创新思维。只有具有创造性思维的译者才能突破各种壁垒,使文化因子在交流双方之间顺畅流转。创造性思维的发挥恰好可以解决此类翻译问题。

创造性思维既贯穿对源语分析的过程,也参与译语再现的过程。创造性翻译可以通过重新表达来实现。重新表达,是指当源语文本中的语言结构所表达的意义无法在译语中找到对等的语言结构来表达时,译者必须结合整个源语文本和自己的各种知识,在译语中创造与源语文本中意义对等的新的语言结构,这显然需要通过创造性思维的发挥来挣脱源语结构的束缚。事实上,文化输出中的对外翻译应该考虑国外读者的接受反应,不能仅仅强调"忠实"于源语文化而忽视译语接受者的感受,这会影响文化输出的质量和效果。因此,变译、改写等翻译策略有时更有助于实现文化交流的目的。而在政策性短论的对外翻译中,其中看似普通、大众的语言表达其实是创造性思维辅助的结果。

(三)校改

校改是翻译的最后阶段。翻译是一项需要耐心、理想主义精神的认知活动。对待翻译,译者不能因为对材料的熟悉和经验的丰富而有丝毫漫不经心的态度倾向,相反应该始终坚持精益求精的行为准则,从而向读者交出最理想的译作。即使译者的翻译能力再高超,翻译经验再丰富,也还是会出现各种错误,因为与浩瀚的世界相比,个人的认知还是非常有限的,个人的认知不可能触及世界的每个角落。因此,翻译的过程也就是不断检查和校改的过程。校改一般应注意以下几个方面。

(1)检查文章中重要的翻译单位是否有错误。

(2)检查文章中的标点符号是否使用错误。

(3)核对译文的表述与目的语表述是否一致。

(4)检查文章中的重要人名、专有名词、地名、数字等是否存在错误。

(5)检查译文中的常见翻译单位是否表述准确。

第三节　翻译对译者的素质要求

一、职业素养

(一)不偏不倚

翻译说到底还是一种跨文化交际活动。众所周知,外国和中国在文化的诸多方面存在很大的差异,同样的汉语材料在中国人眼中和外国人眼中携带着不一样的信息,因此翻译工作者就扮演着原作与译文读者之间的中介者角色。这种角色要求翻译工作者必须尊重客观事实,公正地对待中外双方,不偏不倚,做到立场中立。

从生态翻译学的角度来看,翻译的终极目标在于最大限度地保护原文与译文之间的交际生态。具体来说,翻译工作者需要在超越时空的前提下,既要与原文作者进行平等的交流,维持原文作者的基本思想,又要考虑到译文读者的理解和接受状态,将信息完整地传递给译文读者,进而在原作与译文读者之间寻求一个平衡点,在原文与译文读者的语言、文化、交际三者之间构建一个健康、有序、和谐的生态循环,这样原作与译作才能够永久共存。

(二)追求完美

如果说译者因为翻译水平的限制而无法创造出令人满意的译作,那还情有可原,这是客观的缺陷。毕竟翻译水平的提高不是一朝一夕的事,而是一个漫长的过程。译者只要不断虚心请教和学习,最后一定可以交出理想的译作。最可怕的现象是译者的心和力都用得不到位,这就是主观态度和客观能力的双重缺陷了。译者一定要具备精雕细琢的工匠精神,才能在翻译这条路上走得更远。例如:

领导干部要讲政治。

Cadres should talk about polities.

在该例中,"领导干部要讲政治。"中的"讲"的实际内涵是"探究""学习""重视"等,而 talk about 仅仅是"谈论""说"的意思,如果将"讲"这个词译为 talk about,那么原文和译文就不对等。造成的结果就是,外国人会误以为中国领导人都喜欢在口头上大谈政治,而不做出实际的行动。这种翻译就损害了中国的形象,不利于中外友好合作关系的建立。如果译者进一步探究这个词语的翻译,可能会尝试以下几种译法。

(1)Cadres must emphasize politics.

(2)Cadres must give prominence to politics.

(3)Cadres should attach the utmost importance to politics.

仔细分析后发现,上述三种译法对比第一种译法显然有了实质性的进步,都可以勉强接受,但是依然离原文的内涵有一点差距。此处的"政治"既不是口头政治,也不是指上层建筑层面,而是指领导干部要有政治头脑、政治敏感性。因此,可以尝试以下几种译法。

(1)Cadres should be politically aware.

(2)Cadres should be politically minded.

(3)Cadres should be political conscious.

在当今这个信息化时代,国家政治、经济的发展不断赶超世界水平,知识的更新速度非常快,数量庞大的新词不断涌现,其中有些词语被人们沿袭了下来,有的词语则在语言的历史长河中消失了。没有什么知识是一劳永逸的,不可能用同一种知识解决过去、现在和未来的所有问题。因此,翻译工作者要广泛查阅各种资料、工具书,运用一切可以使用的资源,多方查证,这样才能获得对翻译对象更全面的认识和理解,才能创造出更加贴切、达意、完善的译文。

二、语言素养

语言素养是翻译的核心素养。语言素养包含语言知识、语言技能、文化素质和语用能力四个方面。

语言知识涉及词汇、句子、语篇和修辞等方面。译者可以根据不同的专业需求,进行专业知识的延伸,了解各个专业领域的语言知识。语言技能包含写、听、说、读四种。语言无法脱离文化而存在,因此语言素质还包括文化素质。文化素质包含三个方面:一是情感态度与价值观,二是自己所具备的文化立场,三是文化认同感和文化鉴别能力。翻译也是一种对语言的运用过程,因此译者还需要具备一定的语用知识。语言的意义说到底是语境中的特定意义,所以译者需要结合语境推断源语的真正意义。语境(context)是语用学研究中的重要概念,它有狭义和广义之分,狭义的语境指话语使用的上下文,广义的语境指的是和语言使用相关的一切因素,包括语言内和语言外的情境。既然原文的意义取决于语境,那么译者必须抓住语境这一线索来理解原文,从而在最大程度上再现原文的信息。例如:

犬子将于下个月结婚。

译文1:My little dog is getting married next month.

译文2:My son is getting married next month.

这个例子选自中国人写给外国友人的喜帖。译者在翻译之前需要先了解交际语境。首先,交际双方来自中国和外国;其次,汉语中的"犬子"是对儿子的谦称,英语中没有这样的表达;再次,父母在公布儿子的婚讯时将儿子称为"犬子",是对自己喜悦之情的控制。因此,译文 1 将"犬子"译成 My little dog 显然曲解了原文的语用含义,译文 2 的翻译是正确的。

三、转换能力

译者的转换能力体现在以下几个方面。

(一)适应语言的意义

翻译就是一种跨文化交际活动。跨文化交际就是根据意义选择语言、根据语言推敲意义的过程。从这个角度来说,对语言的适应其实是对意义的适应。翻译工作者要适应的语言意义主要有形式意义、言外意义、文化社会意义、联想意义等。

刘宓庆认为,形式意义是指语言形式所承载的意义,包括语音、词汇、句法及修辞等。尤金·A·奈达曾经指出,语言形式是有意义的,在翻译时需要考虑形式,否则原文的风格就消失了。语言的独特性在于自身的语言规则和语言结构。有时候,在翻译中要再现原文信息内容,就必须调整语言形式。原因就在于,翻译中很难做到形式对等,最多就是形式相似罢了。

要想顺利地进行交际,不能满足于对字面意义的了解,还要深度挖掘对方话语中隐含的真正意义。因此,在翻译中,译者就要用目的语完整地传达出原文的言外之意,这样才能实现原文读者和译文读者获得相同的感受。这样的翻译,才称得上是原文和译文在精神上的桥梁。翻译工作者既要适应原文的言外之意,又要适应译文的言外之意,这样才能实现文化传播的目的。

语言是文化的一部分,对语言的理解不能脱离其所属的文化和社会语境。文化之间互相尊重、共同发展,应该是不同文化之间相处的正确之道。在翻译中,译者属于原文的文化语境,因此更需要适应的是译语文化语境。因此,译者需要在准确传达原文意义的前提下,考虑译语文化的接受水平。

联想意义是语言符号给人们带来的暗示性的意义。同一个事物在不同的语言里可能有着不同的联想意义,这也体现了文化语境的特点。例如,汉语中的"狗"常让人联想到"下贱、讨厌"等不好的意义,而英语中的 dog 在西方人那里就能唤起"伙伴、忠诚"等联想。

(二)选择翻译文体和方法

王佐良先生认为,原文和译文之间真正的对等还必须包括文体的对等。梁晓声指出,翻译文体是译者创造的一种语言形式,要考虑原文语言的优势和译文语言的特点,是原文语言和译文语言的结合。可见,翻译文体的选择非常重要。翻译工作者要依据不同的传播渠道,将原文翻译成相适应的文体。当材料是通过声音的途径来传播时,译者就必须使译文适合听,这就要求译者了解广播文体的要求,做到语言简洁、重点内容突出。

翻译是对文化的理解和阐释。在翻译过程中,根据中西方文化背景的差异来决定选择何种翻译方法,是达到良好效果的关键。常见的翻译方法包括直译法、直译加注法、意译法、音译法等。具体采用哪种翻译方法,要根据实际情况来确定。例如,当语用发生了转移时,最好采用直译法,这样译文更好理解;当翻译材料为科技内容时,对于哪些行业内的专业词汇,最好选用音译法,保留原来的发言和国际上通用的命名;对于存在文化空缺的内容,可采用直译法加上适当的解释说明,否则容易造成歧义。

(三)具备多种意识

1. 多元文化意识

在新的历史时期,精神文明被提到了更突出的位置。译者作为文化传播的桥梁,在全球化的今天,应该拥有清醒的文化意识。经济全球化和文化全球化相当于一个人的两条腿,我们应该用两条腿走路,否则就不是一个健全的人。不同民族语言文化之间的交流,是一种需要。任何一个民族想发展,必须走出封闭的自我,只有在和其他文化相互碰撞、相互融合的过程中,自身才能得到发展。而在这样一个过程中,翻译始终起着重要的作用。文化多样性不仅为人类文化的融合提供了条件,也有助于提高每一种文化的辨识度及存在的价值。人类在应付各种复杂情况时可以从多样性的文化上寻找可靠的支撑条件,多样性的文化是人类共同财产,为人类文化的发展提供了源源不断的动力。不同文化之间只要不相互抵制,就能使整个文化世界充满勃勃的生机。无论是从当代还是从子孙后代的利益考虑,文化的多样性都应该被肯定。为了人类共同的利益,各个文化都应秉持文化多样性的观念,为人类的生存和发展提供一个新的平台。只有在这个全球化时代,才能建立理想意义上的文化多元性。只有经受了全球化时代洗礼的多样性才是最值得憧憬的。

2. 主体意识

在传统的翻译理论中,译者似乎就是服务于作者和读者的仆人,只需要将源语文本的意义进行一种再现就可以,是一种隐性的存在。但是,随着翻译研究的深入进行,学者们逐渐开始怀疑译者的仆人身份,并认为译者才是翻译活动中的主体。学者之所以提出这种观点,主要基于以下几种理由。首先,翻译是译者需要发挥其主观能动性的实践活动。其次,译者不仅是原文和译文的中介者,而且是原文作者与译文读者的中介者,同时又在翻译中架起了两种语言与文化之间沟通的桥梁。可见,译者处于翻译中的核心地位。再次,解构主义学派和后现代主义都宣扬译者的主体性。国内外很多学者都坚持翻译主体的唯一性,即认为翻译的唯一主体就是译者。例如,安托瓦纳·贝尔曼(Antonio Ber-man)认为,译者之所以成为翻译活动中的主体,是因为译者有着一定的翻译动机、翻译目的和翻译方案等,译者是翻译活动中最积极的因素。我国学者陈大亮、袁莉都指出,只有参与了翻译认识和翻译实践的人才能成为主体,原文作者和读者并没有直接介入翻译活动,因此只有从事翻译实践的译者才是翻译主体。译者只有认识了自己的主体性,才能在翻译活动中实现一定的创造性,才能给翻译作品生命。值得注意的是,译者在具有主体意识的同时,也要防止因自身过度膨胀而导致的随心所欲的翻译。在原作者、译者和译文读者等主体之间,建立一种对话式互动关系,才能建立一个健康有序的翻译生态。

3. 读者意识

在中国翻译的历史实践中,翻译工作者早就注意到了读者意识的重要性。东晋高僧慧远曾经在谈到如何针对佛经翻译进行文本选择时,指出"以文应质则疑者众,以质应文则悦者寡",意思是如果用华丽的文体翻译质朴的原文,持怀疑态度的读者就较多,如果用质朴的文体去翻译华丽的原文,那么不喜欢译文的读者就较多。我们先不探究这个结论的科学与否,至少他在翻译时考虑了读者对译文的态度。郭天一进一步将读者意识进行了更为细致的划分,包括读者是谁、读者有何需求以及如何满足读者需求。

从接受美学的角度来看,文本是一个多维度的开放式结构,不同的人可以做出不同的解释,相同的人在不同的地点也可以做出不同的解释。可见,在翻译中,原文文本是稳定不变的,但是接受者是动态变化的。读者根据自己的认知来认识译作文本的内涵,填补意义空缺,并对未定性的内容实现具体化,最终实现译作的意义。

在译者的意识中,读者应该是摆在第一位的。在进行翻译之前,译者就要考虑译文的读者的心理需求,并据此选择不同的翻译方法和策略。读者不同的心理需求,促成了不同的译文的产生。图里(Toury)曾经强调,一切翻译都位于一条线的中点,中点的一端是源语规范,另一端是目的语规范。因此,为了实现翻译的目的,译者需要想尽一切办法来满足译文读者的心理需求。译文读者对译作内容的心理需求是影响译作传播效果的重要因素。

译文读者对译作内容需求强烈,则阅读的动机指向性越强,译作的传播效果越好;反之,如果译文读者对译作内容的需求不强烈,阅读的指向性就会越低,译作的传播效果就越差。另外,在翻译过程中,如果能够引起译文读者情感上的共鸣,使其产生良好的情绪体验,那么翻译工作就相当于成功了一半;反之,如果无法使译文读者的情感状态处于最佳水平,翻译工作的成效就有待加强。译文读者是译作信息的接收者,是拥有独特的心理特征和丰富感情的个体。译者在翻译过程中应该时刻以满足目标读者的需求为目的,最大程度上使读者与原文的视野相融合。

第四节　中西方翻译理论分析

一、西方翻译理论

通过总结翻译现象和翻译活动,抽象概括出某种翻译理论,是所有翻译理论研究者的共同追求。随着众多学者对翻译理论研究的深度和广度的扩展,就形成了不同的翻译理论流派,这些流派从不同的角度和切入点来研究翻译,对翻译有着不尽相同的认识和理解。西方翻译有着几千年的历史,翻译理论成果丰富灿烂。在此,将对西方主要的翻译理论流派进行阐述。

（一）语言学派翻译理论

语言学派翻译理论是从语言学的角度来研究翻译问题的,该学派的创始人是奥古斯丁（Augustin）,他是西方翻译理论的语言学传统的鼻祖。谈到语言,人们就会想到符号这个概念。在参照和继承了亚里士多德的"符号"理论的情况下,奥古斯丁指出语言符号包括"能指""所指"两种内容,并揭示了这两者和译者"判断"之间的关系。

既然是从语言学视角研究翻译,那么语言学的观点必然会影响对翻译的研究。毫无疑问,西方翻译理论就是受到了斐迪南·德·索绪尔（Ferdinand de Saussure）的普通语言学理论的深刻影响。20世纪初，斐迪南·德·索绪尔详细说明了什么是语言以及什么是言语，并对语言的历时和共时的辨别提供了详细的解释，为此后翻译研究的语言学派构建了基本框架。也就是从这时候起，西方翻译学者纷纷注意到，语言理论可以为建构翻译模式提供理论支持。这也就导致翻译语言学派对翻译中的语言事实比较关注，如语音、词汇、句子、篇章等一些语言单元都是研究者们的着手点，试图以此探索翻译活动的普遍规律。此外，他们深深地赞同"等值"理论，认为要进行翻译，必须先解决语言之间的转换问题。

随着越来越多的人开始研究翻译理论，翻译语言学派这个研究队伍像一棵大树一样生长得越来越茂盛。正因为如此，语言学派翻译理论才会发展得更加系统、完善。翻译语言学派这个队伍中最具代表性的有尤金·A·奈达、罗曼·雅各布逊、卡特福德以及彼得·纽马克。

1. 尤金·A·奈达

从1945年开始，尤金·A·奈达的主要精力就放在了对翻译的研究上，其对西方翻译理论史的贡献无人能及。他于1947年发表了《论〈圣经〉翻译的原则和程序》，这为西方语言学派科学的研究翻译掀开了新的篇章。他首次倡导要进行科学的翻译，于是提出"翻译的科学"这种打破历史的观点，翻译语言学派也因此被称为"翻译科学派"。他又将信息论引入了翻译研究，创立了翻译研究的交际学派。尤金·A·奈达最著名的观点是翻译原则的"对等"观，包括动态对等和功能对等。

2. 罗曼·雅各布逊

美国著名语言学家罗曼·雅各布逊在1959年发表了《论翻译的语言学问题》一文，从语言学、符号学的角度审视翻译，提出了语内翻译、语际翻译和符际翻译三种翻译类型。罗曼·雅各布逊认为翻译必须考虑语言的功能以及语言的比较。罗曼·雅各布逊一直坚持语言功能理论,使得翻译研究跳出了词汇、句子和语篇等的限制性框架结构,而为翻译研究开拓出了一种语境模式,重点关注翻译中语言的意义、等值、可译性和不可译性等根本问题。

3. 卡特福德

卡特福德注重从现代语言学视角诠释翻译问题,他提出了以下几个主要的翻译观点。

第一,要想进行适当的翻译,必须先确立语言之间的等值关系。

第二,翻译以"对等"为中心和准则。

第三,他创立了"转换(shift)"这一概念,并将其分为"层次转换"和"范畴转换"两种形式。

第四,他还思考了如何培养翻译工作者的问题,对此他认为要辨别原文和译文在语言上的不同特征并分析两种语言的限制性因素。

4. 彼得·纽马克

英国学者彼得·纽马克从跨文化交际理论的视角和现代语言学的视角,提出了"交际翻译"和"语义翻译"两个重要的翻译策略。交际翻译则力求接近原文文本,语义翻译在目标语结构许可的情况下尽可能准确地再现原文意义和语境。此外,他对罗曼·雅各布逊的功能模式做出了修改,将文本功能分为寒暄功能、呼唤功能、表情功能、元语言功能、信息功能、审美功能六种,并据此来系统描述、比较源语和目的语,以期建立文本类型的样板。

(二)功能学派翻译理论

语言学派翻译理论的突出特点在于翻译研究对语言学的依赖,当这一特点被过于放大时,它极容易引起翻译理论与实践脱离的现象,这便成为一个有待解决的问题。于是,在 20 世纪 70 年代到 80 年代,翻译的功能学派就在这种情况下出现了。

功能学派翻译理论将分析翻译的角度延伸到了交际理论、行为理论、信息论、语篇语言学以及美学等领域,推翻了原文的权威地位,并从目标文本的立场去研究翻译。功能学派的主要代表人物有凯瑟琳娜·莱斯(Katharina Reiss)、汉斯·弗米尔(Hans Vermeer)、克里斯蒂安·诺德、贾斯格·霍兹·曼塔里(Justa Holz Manttari)等。

1. 凯瑟琳娜·莱斯

凯瑟琳娜·莱斯的研究呈现阶段性的特征。在早期,她主要研究语篇对等。但是,她在研究后期意识到翻译不存在对等,颠覆了之前的研究成果。因此,她转而研究翻译的功能,汉斯·弗米尔也加入了她的研究行列。在很长的一段研究生涯中,凯瑟琳娜·莱斯和汉斯·弗米尔都在相互探讨、共同研究。凯瑟琳娜·莱斯在 1971 年出版的《翻译批评的可能性与限制》一书中,引入了功能范畴,使语言功能、语篇类型和翻译策略三者成为一个有机整体,使得基于原文与译文功能关系的翻译批评模式有了新的进展。功能派理论思想随之有了萌芽。

凯瑟琳娜·莱斯认为,文本类型是多样的,不同的文本类型对应不同的翻译方法。她将语篇分为"信息(Informative)文本""表情(Expressive)文本"和"感染(Operative)文本",这种划分只在译文和原文功能对等的时候才有意义。任何一种翻译类型都只是出现在特定环境中,并有着特定的翻译目的。判断一篇译文质量优劣的标准是译文能否传达原文的主导功能。功能主要由接受者决定,目标文本的形态首先就要符合这种功能和目的。因为凯瑟琳娜·莱斯的文本类型划分只适合于特定条件,所以她的功能对等论不被视为常规标准而只被当作特殊标准。

2. 汉斯·弗米尔

在批判凯瑟琳娜·莱斯的理论的基础上,汉斯·弗米尔创立了目的论,以至于有人将功能学派称为"目的学派"。

汉斯·弗米尔沿用了符号的概念,并将翻译、符号与非语言行为进行联系,认为符号的使用也是翻译目的所驱动的,其受到跨文化交际的制约。在他看来,翻译相当于语言符号的转换和非言语行为。

汉斯·弗米尔著名的目的论包括一系列的原则,最主要的是连贯原则、忠实原则和目的原则,其中目的原则统摄连贯原则、忠实原则。换言之,目的原则的要求是排在第一位的。

连贯原则主要针对的是语篇内的连贯,也就是指译文的前文和后文要有一定的逻辑关联,语言表达应该地道、真实、自然,并能够为目的语文化和交际提供某些价值。

忠实原则主要针对的是语篇间的连贯,也就是指译文和原文在内容和形式上应该有逻辑关联,但并不是机械地要求译文和原文一模一样。面对同一篇原文,每一个译者可能有着不同的理解,那么译文存在的目的和译者的理解就决定了忠实的程度和形式。

目的原则认为,翻译行为都具有一定的目的,译者在这个目的的指引下采取相适应的翻译方法。

在上述三个原则中,语篇间连贯从属于语篇内连贯,而二者同时受目的原则的统领。也就是说,当目的原则要求语篇间或者语篇内不连贯时,二者都将失去作用。

3. 克里斯蒂安·诺德

克里斯蒂安·诺德对功能学派翻译理论的贡献是不可小觑的,他为该学派的翻译理论研究掀开了新的篇章。克里斯蒂安·诺德首先围绕语篇分析做了一些研究,然后探索了具体的翻译类型,并从哲学视阈下探讨功能主义目的论。

克里斯蒂安·诺德对翻译中人的因素尤其关注,如译文接受者、译者的双语能力与译者培训等方面。另外,他对忠实原则也格外重视,并且在折中的思路下提出了"功能加忠诚"模式,此处的"功能"是指译文要让译语文化接受者受到某些启迪或者获得一些帮助,而"忠诚"是道德层面的概念,涉及的是翻译活动参与者之间的关系,强调译者应当通盘考虑参与者的期望。

4. 贾斯格·霍兹·曼塔里

在冯·莱特(Gerog Henrik von Wright)的行为理论和里宾(Rehbein)的功能语用学的基础上,贾斯格·霍兹·曼塔里提出了翻译行为论,这对功能派翻译理论是一次新的拓展和完善。贾斯格·霍兹·曼塔里特别重视行为参与者,包括信息发出者、信息接收者、译者、译文使用者,并且也强调环境条件,如时间、地点、媒介等,还认为译者自始至终就是翻译行为中的关键人物,他精通并且实施着跨语际转换。贾斯格·霍兹·曼塔里强调,目的语文本本身携带着相关功能,这些功能需要在跨文化交际的视角下从语用角度才能实现。这就和译者主体性联系了起来,也就是说,译者主体性的实现不仅有着语境的大前提,更需要做出"功能改变"。

(三)结构主义学派翻译理论

结构主义是和功能主义对应的一种学派。在结构主义的基础上,后结构主义得以出现。后结构主义是结构主义的升华。无论是结构主义,还是后结构主义,本质上都强调结构。

1. 结构主义

结构主义作为一种认识事物的思维方式,引领了以结构分析法为特点的一股研究热潮。结构主义将所有事物都纳入结构中,并试图通过分析结构探索事物的本质。一个结构包含以下三种特性。第一,自我调整功能。自我调节是结构的本质特性,涉及结构的内在动力,具有一定的守恒性以及某种封闭性。不断变化的结构系统所产生的要素总是属于这个结构,并能保存该结构的规律。第二,动态性。一切结构,都是一个变化着的转换系统。

最初级结构呈现出数学群的状态,更高级别的结构显现出亲属关系。第三,整体性。结构中的各要素相互依存并且有机结合,最后产生的效果大于各个要素的简单叠加。

2. 后结构主义

后结构主义侧重结构的建构和解构。结构没有终极意义,因此解释的目的是强调事物的本身以及这个阐释过程。所有知识可以通过描写来得到,可以通过一定的中介或被组织在话语中而被理解。知识结构不是现实世界的准确表现,它随着情景的变化而一直处在变化之中,也随之需要被重构。因此,学习也不再是简单地由外到内地转移、存储知识,更多的则是学习者自己主动构建知识的过程。

(四)解构主义学派翻译理论

虽然一些学者接受了结构主义,但是结构主义的局限性还是客观存在的。因此,在 20 世纪 60 年代后期,人们在反对结构主义的基础上,提出了解构主义学派的翻译理论。该学派的翻译理论无疑强烈地冲击了传统的翻译理论。解构主义对本质的否定、对结构的拆除以及对译者的突出,给翻译研究注入了新鲜血液。首先,解构主义翻译理论认为,一部翻译作品的好坏,需要经过时间的检验。如果一部翻译作品能在长时间被读者所接受,并且使原文也经久流传,那才算是质量高的翻译作品。另外,原文和译文的差异是客观存在的,译者就是要将这种差异展现在读者面前,读者对这种差异的反应程度决定了一篇译文的价值。再者,原文与译文之间的关系是平等的,译文不需要靠近、复制原文,也就是说,所有文本都有"互文性",没有权威性和创造性。

解构主义的主要代表人物有瓦尔特·本雅明(Walter Benjamin)、雅克·德里达(Jacques Derrida)、保罗·德曼(Paul Derman)、劳伦斯·韦努蒂(Lawernce Venuti)。

1. 瓦尔特·本雅明

解构主义翻译思想的萌芽起源于瓦尔特·本雅明于 1923 年发表的《译者的任务》的一文。他对可译性问题给予了研究,认为原作是否有翻译的需求,最大程度上决定了可译性,另外还要看是否有合适的译者。他的某些观点促使人们认识到盲目追求忠实的翻译是不可取的,译作不是处于次要的位置,这对对后来解构学派翻译思想家颇有启发。

2. 雅克·德里达

雅克·德里达被称为"解构主义之父",他在 1980 年发表的《巴别塔之旅》一文中从哲学的角度对"翻译"进行了深度解构。他反对传统哲学中的唯一本原的思想,并提出通过延异、播撒、踪迹、替补来瓦解"在场(Presence)"。在这四种解构主义策略中,延异是雅克·德里达自创的用来表现存在与意义之间的某种原始差异,从而瓦解结构主义意义确定性的关键术语。

3. 保罗·德曼

保罗·德曼对语言的本质非常感兴趣,并从哲学的视角来探索翻译问题,但是他不研究具体的翻译原则和方法。他生前在一次演讲中指出,瓦尔特·本雅明思想并非救赎式语言观,这打消了人们对瓦尔特·本雅明思想的错误认识。他解构式地分析了可译性、译文和原文的关系等,他的角度新颖独特,引起了人们对翻译本质和过程的深入思考。

4. 韦努蒂

韦努蒂反对传统翻译以目的语为中心的做法,并认为译文不需要通顺,因此他提出了"抵抗式翻译"的异化翻译策略。他运用雅克·德里达的解构主义思想展现了原文或译文的断裂,并借此批判了文本背后的权力关系。解构主义倡导译者和原文作者的平等以及译文和原文的平等,所以否认原文的终极意义。解构主义破碎了对象,也破碎了自己,它是没有任何特征的,也是没有尽头的。

(五)建构主义学派翻译理论

有批判,才有创新。建构主义翻译理论就是对结构主义和解构主义翻译理论进行批判的结晶。建构主义翻译理论具有重构的性质,它以交往理性、实践哲学以及言语行为理论为基础。建构主义翻译理论对言语的实际运用更为关心,它认为言语主体的情感、目的等随着语境的变化而变化。在语言的实际使用中,要将构成性规则和调节性规则结合起来,才能使翻译准确、得体。另外,建构主义翻译理论还以共识性真理为真理观基础。这种真理观总是以当时人们的观念为评价的标准。当公众的共识产生变化时,人们的价值观也会随之而变化。尽管如此,不以时间为转移的客观性也仍符合真理观。译文不仅要具有合理性、可接受性,并符合知识的客观性,还要尊重、忠实原作的定向性和图式框架。

(六)女性主义学派翻译理论

西方第二次女权主义浪潮的到来,促使女性主义者们开始将目光聚焦于文本。女性运动直接引起了女性主义的学术研究,各种各样的女性主义流派兴起。一方面,她们倡导男女平等,企图结构男性中心话语;另一方面,受翻译研究"文化转向"的影响,女性主义也开始对自己的文化身份感到不满意甚至怀疑,并且想要进行身份重建,女性主义翻译理论就这样产生了。女性主义翻译理论是把女性主义和翻译融合在一起,在研究翻译的同时,也分析女性主义是如何与翻译相连接的以及女性主义对翻译有哪些重要的积极影响,打破了传统译论中原文与译文的主仆关系,认为译文不需要忠实原文。

雪莉·西蒙(Sherry Simon)、劳丽·钱伯伦(Lori Chamberlain)等都为女性主义翻译理论作出了极大的贡献,另外一位学者巴巴拉・格达德(Barbara Godard)也为女性主义翻译理论完成了些许著作。

1. 雪莉・西蒙

雪莉・西蒙所著的《翻译的性别:文化认同和政治交流》(1996)是西方第一本在女性主义视角下全面论述翻译问题的学术性专著。她的翻译观非常独特,认为原文中包含无限个文本链与话语链,而翻译就是其中意义的延伸。在她看来,翻译不是语言之间的转换。另外,她也指出,社会意识和话语建构了性别,而性别又构成了身份与经验。

2. 劳丽・钱伯伦

劳丽・钱伯伦对性别政治十分关注,她通过分析 17 世纪到 20 世纪翻译中的性别化隐喻,来探索其中的性别地位。西方文化一直将翻译视为和女性同等的地位,认为翻译是次要的。将这种男女之间的不平等的地位关系投射到文本关系上,是不合理的,必须消除。女性的地位、女性译者的地位都应该得到提高。

(七)后殖民主义翻译理论

后殖民主义翻译理论形成于 20 世纪 90 年代末,是首次将翻译和政治相联系的理论,揭示了翻译中存在的权力关系及其作用。后殖民主义翻译理论为翻译本质的研究提供了一个全新视角。后殖民主义主要分析宗主国和殖民地的关系、帝国主义的文化侵略,揭露了西方形而上学话语的局限性,使民族、文化或团体成为话语的"主体"和心理认同的对象。帝国主义开展殖民活动的对象由曾经的领土转变为现在的意识。这从翻译方向的不平衡性上就可以看出来,强势语言被翻译成弱势语言的作品多,而弱势语言被翻译为强势语言的作品少。

后殖民翻译理论的主要代表人物有被称为"后殖民的圣三位

一体"的爱德华·赛义德(Edward W. Said)、盖亚特里·斯皮瓦克(Gayatri Spivak)和霍米·巴巴（Homi Bhabha)。此外,道格拉斯·罗宾逊(Douglas Robinson)和特佳斯维妮·尼兰贾纳(Tejasveni Nilanjana)也是比较有影响力的人物。

1. 爱德华·赛义德

在爱德华·赛义德看来,西方殖民主义者想要制约东方,就制造出了东方主义这样一种根深蒂固的政治教义。东方一直处于被西方主流学术界所忽视的地位,而爱德华·赛义德偏偏将研究的目光聚焦于此,他的研究成果对后来所有的后殖民主义翻译理论和实践都带来了启迪。爱德华·赛义德备受关注的另外一个学术成果就是"理论的旅行"概念。他指出,当某种理论在进入另一个情景的过程中,会失去自身的某些特征,并且与进入地的文化发生相互作用。因此,翻译完全会导致理论的变化。正因为如此,通过翻译而达到的文化再现使东方在西方人眼中始终扮演着一个"他者"的角色。

2. 盖亚特里·斯皮瓦克

盖亚特里·斯皮瓦克的翻译研究视角纷繁复杂,他擅长将其他领域的思想植入翻译研究中,并因此派生出自己的翻译理论。他的思想理论的形成得益于比较文学、社会学、哲学、人类学、解构主义、翻译理论、女性主义、马克思主义等的滋养,其中解构主义对他的思想影响最大,盖亚特里·斯皮瓦克从一种独特的文化理论阐释的角度解释并发挥了巴巴拉·德里达的重要理论概念,如延异、差异、播撒、痕迹、踪迹、语音中心主义等。从此,阐释作为人文科学著作翻译的新手法被人们所了解,这是一种不囿于原文语言和结构的翻译策略。不仅如此,盖亚特里·斯皮瓦克还对语言的修辞与逻辑之间的关系进行了研究,认为修辞是摧毁逻辑的主要力量,因此译者应该认可语言的修辞性,并且认为翻译还是一种涉及伦理和政治的文化批判问题,而不仅仅是传递意义。

3. 霍米·巴巴

霍米·巴巴的主要研究成果在后殖民理论中是不可替代的，如他提出的"第三空间""混杂性""言说的现在"等概念，其中混杂性理论影响了全球性后殖民语境下的民族和文化身份研究。霍米·巴巴对民族建构与话语叙述理论进行了系统的学习，并且很自然地将二者应用在文化翻译实践中，进而产生了积极的效果，从而后殖民文化研究和翻译理论研究在解构性方面有着创造性的表现。他的文化翻译理论直接对西方文化霸权主义发起挑战，强调语境的特殊性、历史的差异性，并且为少数族裔的立场摇旗呐喊。

4. 道格拉斯·罗宾逊

罗宾逊深入系统地掌握了西方翻译理论和历史，并将解构主义和后殖民理论结合起来，从语言学和文学翻译角度对翻译问题进行系统的研究。人们可能怎么也想不起来"帝国"和翻译有什么联系，然后正是道格拉斯·罗宾逊将二者结合起来进行探索，并撰写了《翻译与帝国：后殖民翻译阐释》这本经典著作。在该书中，他从帝国的政治、文化、社会视角，考察翻译在殖民化与非殖民化发展历史中的功能。在他看来，翻译就是一种人际沟通，译者需要和原文作者、目的语读者进行沟通。另外，他还从艾里克·切菲兹（Eric Cheyfitz）的后殖民翻译理论吸取学术营养，以此来分析人种学、人类学与翻译的关系。

5. 特维斯维妮·尼兰贾纳

特维斯维妮·尼兰贾纳指出，翻译可以改变文化和社会。由此可见，翻译和文化之间是息息相关的。因此，特维斯维妮·尼兰贾纳认为翻译是把一种文化翻译成另一种文化能够理解的语言活动。

在特维斯维妮·尼兰贾纳看来，翻译与文化关系密切，是文化和社会转变的重要因素。特维斯维妮·尼兰贾纳在《为翻译定位：历史、后结构主义和殖民语境》一书中，对后殖民语境中的翻译问题进行了分析和论述，将文化和政治因素引进了翻译研究。在特维斯维妮·尼兰贾纳的研究视角中，翻译并非语言转换，而是一个建构起殖民主体的话语场所，形成了一种不平等的权力关系。特维斯维妮·尼兰贾纳认为，如果要探索翻译和文化、殖民主义的关系，就应该将翻译与人种学结合起来分析。

二、中国翻译理论

国内从 20 世纪下半叶开始引进西方翻译理论，其接受和消化西方翻译理论的过程值得反思。西方翻译理论大大开阔了国内翻译研究者的视野，为国内的翻译理论研究奠定了坚实的基础。

（一）中国古代翻译理论

中国的翻译活动起源于春秋战国时期，而真正的语际翻译活动是佛经翻译。佛经翻译也是翻译活动的第一个高潮。随着众多经书的译出，许多翻译理论和方法随之出现，因此佛经翻译时期是中国翻译理论形成的开端。

支谦作为佛经汉译的开创者，翻译著作丰富，重译了《道行》及《首楞严》。他十分注重翻译技巧的运用，在《法句经序》一书中，首先指出了翻译的不易，接着对当时"文"与"质"的翻译观点进行了分析，启发了严复对"信、达、雅"的思考。

对于翻译方法，释道安也提出了自己的见解。他认为，在翻译经文时，大乘经翻译应以"文"为主，戒律翻译应以"质"为主。他还提出了"五失本、三不易"理论，即五种情况易使译文丧失原意，三种情况不易处理。

在翻译方法上，玄奘主张将直译与意译结合起来，提出了著名的"五不翻"思想，即"秘密故、含多义故、此无故、顺古故、生善故"。玄奘还提出了六种翻译技巧，分别是补充法、省略法、变位法、分合法、译名假借法、代词还原法。

明朝初年,人们对自然科学存有一定程度的蔑视。徐光启(1562—1633年)主动介绍西洋自然科学,勤奋著述,译有《几何原本》《泰西水法》《农政全书》等著书,为17世纪中西文化交流做出了重要贡献。与徐光启齐名的李之藻(1565—1630年)精于天文历算、数学,在几何方面的译作质量非常高。他与利玛窦合编了《同文指算》一书,至1613年译成,将西洋笔算传入我国。《同文指算》是中国编译西方数学的最早著作。

(二)中国近代翻译理论

鸦片战争至甲午战争前,被誉为"组织翻译活动先驱"的林则徐一心致力于翻译西方书籍。林则徐虽然没有提出翻译理论,但是对中国的翻译事业做出了巨大的贡献。

第二次鸦片战争后,马建忠开始研习西学。他在《拟设翻译书院议》中指出了亟需翻译的三类书籍,强调要挑选优秀著作来翻译,并提出翻译的标准在于译文与原文的一致。马建忠进一步指出,要实现译文与原文的一致,译者必须精通译语和源语。他的这一理论构建了中国近代重要译学理论的发展基础。

被称为"维新志士"的梁启超,在翻译西学方面也表现得非常活跃,他提出了翻译强国的观点,并创造了翻译文学理论,其思想对当今的翻译实践仍具有借鉴意义。

中国近代启蒙思想家、翻译家严复,翻译了《天演论》《原富》《群学肄言》《群己权界论》等著作,将西方的社会学、政治经济学、哲学和自然科学引入中国。他提出了"信、达、雅"三条翻译标准,对后世的翻译实践具有重要的指导作用。

(三)中国现代翻译理论

19世纪末至20世纪初,西方资本主义文化思想包括两大派别,一是发达资本主义国家的个性主义和自由主义,二是被压迫民族的人道主义和民主主义。在这种时代背景下,鲁迅将目光转向后者,试图通过翻译这些被压迫民族的作品来唤醒沉睡的中国人。当时的翻译比较混乱,鲁迅始终将"忠实"作为翻译的首要原则,并大力提倡忠实于原著的白话文直译法,使西方近代资本主义思想进入中国。他还对翻译理论、翻译原则做出了诸多研究和论述,他创立了以"易解、风姿"和"移情、益智"为核心的翻译理论,以及"以直译为主,以意译为辅"与"以信为主,以顺为辅"的翻译原则,并提出"翻译应与创作并重"的思想。他的"重译"与"复译"观点及时纠正了当时的不良译风。

胡适也是中国白话新诗翻译的领军人物。他认为,用文言文字译诗,只能供少数人欣赏,不能普及。诗歌必须为平民大众所理解,因此翻译应该做到明白流畅。对于翻译,胡适提出了"三负责"之说:一是要对原作者负责任;二是要对读者负责任;三是要对自己负责任。

林语堂对于翻译的独到认识是对中国传统翻译思想的丰富和发展。林语堂在长篇论文《论翻译》中较为系统地论述了自己的翻译理论。他的翻译理论可以概括为以下几点。第一,翻译是一种艺术,翻译艺术应该遵循以下几个原则:译者对原文的全面了解;译者的译语表达能力突出,译者对翻译标准有正确的认识。第二,翻译有三条标准,即忠实标准、通顺标准和美的标准。其中,忠实标准分"直译""死译""意译"和"胡译"四个等级。第三,翻译应该是"句译"而不是"字译",因为字义会随上下文的变化而发生变化,这是我国较早明确提出的"上下文"翻译思想。

作为翻译家,朱光潜从哲学思辨的角度思考和论述翻译问题。他运用"一元论,两分法"的思想,对严复"译事三难:信、达、雅"的思想进行了哲学探讨,提出"信"应居首位,它是指对原文整体的"信"。他反对截然区分直译和意译,认为"理想的翻译是文从字顺的直译"。他强调,翻译是一项"再创造"活动,"研究什么,翻译什么",因此文学作品之译者本人应是文学家。他对《美学》的翻译,为他赢得了极大的荣誉。其他的译著还有《拉奥孔》《歌德谈话录》《艺术的社会根源》《美学原理》以及《柏拉图文艺对话集》等。

(四)中国当代翻译理论

焦菊隐是我是著名的戏剧家、翻译家。他发表了著名论文《论直译》,提出了"整体论"的翻译思想,丰富了篇章翻译理论。"整体论"是指译者要具有整体视野,首先实现整体的意义对应,然后再从上到下、由大到小考察每个部分的意义,逐步完成各个部分的对应。他认为,翻译是"二度"创造的艺术。译者只有认识到了这一点,才能不断提升自身的翻译水平。

傅雷是我国著名的文学翻译家、文艺评论家,他积极地把自己的翻译与国家命运联系起来,试图通过自己的译作鼓舞人们为民族振兴而奋斗。傅雷最具代表性的翻译思想是"传神说",即"重神似不重形似;译文必须为纯粹之中文"。译者要使译文达到传神的标准,需要满足三个条件。第一,吃透原作的外在形式和内在精神。第二,将自己的理解忠实而生动地表达出来。第三,气息、文脉要流畅、贯通。"传神说"正视了文化差异的客观存在,强调译者要从本质的层面去传递原文的风格、意境、神韵等。

谈起当代翻译理论,不得不提的另外一个人,就是钱钟书。钱钟书在《林纾的翻译》一文中提出了"化境说"。"化"是文学翻译的最高理想,即将作品从一种文字转换成另一种文字而不表现出生硬牵强的痕迹。

著名翻译家叶君健精通多种语言,一生翻译了大量外国文学著作,尤以翻译安徒生的童话而闻名于世。叶君健反对传统翻译观将译者视为"隐形人"的观点,比较注重译者在翻译中的主体性和创造性。叶君健认为,文学翻译不是简单的符码转化,翻译有再创造的一面。他在《翻译也要出"精品"》一文中,系统地论述了"精品"理论,即翻译可以使一部外国作品转化为本国作品,并强调了"译者的个性"和"个性的译作"。

最后要提的这位是著名翻译家许渊冲,他是 20 世纪将中国诗词译为英语和法语的唯一的翻译家。他将翻译理论总结为"美化之艺术",并进一步从中提炼出"三美""三化"和"三之","三美"指"意美、音美、形美","三化"指"等化、浅化、深化","三之"指"知之、好之、乐之"。他认为最好的原文变成对等的译文,并不一定是最好的译文,因此他主张用最好的译语表达方式来体现原作的内容,这就是著名的"优势竞赛论"。

第二章　文艺视阈下翻译实践的基础

众所周知,翻译是两种语言的转换活动,在文艺视阈下,译者要想更好地付诸实践,完成翻译工作,首先应该了解翻译的基础。翻译是一种语言活动,并且语言与文化密切相关,因此翻译与语言、文化都有着密切的关系。而随着历史的变迁,中西方在语言、文化层面都有各自的特点,因此只有了解了中西方语言与文化的差异,才能保证翻译实践更加准确、恰当。基于此,本章就对文艺视阈下翻译实践的基础展开分析。

第一节　中西语言差异

德国语言家雅格·格林这样说道:"关于各民族的情况,有一种比骨植、工具和墓葬更为生动的证据,这就是他们的语言。"[①]语言如同一面镜子,对民族的全部加以诠释和反映,又如同一个窗口,对该民族文化的一切内容进行揭示。显然,语言是文化的载体,是文化不可或缺的一部分,它既是文化的反映,也必然受到文化的影响。由于中西方的社会环境、风俗习惯、思维方式等存在差异,因此使用的语言也必然不同。基于此,本节就对中西语言差异进行探讨。

一、中西词汇差异

虽然英汉语属于不同的语系,有着迥异的特点,但是都拥有丰富的词汇。这些丰富的词汇受地理位置、自然环境、历史文化

---

① 李茜茜.浅析英汉词汇的文化差异[J].山西青年报,2016,(8):1.

等因素的影响,在词义、构词方式等层面存在明显的差异。

（一）词义差异

英汉词汇意义的差异呈现三种情况:词汇对应、词汇半对应、词汇非对应。下面就对这三个层面进行详细分析。

1. 词汇对应现象

就人的构造机能而言,任何人都具有共同的对客观世界进行感知的心理器官,即大脑。由于这一共同的心理器官的存在,人们有着相同的心理特征、相似的生存经验,这就决定了人类各民族的语言结构、思维方式有很多相通的地方。这些相通的地方同样赋予了词汇相同的概念意义与联想意义。例如:

paper 纸

heart 心脏

steel 钢

mind 思想

head 头

2. 词汇半对应现象

英汉两种语言中有些词呈部分对应,即有些英语词词义广泛,而汉语词词义狭窄,有些英语词词义狭窄,但汉语词词义广泛。例如:

gun 枪;炮

sister 姐姐;妹妹

red 红色;紧急;愤怒

yellow 黄色;胆怯的

尤其是词汇的社会文化意义,其涉及思想态度、社会经验、价值观念等多个方面,因此是最难以把握的。例如,英语中的 fat 一词,就词汇意义来说,其与汉语中的"胖、发福"对等,但就社会文化意义而言,二者截然不同。根据中国人的习惯,朋友见面往往会说

"你发福了!"这句话的意思实际指对方身体健康,是对对方的一种恭维。但英美人则对体重、体型非常敏感,甚至很多人非常看重减肥、节食等,因此在他们眼中,当面谈论胖显得非常不礼貌。

3. 词汇非对应现象

在不同的生存环境下,中西方建构了自己的文化系统,并且形成了自身的心理特点。因此,对待同一事物,英汉语言中可能包含不同的含义,具有不同的内涵。具体来说,受英汉文化差异的影响,英汉语中很多专门的词在对方语言中找不到对应词,这就是所谓的"非对应"现象,即"词汇空缺"。例如:

chocolate 巧克力

hot dog 热狗

气功 Qigong

风水 Fengshui

再如,狗在英汉民族都非常常见。中国人眼中的狗是令人讨厌的动物,代表着龌龊、肮脏。很多与狗相关的语言都是用来骂人的,如"狗仗人势""鸡鸣狗盗""狼心狗肺"等。与中国人对待狗的态度不同,在西方人眼中,dog 的地位非常高,它们的作用不仅是为了打猎、看家,还是为了陪伴。有的人没有儿女,往往用 dog 来替代,并且他们的 dog 往往有很多特权,有吃有穿,有音乐家为其专门谱的"狗曲",生病时请兽医来诊治,还会请专科医生、心理学家来疏导与治疗。如果主人外出,它们还可以享受假期待遇。可见,在西方人眼中,dog 的地位是非常大的,因此也产生了很多与之相关的词语。例如:

Lucy is a lucky dog.

露西真幸运。

Every dog has its day.

人人都有得意的一天。

(二)构词差异

英汉语中的构词方式多种多样,这里主要以词缀法、缩略法两种方式为例加以分析。

1. 词缀法构词差异

词缀法即在词基的基础上添加词而构成新词的方法。

(1)汉语词缀法构词

汉语词缀法即在表达意义的词根上,添加其他具有意义的词缀。汉语词缀法与英语词缀法相比,数量相对较少,且情况也存在明显的不确定性。汉语词缀构词方式及示例如表 2-1 所示。

表 2-1　汉语词缀构词方式及示例

构词方式	示例
前缀(词缀＋词根)	阿妹、老虎等
后缀(词根＋词缀)	瘦子、傻子等
叠音后缀(词根＋叠音词缀)	沉甸甸、绿油油等

(资料来源:杨丰宁,2006)

需要特别说明的是,汉语中这些词缀可有可无,但有了这些词缀可以使语言更圆滑、更通俗易懂,所以大多情况下也会使用这些词缀。

(2)英语词缀法构词

词缀法是英语构词法的核心。英语词缀法可分为前缀法与后缀法。

一般来说,英语词根有名词、动词、形容词等。前缀构词法一般会对词义进行改变,但是对词性没有任何影响。按照意义进行划分,英语前缀有以下九类。

表否定:in-(变体 ir-,il-,im-),non-,dis-,un-,a-

表贬义:mis-,mal-,pseudo-

表方向态度:contra-,pro-,counter-

表时间:fore-,pre-,ex-,post-,re-

表反向或缺失:dis-,de-,un-

表程度:co-,hyper-,micro-,under-,over-,super-,ultra-

表方位：fore-，intra-，tele-，extra-，inter-，super-，trans-

表数：di-，hemi-，uni-，multi-

其他：neo-，proto-，auto-，pan-，vice-

下面是一些前缀法构词的例子，如表2-2所示。

表 2-2　英语前缀法构词示例

构词方式	示例
international	国际组织
diadapt	使……不适应
non-conductor	绝缘体
malnutrition	营养不良
de-compose	腐烂、拆分
disbeneft	不利之处
anti-body	抗体
post-war	战后的
pre-emptive	先发制人的
noninvolved	拒绝介入的
anti-knock	抗震的
dehydrate	脱水
prearrange	预先准备
microbiology	微生物学
counterattack	反击
underground	地下的

（资料来源：杨丰宁，2006）

后缀法也是基于词根添加后缀来构造成新词。英语后缀法对词汇意义并无多大影响，但是会影响词性的改变。根据构造成新词的词性，后缀法可以分为名词后缀、动词后缀、形容词后缀、副词后缀，如表2-3所示。

表 2-3　英语后缀法构词及相应示例

后缀构词形式	添加后缀形式	示例
名词后缀	-age,-dom,-ee,-ry 或-ery,-hood,-ness,-(t)ion,ity 等	postage 邮费 wisdom 智慧 martyrdom 牺牲 employee 雇员 machinery 机械 surgery 外科手术 goodness 善良 darkness 黑暗 decision 决定 wastage 浪费（量）
动词后缀	-ate,-en,-fy 或-ify,-ize(ise)等	beautify 美化 shorten 变短 classify 分类 criticize 批评 chlorinate 使氯化
形容词后缀	-able（有-ible 和-ble 两种变体）,-al（有-ial 和-ical 两种变体）,-ful,-ive,-less 等	careless 粗心的 washable 耐洗的 cultural 文化的 faithful 忠诚的 eatable 可食用的 jobless 失业的 economical 节俭的 beautiful 美丽的
副词后缀	-fold,-ly,-ward(s),-wise 等	tenfold 十倍 calmly 平静地 recently 最近 firstly 第一 westward 向西 upward 向上 homeward 向家走的 hundredfold 百倍

（资料来源:杨丰宁,2006）

需要指出的是,英语中的词缀不能以独立的形式存在,也不能单独用于词组、句子中,即必须依附于具体的词根之上构造成新词才能使用。同时,词缀的位置也较为固定,即前缀置于词根之前,后缀置于词根之后,不能互换。

2. 缩略法构词差异

随着科技的发展与社会进步,新生事物越来越多,不论是英语还是汉语,缩略法越来越凸显。

(1)汉语缩略法构词

汉字具有较强的表意性,即汉字能够单独表达意义,因此其具有活跃的缩略词生成能力。由于汉语是由大量的表演符号对语素、词等进行表达,没有形态上的变化,因此汉语缩略词都是围绕"字"形成的。具体来说,汉语缩略词的构成方法主要有两种,如表2-4所示。

表2-4　汉语缩略词示例

构词方法	组织形式	示例
抽取法	抽取词组中的第一个语素构成新词	超级市场→超市 外籍教师→外教 私营企业→私企
	抽取词组中的最后一个语素构成新词	人寿保险→寿险 电影明星→影星
	抽取第一个词组中的第一个语素与第二个词组中的第二个语素构成新词	外交部长→外长 租赁资金→租金 空中小姐→空姐
	抽取词组中富有代表性的某一个或者某一些语素	立体交叉桥→立交桥 奥林匹克运动申办委员会→奥申委
数字概括法	抽取原词或词组中的共同存在的成分来构造成新词	精神文明、物质文明→两个文明 中外合资企业、外商独资企业、中外合作企业→三资企业

(资料来源:冒国安,2004)

（2）英语缩略法构词

英语缩略词的数量较多,归纳起来主要有三种类型:节略式、字母缩合式、混合式,如表 2-5 所示。

表 2-5　英语缩略词示例

构词方法	组织形式	示例
节略式缩略词	取头去尾	Wednesday→Wed(星期三) executive→exec(执行官) gentleman→gent(绅士) stereophonic→stereo(音响) memorandum→memo(备忘录)
	去头取尾	earthquake→quake(地震) microfiche→fiche(缩微胶片)
	去头尾取中间	detective→tec(侦探) influenza→flu(流感) refrigerator→fridge(冰箱)
	取头尾去中间	department→Dept(部门) pacificist→pacifist(和平主义者)
字母缩合式缩略词	将某一短语中的首字母或者某些字母提取出来构造成新词	foot→ft(英尺) kilogram→kg(公斤) radio detecting and ranging→radar(雷达)
混合式缩略词	A头+B尾	cremate+remains→cremains(骨灰) fruit+juice→fruice(果汁)
	A头+B头	communications+satellite→comsat(通讯卫星) teleprinter+exchange→telex(电传)
	A+B尾	tour+automobile→tourmobile(游览车) work+welfare→workfare(劳动福利)
	A头+B	telephone+quiz→telequiz(电话测试) automobile+camp→autocamp(汽车野营)

（资料来源:冒国安,2004）

通过对英汉缩略法的分析可知,由于汉语属于表意文字,英语属于表音文字,因此其在缩略词的构成上存在明显差异。

(1)英汉缩略法的缩略原则不同。英语缩略词的形成往往是缩减一些无意义的音节,即保留原词语中的一部分音节并达成与原词语相似的目的的前提下构成新词,其主要维系了缩略词与原词语的语音层面的关系,这大大对其稳定性产生了影响,并且在对原词语的代表性语素进行选取时也较为随意。相比之下,汉语在选择语素时首先将语义关联放在首位,即所选择的语素一定要能够对原词语进行代表,从而发挥主观能动性,尽最大可能将原词意义体现出来,从而更好地对原词意义加以解释与提示。

(2)英汉缩略词的缩略特点不同。英语缩略词在音、形、义三个层面的联系并不紧密,一个缩略词可能代表的是一些不相干或者没有任何关联的意义。相比之下,汉语缩略词要求每一个字都是音、形、义相结合的产物,并且非常稳定,发音、书写不会因为组合形式的改变而改变。同时,汉语缩略词具有较大的还原性,人们可以根据汉字的义项对其词组中的含义加以理解与推断,且容易记忆。

二、中西句法差异

在英语中,句法起着十分重要的作用。了解中西句法的不同特征,有助于更好地进行英汉互译。中西句法的差异有很多,这里主要对语序、语态、句子重心三个层面进行分析。这些差异也反映出使用不同语言的民族思维方式与文化心理结构的不同,因此值得了解与研究。

(一)意合与形合

著名学者王德春指出:"汉语民族重隐含与悟性,是重意合的语言。意合即句子尽量少用或者不用关联词,主要通过句子与句子之间的语义连贯来传达思想与情感。英语民族注重理性与分析,是重形合的语言。形合即词语、句子通过语言形态变化与语言形式手段来传达思想与情感,如多使用连接词。形合句子具有明显的语法形式。"①

由这段文字分析可知,意合与形合是中西句法的主要差异,并且主要表现在连接手段上。

1. 汉语重意合

汉语句子的一个重要特征就是形散神聚,即汉语中很少出现逻辑关系词、顺序标志词等,句子含义往往通过动词来表达,并且读者需要仔细思考其中的逻辑关系才能明白句子的具体意义。例如:

跑得了和尚,跑不了庙。

不难发现,本例中未使用逻辑连接词,而使用"跑"这一动词连接起来,如果读者要想把握该句的具体含义,就必然需要仔细分析与亲身体会。

2. 英语重形合

英语句子的一个显著特征就在于以形显义。为了满足句义表达的需要,有时需要将句子中的词汇、短语等连接起来,这时就需要采用一些语法手段,如引导词、关联词等,以此保证句子的完整性。以上述"跑得了和尚,跑不了庙。"为例来说明,英语中的表达应该如下。

The monks may run away, but the temple can not run away with them.

显然,句子中增加了 but 这一连接词,这样便于读者理解句子含义。

(二)语序差异

英汉语在主谓语序上存在明显的差异,具体而言表现为两

---

① 沈世锦. 英汉句法对比综述[J]. 现代交际,2017,(8):177.

点：一是动词移位的差异；二是是否注重末端重量的差异。

1. 动词移位的差异

英汉动词移位的差异主要体现在如下三个层面。

（1）在英语中，动词是可以移位的。这可以在英语陈述句与疑问句的转换中体现出来。但汉语中并不存在这一点，即汉语中陈述句与疑问句转换时，位置不需要移动。例如：

He is Tom's father.（陈述句）

Is he Tom's father?（疑问句）

他是汤姆的爸爸。（陈述句）

他是汤姆的爸爸吗？（疑问句）

（2）有时为了凸显语势，或者使描写更具有生动色彩，导致动词发生移位。在英语中，这种现象称为"完全倒装"，这种倒装是为了满足修辞的需要产生的，因此又可以称为"修辞性倒装"，即将谓语动词置于主语之前，以此来抒发强烈的情感。例如：

In came the Mayor and the speech began.

市长走了进来，然后开始讲话。

（3）有时为了实现某些语义需要，动词需要移位。在英语中，一些话题性前置的现象非常常见，尤其是表达否定意义的状语前置现象，即将助动词置于主语之前，形成主谓倒装句式。但汉语不存在这种语法现象。例如：

Rarely have I heard such a rude word from Tom.

我很少从汤姆那里听到如此粗鲁的话。

2. 末端重量的差异

英语中非常注重末端重量，这可以从如下两点体现出来。

（1）英语中，当主语或宾语属于较长的动名词、名词性从句、不定式等成分时，一般将这些长句的主语置于句子后半部分，主语用 it 来替换。但汉语中并不存在这种语法现象。例如：

It is very easy for me to pass the wooden bridge.

对于我来说,通过那个独木桥是非常容易的。

(2)英语句尾应该放置分量较重的部分,应按照先短后长的顺序来组织句子,汉语则与之相反。例如:

Inscribed on the wall are the names of those who left their homes in the village to travel to the United States.

那些离开村子里的家、去美国旅行的人们的名字被刻在了墙上。

(三)语态差异

中西思维模式的不同必然会影响着语态的选择。通过分析英汉语可知,英语善用被动语态,而汉语善用主动语言,且英汉翻译中也呈现这一特点。语言是文化的载体,选择不同的语态代表着文化的不同。英语选用被动语态说明英语国家的人们非常看重客观事物,而汉语选择主动语态说明中国人非常看重做事主体的作用。下面就具体分析这两种语态的选择。

1. 汉语善用主动语态

在做事层面,中国人侧重动作执行者的作用,即所谓的重人不重事儿。在语言使用中也是如此,中国人更习惯采用主动语态来表达,以陈述清楚动作的执行者。

但是,汉语中也存在被动语态,主要表达不希望、不如意的事情,如受祸害、受损害等。受文化差异的影响,汉语中的被动语态往往比较生硬。例如:

饭吃了吗?

病被治好了吗?

显然,上述两句话虽然使用被动语态表达,但是显得非常别扭,甚至很难读,因此应改为:

你吃饭了吗?

医生治好了你的病了吗?

这样改为主动句式之后,句子就显得流畅许多。

这就说明,汉语中并没有英语中那么多的被动句式,也很少使用被动句式,而是采用主动句式来替代。这与中国人的主体思维有着密切的关系。中国人习惯"事在人为",即行为与动作都是由人产生的,事物或动作不可能自己去完成,因此对动作执行者的表达显得至关重要。如果无法确定动作执行者,人们往往会使用"有人""大家""人们"等泛称词语替代。当然,如果没有泛称词语,也可以采用无人称,就是人们所说的"无主句"。例如:

下雨了。

快走!

2. 英语善用被动语态

西方人非常看重物质世界的自然规律,习惯弄清楚自然现象的原理。与人相比,他们更加看重客观事物,善于探求真理。在语言表达上,他们习惯采用被动语态来强调活动、事物规律或者动作承受者,非常看重被做的事儿与过程。因此,在英语中,被动语态非常常见。甚至在一些文体中,被动语态是常见的表达习惯。

从语法结构上说,英语中存在十多种被动语态,并且时态不同,其被动语态结构也存在差异,如一般现在时被动语态、一般过去时被动语态等。当然,不同的被动语态,其代表的意义也必然不同。例如:

English is spoken by many people in the world.

世界上有许多人说英语。

Apple trees were planted on the hill last year.

去年山上种了很多苹果树。

AI technology will be used in the future.

将来会用到人工智能技术。

通过分析不难发现,第一个句子为一般现在时态,其被动语态表达的是现在的情况;第二个句子为一般过去时态,其被动语态表达的是过去的情况;第三个句子为一般将来时态,其被动语态表达的是将来的情况。

之所以英语中常用被动语态,主要有如下几点原因。

(1)突出动作的承受者时,一般采用被动语态。例如:

The harvester is widely used in the wheat harvest.

小麦收割广泛使用收割机。

(2)不清楚动作的执行者,或者动作的执行者没必要指出时,一般采用被动语态。例如:

The shirt is made of polyester.

这个衬衫是用涤纶制成的。

(3)动作的执行者非人时,一般采用被动语态。例如:

I am shocked to hear our school volleyball team was beaten by other school.

听到我们学校的排球队被其他队击败了,我感到非常震惊。

(4)汉语中的"受""被""由"等被翻译成英语时,一般采用英语中的被动语态。例如:

Tom is elected the Mayor by this city people.

汤姆被这个城市的人们选为市长。

(5)为了迎合表达的需要,在新闻、科技、公文等实用文体中,也常常使用被动语态。这是因为新闻文体注重语气的客观性,要求叙事冷静、翔实,动作执行者往往比较难以表明;科技文体比较注重活动、事理的客观性,所以也避免提及动作执行者;公文文体注重公正性,语气往往比较正式,所以这些情况都要求使用被动语态来表达,以淡化动作执行者的主观色彩。例如:

Your letter has been received.

来信已收到。

(四)句子重心差异

1. 原因与结果

在汉语句子中,人们往往先陈述具体的原因,结尾部分陈述结果,是一种前轻后重的思维方式。如同中国的戏剧,总是用最精彩的部分压轴,似乎在中国人看来,如果开头就说出或演出精彩的部分,那么就会锋芒毕露,压不住阵脚。英语句子恰好相反,人们往往将结果视作句子的主要信息、主要部分,因此置于句首,然后对原因进行分述,是一种前重后轻的思维方式。例如:

We work ourselves into ecstasy over the two superpowers' treaty limiting the number of anti-ballistic missile systems that they may retain and their agreement on limitations on strategic offensive weapons.

两个超级大国签署了限制它们可保留的反弹道导弹系统的数目的条约,并达成了限制进攻性战略武器的协议,因此我们感到欣喜若狂。

显然,原句中的 We work ourselves into ecstasy 是整个句子的结果,原因是 the two superpowers'…从结构上,英语原文将结果置于句首,然后陈述原因。而看汉语译文,将"我们感到欣喜若狂"这一结果置于最后,而前面是对原因的陈述。再如:

生活中既有悲剧,文学作品就可以写悲剧。

Tragedies can be written in literature since there is tragedy in life.

显然从汉语原句分析,前半句为因,后半句为果,我们不能将两个半句对调过来。而英语句子中要想将两个半句连接起来,必须借助于连词,因此 since 的出现就是满足了这一效果,即将结果置于前端,然后解释用 since 引出原因。

2. 分析与结论

在汉语中,往往先逐条分析,摆出事实依据,然后得出最终的结果,给人以"一锤定音"之感。英语中常见复合句,在这些复合句中,往往将结论置于之前,分析置于后面,即先开门见山,陈述实质性的东西,然后逐条进行分析。例如:

揭穿这种老八股、老教条的丑态,展示给人们看,号召人们反对老八股、老教条,这是五四运动时期的一个伟大功绩。

译文 1:Its public exposure of ugliness of old stereotype and the old dogma and its call to the people to rise against them were a tremendous achievement of the May 4th Movement.

译文 2:A tremendous achievement of the May 4th Movement was its public exposure of the ugliness of old stereotype and the old dogma and its call to the people to rise against them.

在该例中,"揭穿这种老八股、老教条的丑态,展示给人们看"与"号召人们反对老八股、老教条"是两个并列成分,中间并没有采用连接词来连接,其意思与最后半句"一个伟大功绩"这一独立分句的意思等同。这在汉语中属于一种常见现象,先摆出具体的论据,最后得出结论。但是,如果这样翻译成英语就很难让读者理解了,译文 1 显得头重脚轻,这在英语中是所避讳的。相比之下,译文 2 显得更符合英语的语言习惯,是比较好的译文。

The solution to the problem of Southern Africa cannot remain forever hostage of the political maneuvers and tactical delays by South Africa nor to its transparent proposals aimed at procrastination and the postponement of the solution.

译文 1:南部非洲问题的解决不能永远成为南非耍政治花招和策略上采取拖延手段的抵押品,也不能永远成为提出明显是在拖延问题解决的抵押品。

译文 2:不管是南非耍政治花招与策略上采取拖延手段,还是提出明显是在拖延问题解决的建议,都不能永远地阻止南部非洲问题的解决。

该例属于一个长句,其中 The solution to … forever hostage 属于整个句子的主要成分,之后用介词 to 引出两个次要成分,对上面的主要成分进行解释,这样保证了整个结构的清晰。但是,如果按照英语句子模式翻译汉语,就会让目的语读者读起来拗口。显然译文 1 读起来就让人费解。原文的意思是:采取政治花招也好,采取拖延手段也好,都不能阻挡解决南部非洲问题。The solution to... forever hostage 表明了一种决心,一种愿景,因此汉语应该采用倒译法,译文 2 就是比较好的翻译。

三、中西语篇差异

对于英汉两种语言来说,语篇即语言的运用,是更为广泛的社会实践。在中西语言中,语言是词汇、句子等组合成的语言整体,是实际的语言运用单位。人们在日常交谈中,运用的一系列段落都属于语篇。同时,语篇功能、语篇意义等都是根据一定的组织脉络予以确定的。中西语篇在组织脉络上存在着明显的差异,这些差异影响着人们的谋篇布局。

(一)衔接手段差异

1. 汉语语篇的衔接手段

汉语语篇一般具有均匀的节奏、流畅的表达,往往很少以词汇手段来衔接,因为在汉语中,过多使用衔接手段会使整个句子显得生硬,影响表达的连贯性。

汉语更注重采用意合手段,通过自身独特的行文规则表意形式,传达时空与语义上的逻辑关联性,这表现在结构上就是多使用词组、小句以及流水句。同时,汉语语篇的行文规则更为灵活,并且表现为"竹节型",以平面形式展开,根据自然的时间关系来组词构句。在并列结构的运用上,汉语中往往会将并列连词省略,如"中美关系"而不是"中和美关系"。

2. 英语语篇的衔接手段

相较于汉语语篇,在结构上,英语语篇更强调完整性,句子往往会借用丰富的衔接手段,呈现多变的形态,保证句与句之间、段落与段落之间的逻辑连贯性。

英语语篇多采用形合手段,如果没有形合手段的参与,英语句子就丧失了连贯性。在行文上,英语语篇多为"葡萄型",即在一个较短的主干结构上进行扩展,构成复杂句式。

另外,英语语篇中的句子主干与主谓结构是其描述的重点。在一个英语句子中,其信息的焦点就在于主句中的谓语动词,其他动词则为次要信息。一般来说,英语句子的衔接手段主要表现为如下两点。

(1)形态变化,即词语本身的词形变化,其包含两种:一种是构形变化,一种是构词变化。前者不仅指词语在构造句子时产生的数、格、时态、语态等层面的变化,还指非谓语动词等的形态变化;后者与词语的派生有着密切的关系,这在前面已进行详细论述,这里就不再赘述。

(2)形式词,即用于表达词与词、句与句、段落与段落等逻辑关系的词,其主要包含连词、冠词、副词、介词等。其中连接词是最主要的形式词,如 and,but,both…and 等都属于这类词。

从上述分析可以看出,英汉语在语法衔接上存在明显的差异,因此这里选取一些英汉语法衔接手段进行对比。

(1)照应手段。英语中的照应衔接是指当英语语篇需要对某一词语进行解析与阐释时,如果很难从其本身入手,但可以从该词语的所指成分得到答案,那么就说这个词语在该语篇中形成了照应关系。因此,英语语篇中的照应实际上是一种语义关系。

相比之下,在汉语语篇中,照应手段也是存在的。但是,汉语语篇中没有关系代词,关系代词中的人称代词的数量也要远远少于英语中的人称代词数量。换句话说,汉语语篇中的人称代词转化成英语时往往需要使用英语中的关系代词替代。

(2)连接手段。在连接手段上,英汉语篇的差异具体分析如下。

其一,英语连接词具有显性特征,汉语连接词具有隐性特征。

其二,英语的平行结构常用连接词来连接,汉语中的衔接关系常通过对偶、排比等来实现。

(3)省略手段。省略手段是将英汉语篇中某些不重要的成分省略掉的现象。由于英语语法结构要求严谨,省略的使用往往是作为一种形态标记或形式标记，是语篇避免歧义的手段，因此省略在英语语篇中较为常见，甚至远远高于汉语语篇中省略的运用。

在省略上，英汉语篇也存在明显区别。具体来说，英语中的主语通常是不需要省略的，而汉语语篇中的主语在出现一次后如果还需要出现，那么后面的都可以省略掉，这是因为与英语主语相比，汉语主语的承接力、控制力都更强。

（二）逻辑连接差异

1. 展开性表述与浓缩性表述

除了逻辑连接上的显明性，汉语中呈现展开性，即常使用短句，节节论述，这样便于将事情说清楚、说明白。英语在语义上具有浓缩性。显明性是连接词的表露，是一种语言活动形式的明示，但是浓缩性并未如此。英语具有独特的思维方式与语言特点，这也决定了表达方式的高度浓缩性，习惯将众多信息依靠多种手段来思考，如果将其按部就班地转化成中文，那么必然是不合理的。例如：

She said, with perfect truth, that "it must be delightful to have a brother," and easily got the pity of tender—hearted Amelia, for being alone in the world, an orphan without friends or kindred.

她说道，"有个哥哥该多好啊，"这话说得入情入理。她没爹没娘，又没有亲友，真是孤苦伶仃。软心肠的阿米莉亚听了，立刻觉得她很可怜。

上例中，with perfect truth 充当状语，翻译时，译者在逻辑关系上添加了"增强"的逻辑关系。英语介词与汉语介词不同，是相对活跃的词类，因此用 with 可以使感情更为强烈，在衔接上也更为紧密。相比之下，汉语则按照语句的次序进行平铺，这样才能让汉语读者理解和明白。

2. 隐含性表述与显明性表述

所谓隐含性,是指汉语语篇的逻辑关系不需要用衔接词来标示,但是通过分析上下文可以推断与理解。相反,所谓显明性,是指英语中的逻辑关系是依靠连接词等衔接手段来衔接的,语篇中往往会出现 but,and 等衔接词,这可以被称为"语篇标记"。汉语属于意合语言,英语属于形合语言,前者注重意念上的衔接,因此具有高度的隐含性;后者注重形式上的接应,逻辑关系具有高度的显明性。

3. 迂回性表述与直线性表述

英汉逻辑关系的差异还体现在表述的直线性与迂回性上。汉语侧重铺垫,先描述一系列背景与相关信息,最后总结陈述要点。英语侧重开门见山,将话语的重点置于开头,然后再逐层介绍。例如:

Electricity would be of very little service if we were obliged to depend on the momentary flow.

在我们需要依靠瞬时电流时,电就没有多大用处。

上例中的逻辑语义是一致的,都是"增强",但是在表述顺序上则相反。英语原句为主从复合句,重点信息在前,次要信息在后,在翻译成汉语后,则次要信息优先介绍,而后引出重点信息,这样更符合汉语的表达。

(三)表达方式差异

1. 主观性表达与客观性表达

中国人注重主观性思维,因此汉语侧重人称,习惯采用有生命的事物或者人物作为主语,并以主观的语气来呈现。西方人注重客观性思维,因此英语侧重物称,往往采用将没有生命的事物或者不能主动发出动作的事物作为主语,并以客观的语气加以呈现。受这一差异的影响，汉语往往以主体作为根本，不在形式上有所拘泥，句子的语态也是隐含式的；而英语中的主被动呈现明显的界限，且经常使用被动语态。例如：

These six kitchens are all needed when the plane is full of passengers.

这六个厨房在飞机载满乘客时都用得到。

显然，英语句子为被动式，而汉语句子呈现隐含式。

2. 主题显著表达与主语显著表达

汉语属于主题显著语言，其凸显主题，结构上往往包含两个部分，一部分为话题，一部分为对话题的说明，不存在主语与谓语之间的一致性关系。英语属于主语显著的语言，其凸显主语，除了省略句，其他句子都有主语，且主语与谓语呈现一致性关系。对于这种一致关系，英语中往往采用特定的语法手段。例如：

The strong walls of the castle served as a good defense against the attackers.

那座城墙很坚固，在敌人的进攻中起到了很好的防御效果。

显然，英语原句有明确的主语，即 The strong walls of the castle，且其与后面的谓语成分呈现一致关系。相比之下，翻译成汉语后，结构上也符合汉语的表达，前半句为话题，后半句对前半句进行说明。

第二节　中西文化差异

随着经济的发展、科技的进步，世界各国之间联系非常紧密，世界一体化趋势也趋于明显。在这样的背景下，中西方的交往也在不断升级，但是由于受历史、文化、地理位置、风俗习惯等的影响，导致中西方在价值观念、思维模式等层面存在明显差异。因此，本节就对这两个层面展开分析。

一、中西价值观差异

一般来讲,价值观具有稳定性,但是这种稳定性是相对的。具体来说,如果条件不发生改变,人们对某些事物的评判是相对稳定的。价值观是基于社会、家庭的影响而产生的,如果人们的经济地位发生改变,价值观也会发生改变。中西方民族所持有的价值观显然是不同的,下面就来具体分析这两个民族的价值观差异。

(一)天人合一与天人二分

1. 中国人提倡天人合一

众所周知,天人合一精神是中国传统文化的精髓,延续了数千年,在这一精神思想的影响下,人们在审美观念上主要体现为与大自然相融,人与大自然是一体的,最初就强调艺术来自于人的本心,并不是对外界事物的简单模仿。在中国古代历史上,很多哲学家、思想家都提倡天人合一的思想观念,他们认为艺术的表现同样应该体现出人与自然的天性,顺其自然,不可人为强制。

儒家提倡的美学观点是美学自身不仅需要具有合理性的特征,还需要合乎伦理,与社会习俗观念相一致,实现"真""善""美"的统一。此外,中国古代历史上所形成的审美理论强调主体的内心与外在事物相接触。

另外,中国古代人还认为人应该与自然、与他人、与社会保持一种和谐的关系,要懂得欣赏大自然,将自己融入大自然之中,这被认为是审美的最高境界。

2. 西方人提倡天人二分

在西方国家,人们大多认为世界是客观的,是与人对立的一个存在,即主客二分,人作为社会的主体,想要认识和了解世界,就要站在对立面对自然界进行认真的观察、分析、研究,如此才能从根本上了解和认识大自然,领悟大自然之美。换言之,西方人的文化审美强调对大自然进行模仿,认为文化就是对大自然的一种模仿。

希腊是西方古代文化的发源地之一,这一地区最突出的文化艺术形式就是雕塑,其在很大程度上表现出了西方人的审美观念与标准。除了雕刻,西方人还十分喜欢叙事诗,二者作为艺术领域的典型代表,都反映了西方社会主客二分的审美标准,是一种写实风格的体现。西方人认为,人对大自然的审美一般包括两种心理过程:畏惧和征服,因此人们对审美判断的最终结果往往也局限于这两种心理过程中。

(二)社团主义和个人主义

1. 中国人讲究社团主义

中国人从日月交替等现象产生了"万物一体""天人合一"的意识。这种意识也体现在人与人之间的关系上,因此中国人的群体意识较强,强调集体价值高于个人利益,追求社会的和平统一。当遇到个人利益与集体利益发生冲突时,人们往往被要求与集体利益保持一致。虽然这种情况在当代社会有所改变,但是中国人仍旧饱含着强烈的集体归属感。

同时,中国人以谦逊为美,随遇而安、知足常乐,而争强好胜、好出风头是不被看好的,所以自古就有"枪打出头鸟"这句俗语。因此,中国文化认为双数是很吉利的数字,人们喜欢在双数那天办事,如结婚选择的良辰吉日为双数。汉语中有关双数的词语往往都是褒义的,如"好事成双""双喜临门""六六大顺""十全十美"等。

2. 西方人讲究个人主义

西方绝大多数哲学倾向和流派都强调"主客二分",把主体与客体对立起来。所以,西方人从一开始就用各种方法征服自然,强调个人奋斗的价值,非常推崇个性、自由,注重自我实现。需要指出的是,个人主义并不意味着个人利益比任何利益都高,而是需要在法定范围内,因此个人主义也是一种健康的、积极的价值观。不得不说,个人主义有助于个人的创新与进取,但是如果过分强调个人主义,可能也会影响整个社会的凝聚力。他们以批判的眼光看待已有的知识,从而不断获取新的知识。西方人的独立精神以及对个人存在价值的尊重,使得西方人逐渐形成了求异忌同、标新立异的开拓精神。因此,西方文化在继承、批判的呼声中不断推陈出新,从而保持旺盛的生命力。所以,西方人喜欢单数,西方文化认为单数吉利,当表达更深的程度时,常在整百整千的偶数后面加“一”,如 one hundred and one thanks(十分感谢)。

(三)重和谐与重竞争

1. 中国人重和谐

中国传统哲学以“天人合一”为最高境界,以和谐、统一为最终目标,并且儒家的中庸思想也主张社会方方面面的和谐一致。这可以从中国古代的生存环境和历史条件来说,其中蕴含了中国人和谐思维的根源。

中国是农业大国,在中国传统思想中,重农轻商、重本轻末。孟子说:“百亩之田,勿夺其时,数口之家可以无饥矣。”中国古代社会中流传的一个说法是“士、农、工、商”,从这一排序中就可以明显看出商人的地位,商处于最末。中国古代社会形成重农思想的根源,主要在于古代人以农耕为主,依据河流而生,长期处于一种自然的经济状态中。从事农业需要天时、地利、人和,因此中国人在长期的农业生产中形成了合作与协调的思维。例如,“远亲不如近邻”“家和万事兴”等都是对和睦、和谐的推崇与追求。

2. 西方人重竞争

从社会经历的发展历史可以看出,西方社会所表现出的典型特点就是"重商主义"。美国著名学者罗伯逊(Robertson)认为,美国社会的商业文明在1776年美国独立时就已经形成。

在西方社会,"权利、地位、声望、金钱"都不是天生就有的,并不能简单地通过继承遗产或者高贵的血统来获取。个人想要获取财富,实现自己的理想,只有通过自己的竞争才能实现。因此,西方人形成强烈的竞争思维。

作为社会中的一分子,个人只有通过自己的竞争来获取资本以及各种机会,人应该用于面对和接受各种挑战,将自己放在与他人竞争的同等位置,从而充分激发自身的潜力以及战斗力,通过行动来追求速度、结果、效率。西方人非常推崇达尔文(Darwin)所提出的进化论思想,"物竞天择"是西方人的人生信条之一。

(四)求稳与求变

1. 中国人求稳

受儒家思想的影响,中国文化历来强调求稳求安,渴望祥和安宁。中国人习惯乐天知命,即习惯生活在祥和的环境中,知足常乐、相安无事,稍微发生变动,中国人往往就会有杞人忧天、无所适从之感。同时,受农耕文明的影响,人们的价值观往往被禁锢在土地上,他们认为只有安居,才能乐业,如果背井离乡,那么就会像游子一样,漂泊无依。如今,人们对于安居的理念也是根深蒂固的,认为即使蜗居在一个特别小的房子,那也会让自己有满足感。

2. 西方人求变

相较于中国人的求稳心理,西方人更倾向于求变,认为"无物不变",尤其对于美国这样一个移民国家,人们为了满足基本的生存需要以及对物质的迫切需求,一直在求变、求创新。如果不进行创新,那么就不能满足他们已经取得的成就,也无法追求更美好的生活。因此,美国人往往不会受传统的限制,也不会受教育、家庭、个人能力等条件的限制,而是不停地在变换中探求个人的最大潜力,从而实现个人价值的最大化。

在这种社会意义上的"频繁移动"的推动下,财富、机会等的流动越来越频繁,从而逐渐形成一个不断创新、标新立异的社会文化氛围。从小的方面说,服饰、家具装潢等都在不断创新,从大的方面说,政策、科技等也在不断更替,这些都体现了西方人求变的心态。

二、中西思维模式差异

傅雷先生曾这样说过:"中西方的思维方式之间存在分歧,我人重综合、重归纳、重暗示、重含蓄,西方人重分析,细微曲折,挖掘唯恐不尽,描写唯恐不周。"[①]从中可以明显看出中西方思维模式的差异,但具体表现在哪些层面,下面做详细探讨。

(一)圆型思维和线型思维

1. 中国人的圆型思维

直线的特点在于无限延伸,圆的特点在于拥抱圈中世界。也就是说,圆给人的感觉是含蓄、温和,表现在思维模式上就是圆型思维,或者说是螺旋型思维。

中国人在观察事物时,采用散点视思维方式;在看待事物时,比较注重通过自身的思考来获得思想结论,比较轻视形式论证。这是因为在中国的思维模式中最重要的因素是整体性,将事物作为有机整体进行概括性的研究和探索,这体现了一种螺旋型思维模式。螺旋型思维模式呈现曲线的形状或圆形,并且循环上升,具有明显的间接性。

① 张义桂. 中西方传统思维方式的差异及成因[J]. 文史博览(理论),2016,(6):44.

中国人的这种思维模式必定也会在语言上表现出来,长期暗示诱导着语言文字的使用,因此汉字很容易勾起人们对现实世界里事物形象的想象或联想。所以,中国人在思考或进行语言表达时,经常喜欢重复使用某些词语或句式,甚至汉语里还有一个叫"重复"的修辞手法;汉语句式结构重心多半在后,头大尾小。

中国人语言表达含蓄委婉、模棱两可,要么不直接表达见解,要么就是轻描淡写地陈述看法。每个段落里经常含有似乎与文章其他部分无关的信息。在输出口头语言和书面语言时,中国人通常把思想发散出去后还要收回来,让它落在原来的起点上,并且开头一般是较为笼统、概括的陈述性内容。汉语语篇往往是反反复复地对一个问题加以展开,讲究"起、承、转、合",尽量避免直接切入主题。

2. 西方人的线型思维

西方人的思维模式最引人注目的一点是它注重个体性,习惯于把复杂的事物分解成一个个单独的要素,然后各个击破,逐个单独进行逻辑分析,注重形式论证。在观察事物时,采用焦点式思维模式,呈线性。

西方人坚持"天人相分"的理念,这是他们看待人与自然的关系的态度。所谓"天人相分",是指事物之间相互独立和区分开来,并且事物的状态是随时随地在改变的。这就体现了他们的线型思维模式。因此,西方人在长期使用线型连接和排列的抽象化的文字符号的过程中,思维线路逐渐发展成直线型,具有明显的直接性。

西方人在输出口头语言和书面语言时,都倾向于直接表达,并且自始至终坚持同一立场,不能用无关的信息掩盖真实的观点。这也决定了西方人在思考或进行语言表达时,对于同一个意思往往使用不同的词语或句式,并且句式结构多为重心在前,头短尾长。

在输出语篇时,西方人总是先给出一个固定的中心论点,在文章的开头部分就明确地表达自己的见解,然后围绕这一固定的中心论点安排文章中的所有细节。也就是说,英语的语篇一般按直线展开,通常包含四个部分:导入、主题、支撑、结论,切入主题后就先开门见山地陈述段落的中心思想,即主题句,再从数个方面对主题进行阐述,最后得出结论。

(二)形象思维与抽象思维

1.中国人的形象思维

中国形象思维表现在中国人在认知时总是喜欢联系外部世界的客观事物。这和中国人的语言——汉语也是休戚相关的。汉字经过数千年的演变从古代的象形字转变为今天的形声字。汉字方正立体,导致人们容易把它们同外部世界的事物形象联系起来。有些字仍保留了很强的意象感,如"山"字可以使人们脑海中显现出自然界里山的形象,文学作品特别是古代诗词中也充满了丰富的意境。这种意象丰富的文字经常被中国人用来思维,因此中国人逐渐养成了形象思维。这种思维极富情理性、顿悟性和直观性。

正是由于中国汉字的立体感,中国人在进行辩证思维时总是先想到具体的物象、事实、数据等,然后从中归纳出规律来,也就是说,他们总是倾向于采用归纳法。

与逻辑思维善于思考未来不同的是,形象思维更关注过去和现在,具有反馈性。一个国家的历史越悠久,那么这个国家的人往往就会更加看重历史,受过去的影响也会很严重。众所周知,中国的历史是十分悠久的,所创造的华夏文化也是很灿烂的,因此中国人就会以国家的历史为傲。纵观中国的历史变化,可以看到遭受了多次的被侵略,人民生活困苦,导致生灵涂炭,这种家破人亡、流离失所的惨痛经历是难以忘记的。每一个中国人对自己的祖国都有着深厚的感情,这种感情使得他们勇敢反抗外族入侵,而在这一过程中所形成的家国仇恨的心理文化同样会延续下来,警示后人。

此外,中国古代所倡导的儒学思想要求人们要尊敬祖先,重视历史发展过程中所积累的经验,应牢记"古为今用"。因此,中国可以说是世界上最看重历史与过去的民族之一。从理性层面进行分析得出,看重历史的民族往往也十分保守。例如,对于消费,中国人所持有的消费观念是求稳、安于现状、保守。这种消费观念形成的根源,就在于中国古代是一种自给自足的农业经济体制以及有着严格的宗族血缘关系。

2. 西方人的抽象思维

西方语言属于印欧语系,受印欧语系语言特征的暗示和诱导,西方人所擅长的思维形式是基于逻辑推理和语义联系的逻辑思维。就拿西方的语言来说,它回环勾连,有着溪水一样的流线形式,就使得人们特别注意事物之间的联系。西方语言的符号形式和语法形式使得印欧语系民族对事物的表面逻辑的感知更加强烈。

因为抽象的书写符号、语音形式逃离现实世界,所以印欧语系的民族更多地游走于现实世界之外而进行纯粹的思考。一连串无意义的字母连接成有意义的单词,然后单词排列成短语、句子和篇章。所以,西方语言走的是"点—线—面"的路线,缺乏立体感,因此诱发人们形成了脱离现实世界的抽象思维。西方抽象思维借助逻辑,运用概念、判断、推理等思维形式,探索事物的本质和内在联系。也正是因为西方语言"点—线—面"的路线,西方人在进行逻辑思维时常用演绎法。因此,西方语篇倾向于开门见山、直奔主题,每一段的第一句往往就是主题句,其后围绕该主题展开阐述或举例论证。

(三)整体性思维与分析性思维

1. 中国人的整体性思维

在最早的生成阶段,宇宙呈现出阴阳混而为二、天地未分的混沌状态,即太极。太极动而生阳,静而生阴,在动静交替中产生阴、阳。阴阳相互对立、相互转化。事物总是在阴阳交替变化的过程之中求得生存、发展。从哲学的角度来看,阴和阳之间的关系是从对立走向对立统一的。这就体现了中国传统哲学的整体性特点,它不注重对事物的分类,而是更加重视整体之间的联系。

春秋战国时期,儒家和道家两大文化派别的思想都表现出了整体性思维模式,只是二者表现的角度有所不同。在这两种文化派别的思想中,人与自然、个体与社会就是一个大的整体,二者是不能被强行分开的,必须相互协调地发展。儒家所大力提倡的中庸思想就发源于阴阳互依互存的整体思维。

包罗万象的宇宙也是一个大的整体,其中的各种事物看似相互独立,实则相互联系,但是也不失去本身固有的特性与发展规律。中国人总是习惯于先从宏观角度初步了解、判断事物,而不习惯于从微观角度来把握事物的属性,因此得出的结论既不确定又无法验证。由此,中国人逐渐养成了对任何事物不下极端结论的态度,只是采取非常折中、含糊不清的表达方式,在表述意见时较少使用直接外显的逻辑关系表征词。总之,中国人善于发现事物的对立,并从对立中把握统一,从统一中把握对立,求得整体的动态平衡。

2. 西方人的分析性思维

对事物的分析既包括原因和结果的分析,又包括事物之间相互联系的分析。17世纪以后,西方分析事物的角度主要是因果关系。恩格斯(Engels)特别强调认识自然界的条件和前提,他认为只有把自然界的结构进行分解,使其更加细化,然后对各种各样的解剖形态进行研究,才能深刻地认识自然界。西方人的分析性思维就从这里开始萌芽,这种思维方式将世界上的人与自然、主体与客体、精神与物质、思维与存在等事物放在相反的位置,以彰显二者之间的差异。

分析性思维还具有两个鲜明的特征。首先,分析性思维,简单来说,就是分开探析的思维,这就必定要把一个整体的事物分解为各个不同的要素,使这些要素相互独立、相互分开,然后对各个不同的独立的要素进行本质属性的探索,从而为解释整体事物及各个要素之间的因果关系提供依据。其次,分析性思维就是以完整而非孤立、变化而非静止、相对而非绝对的辩证观点去分析复杂的世界。马克思主义哲学大力提倡这种思维方式。

(四)伦理性思维与认知性思维

1. 中国人的伦理性思维

中国的地理环境处于半封闭状态,受小农经济的影响,加上社会现实的制约,逐渐形成了儒家思想。以儒家为代表的思想家并未积极地探索自然的奥秘,而是对政治、社会现实等予以特别的关注。他们认为,对自然奥秘的探索是为社会、政治服务的,为社会、政治提供了理论依据。思维的中心在于伦理道德,尤其是长幼尊卑、朋友之谊等。维护人伦关系不仅有助于维持君臣的关系,也有助于定国安邦。

中国人的伦理性思维方式使先人将伦理、道德视为视觉焦点,主张"仁、义、礼、智、信",只有"诚意、正心、修身"才能"齐家、治国、平天下"。可见,中国人重视道德修养、伦理纲常、人际关系和社会的和谐安定。《左传》中说:"天道远,人道迩,非所及也,何以知之?"这句话简单理解就是:天道是彼岸世界的事情,而人道是我们关心的事情,是可以知道也必须做到的事情。《孟子》中也有:"天时不如地利,地利不如人和"的说法。可见,儒家对自然事物的论证并不感兴趣,而对人伦道德则非常感兴趣。

总之,中国人并未将自然独立出来,而是将自然纳入人文意识之中,这样就导致了"天人合一"倾向的形成。因此,中国人向来追求人伦政治,而忽视自然意识,其焦点仅仅集中于伦理、道德。

2. 西方人的认知性思维

西方文化发源于沿海地区,受海洋性、开放性地理环境的影响,西方的航海业、工商业非常发达,因此就形成了以探索自然奥秘为目的的传统思维。

西方人对大自然非常敬畏与憧憬,并且充满好奇心,这就引发了人们对大自然无穷的探索。哲学家将这种对自然的认识与探索视作一种使命,因此在哲学家眼中,自然是一个独立的对象。

亚里士多德(Aritotle)认为:"人类的本性在于求知,人类的目标在于认识真理。"而探索真理的过程就是找出对象产生与发展的原因,这就是西方的认知型思维。万物的存在都会有原因,而这个原因主要有两种:一种是有限事物的原因,这是具体科学的任务;二是无限事物的原因,这是哲学的任务,属于第一原因。

随着自然科学的发展,西方人不断排除各种主观臆断与猜测,通过探索发现自然界本身的原因,对自然现象予以解释,从物质或对象的内部结构来阐释其内部属性,从而产生了基于实验的各种推断与说明,也逐渐形成了科学理论体系。

可见,中国社会以人际关系的改变作为改朝换代的契机,从而建立新的政治,开创新的历史篇章,这属于人文文化;而西方社会则以处理人与自然的关系作为其发展的动力,推动了自然科学的发展,这属于科学文化。因此,中国人的思维是伦理性思维,对人的判断往往取决于其身份;西方人的思维是科学认知性思维,对人的判断往往取决于其行为与表现。简单来说,中国人看重人际关系,西方人看重个人奋斗。

(五)直觉经验性思维与逻辑实证性思维

1. 中国人的直觉经验性思维

中国古代所形成的传统思维模式倾向于从整体上展开思考,注重实践知识与经验知识的积累,擅长借助直觉、感觉等从整体上来把握事物,形成模糊的感觉,不能彻底了解事物的本质是什么。直觉思维往往利用灵感、静观、体认等方式来观察事物,缺乏严密的逻辑思考,可以直接、快速地对事物从总体上进行把握,产生一种整体观念。也就是说,直觉思维重内心体验、重直观内省,缺乏实验验证、缺乏实际论证。由于直觉思维缺少了很多中间的重要环节,所以可以较快地获得认知结果,但存在较大的偶然性,准确性较差。从理性角度来看,直觉思维是一种超越理性与感性的内心直觉的观察方法。

汉语民族人们所重视的直觉思维具有直接、整体、意会、模糊等特点。不过,如果直觉思维以逻辑思维为前提,与逻辑思维能够紧密结合起来,就可以充分地发挥自身的创造性价值。对于中国而言,直觉思维对历史上的文学、艺术、哲学、医学、科学等都有深远的影响。

在直觉思维方式的长期影响下,中国人在认识事物的时候习惯于停留在表面,对很多事物只是"知其然,不知其所以然",认为认识事物的时候"只能意会,不可言传"。简言而之,直觉思维方式对事物的认识只是满足于描述现状,总结经验,并不能通过感情角度对事物展开深层次的思考,更不能把握现象背后的本质。在某些方面可以看出,中国人缺乏对深层原因以及本质的探索精神。

2. 西方人的逻辑实证性思维

西方思维传统注重科学、理性,重视分析、实证,因此在辩论、论证和推演中注重认识事物的本质和规律。

18 世纪末至 19 世纪初,黑格尔(Hegel)建立了唯心主义的辩证逻辑体系,马克思和恩格斯以唯物主义改造了黑格尔的辩证逻辑。至此,西方已有了形式逻辑、数理逻辑、辩证逻辑等基本逻辑工具。西方逻辑思维的发展导致思维的公理化、形式化和符号化。

西方人在逻辑思维的长期影响下,更加乐于预见未来。由于西方国家的历史演变时间较短,并没有值得骄傲的历史事件,因此他们更加倾向于展望未来。不过,这类国家往往是历史发展过程中的"后起之秀",只有引领潮流,他们才能引以为傲。这种国家在发展过程中不会受到陈规陋习的约束,充满冒险精神、创新精神。希望是未来的,不能落后于他人,更不能落后于时代,因此必须朝前看,这是他们为之努力与奋斗的重要目标。

因此,在消费方面,西方文化自古就有开放的传统,总是把目光投向自身以外的世界。古希腊时期的各个城邦都是以手工业和商业为中心的外向型经济,需要积极向外扩张征服,拓展原料产地和商品市场,也形成了敢于冒险和求新的开放的消费观念。对于他们来说,新的才是进步的,进步的就是好的。

第三章　文艺视阈下翻译实践的技巧

上一章分析了文艺视阈下翻译实践的基础,其是从理论层面对中西语言与文化差异进行的探讨,基于这些理论,本章就来探讨具体的翻译实践技巧,以将理论付诸实践之中。

第一节　词汇翻译技巧

无论在英语中还是在汉语中,都有丰富多样的词汇,在对英汉词汇进行翻译时,需要根据不同的词汇现象采用不同的翻译技巧。另外,翻译与文化密切相关,因此在英汉语言中有很多特殊的文化词汇,掌握这类翻译技巧,才能更好地理解句子与语篇。

一、普通词汇翻译

对于普通词汇的翻译,一般需要考虑词汇的搭配、词汇的词性、词汇的上下文关系、词义的褒贬与语体色彩等层面。下面就具体对词汇翻译的这几个层面加以分析。

(一)根据搭配翻译

由于受历史文化的影响,英汉两种语言都有各自的固定搭配。因此,译者在翻译时应多加注意这些搭配。例如:

heavy crops 丰收

heavy road 泥泞的道路

heavy sea 汹涌的大海

heavy news 令人悲痛的消息

浓郁 rich

浓茶 strong tea

浓云 thick cloud

浓眉 heavy eyebrows

(二)根据词性翻译

英汉语言中很多词汇往往有着不同的词性,即一个词可能是名词也可能是动词。因此,在进行翻译时,译者需要确定该词的词性,然后选择与之相配的意义。例如,like 作为介词,意思为"像……一样";like 作为名词,意思为"英雄、喜好";like 作为形容词,意思为"相同的"。例如:

I think, however, that, provided work is not excessive in amount, even the dullest work is to most people less painful than idleness.

然而,我认为对大多数人来说,只要工作量不是太大,即使所做的事再单调也总比无所事事好受。

上例中,如果将 provided 看作 provide 的过去分词来修饰 work,从语法上理解是没有问题的,但意义上会让人感到困惑;如果将 provided 看作一个连词,翻译为"只要、假如",那么整个句子的含义就很容易让人理解了。

(三)根据上下文翻译

上下文之间存在着紧密的关联,这种关联构成了特定的语言环境。正是由于这种特定的语言环境,才能帮助读者判定词义,并且衡量所选择的词义是否准确。事实上,不仅某一个单词需要根据上下文进行判定,很多时候一个词组、一句话也需要根据上下文来判定。例如:

Fire!

火!

上例可以说是一个词,也可以说是一句话。如果没有上下文的辅助或者联系一定的语境,人们很难确定其含义。其可以理解为上级下达命令"开火",也可以理解为人们喊救命"着火了",但是要想确定其含义,必须将其置于具体的语境中。

（四）根据词义褒贬与语体色彩翻译

词义既包含喜欢、厌恶、憎恨等感情色彩,又包含高雅、通俗、庄严等语体色彩,因此在翻译时需要根据上下文来进行区分,并且将其代表的情感色彩与语体色彩体现出来。例如:

An aggressive country is always ready to start a war.

好侵略的国家总是准备挑起战争。

An aggressive young man can go far in this firm.

富有进取心的年轻人在这家公司前途无量。

显然,通读完上述两句话就可以得知,两句中的 aggressive 的情感色彩是不同的,第一个为褒义色彩,而第二个呈现的贬义色彩。

二、文化词汇翻译

人名、地名、习语、典故、动物词、植物词等都具有丰富的文化内涵,不仅内容包罗万象,其使用也极其广泛,可以说是语言文化的瑰宝。不论在英语中还是在汉语中,这些词汇的数量都非常可观。下面就对这些文化词汇的翻译技巧展开探讨。

（一）人名翻译

无论是在英语中,还是在汉语中,人名是历史发展的产物,是日常生活与交往的媒介和向导,具有丰富的文化内涵。但是,由于人名文化存在明显的差异,导致译者在翻译时会遇到很多困难。需要强调的是,特定文化中的人名命名与社会经济文化关系密切,通过翻译人名,人们可以了解不同社会经济文化的差异性,懂得对方人名的内涵与文化色彩。

对于英汉人名的翻译,一般要遵循如下几点原则与方法。下面来进行具体分析和论述。

1."约定俗成"译法

事物的名称往往根据人们的意向来决定,并且被人们逐渐遵守。后来,人们经过长期的实践,确定了事物的名称、形式等,逐渐的"约定俗成"。历史上很多名人的人名翻译一般适用这一原则。这是因为,随着历史的发展,这些译名被逐渐沿袭运用并保留下来。例如:

Pearl Buck 赛珍珠

Bernard Shaw 萧伯纳

Holmes 福尔摩斯

Kissinger 基辛格

Pushkin 普希金

对于这些具有一定影响力和历史背景的任务的翻译,基本采用了固定的译法,这就是约定俗成用法的体现。

2."名从主人"译法

随着全球一体化进程的推进,很多异国婚姻以及移民的增多,导致姓名的语源逐渐被隐藏,很多人逐渐获得了所在国家的国籍,感情上也形成了对该国的认同感。这就导致很多后代的名字很难寻根溯源,也引起了一个常见的问题,即除了一些名人,译者要想翻译准确,就需要对每一个名字的主人的身世进行研究,但是这显然是不现实的。

另外,中西方人名在构成、来源等层面存在差异,这就要求译者翻译时一定将该民族的人名特征反映出来。就翻译来说,汉语属于表意文字,英语属于表音文字,因此人名的翻译不适合采用转写的方法,大多采用音译法。所谓音译法,就是尽可能用目的语语音对源语的语音进行模仿。在对人名进行音译时,译者需要"名从主人",即翻译时需要按照源语的发音与读音规则。当然,姓名的顺序也需要符合目的语国家的规范,中国人名往往是姓前名后,西方人名则相反。

根据《关于改革汉语拼音方案为我国人名地名罗马字母拼写的统一规范的报告》，对于英语人名的翻译，译者必须对各国主权予以尊重，采用各国的标准罗马拼写来进行翻译，一律采用音译的方法，而不能使用意译的方法。例如：

Snow：这一人名不能翻译为"雪"，而应该翻译为"斯诺"。

Talleyrand：这一人名不能翻译为"泰里兰"，而应该根据法语规则，翻译为"塔列朗"。

另外，虽然中西方人名的含义极为丰富，但是人名作为符号，其含义逐渐丧失，因此在翻译时只需要展现表层形式，不需要对某些特殊含义进行刻意表达。例如：

霍启 Huo Qi，不需要翻译为 Disaster。

Sharp 夏泼，不需要翻译为"尖刻"。

这一原则被当前的译者所接受，并且作为翻译中的一项重要方法。但是，这一方法的运用也存在一些问题，还有待进一步研究。

3. 归异结合译策略

归化策略是指对源语表达形式进行省略或替换，找到地道的表达形式表目的语。归化策略的运用会丧失源语文化意义，更符合目的语的文化意义。异化策略是指译者对源语文化予以保留，并尽量向贴近作者的表达的策略。虽然语言是对客观世界的反映，但是受不同思维方式与文化背景的影响，不同民族对同一事物的认知也存在明显差异。译者在对具有丰富历史色彩的信息进行翻译时，应该尽量保留其文化背景知识，采用异化策略是比较好的选择，有助于传递源语文化。

对于采用归化策略还是异化策略翻译人名，译者往往比较迷茫，实际上二者没有优劣之分，译者需要具体问题具体分析。在1978 年之前，中国人名的翻译往往都是采用归化策略。例如，将武打明星成龙翻译为 Jackie Chen。但是，随着研究的深入，这种归化策略受到人们的质疑，很多人认为这种方策略不可取，让人

们判断不出人名文化的源头。因此,异化策略诞生。例如:

刘翔 Liu Xiang,而不是 Xiang Liu。

姚明 Yao Ming,而不是 Ming Yao。

尤其在翻译文学作品时,归化策略往往会将中西人名中的文化差异抹杀掉,失去人名中所承载的源语文化信息,造成中西人名文化氛围不协调。例如:

Tolstoy 托尔斯泰,不需要翻译为"陶师道"。

Gogol 果戈里,不需要翻译为"郭哥儿"。

4. 同名同译法

受历史、社会等因素的影响,同名不同译的现象非常多。例如,对于《红与黑》的作者 Stendhal,《辞海》中将其翻译为"司汤达";《中国大百科全书》将其翻译为"斯丹达尔";《外国历史名人辞典》中将其翻译为"斯汤达"。对于这些译名,读者很难做出判断,因此译者在翻译时尽量同名同译。例如:

Smith 史密斯

Robert 罗伯特

(二)地名翻译

对于地名文化的翻译,应该坚持两条原则:一是让外国人看懂,二是基于第一条原则,让本地人能明白他人说的地名是什么。在翻译某些地名时,译者应该具体问题具体分析。

1. 音译法

音译是地名翻译的主要方式。中国一些省、市、县等的地名翻译往往要直接使用汉语拼音,即音译。例如,上海(Shanghai)、天津(Tianjin)、和县 (Hexian)、萧县(Xiaoxian)。需要指出的是,如果有些地名写成拼音形式容易混淆时,建议用隔音符号进行分割。例如,西安(xi'an)、建瓯 (Jian'ou)、兴安(Xing'an)、东阿(Dong'e)。

为了保证中西地名翻译的准确性，且保留源语文化的底蕴，西方很多地名往往也采用音译方法。例如：

Pisa 比萨

Berlin 柏林

Toronto 多伦多

Vienna 维也纳

2. 意译法

英汉语言中的有些地名代表的是美好愿景，有些地名代表的是富饶物产，有些地名代表的是浓郁的地域特征等。汉语中，为了体现这些地名固有的文化内涵，有时候可以采用意译法。例如：

象鼻山 the Elephant Hill

牛尾海 Port Shelter

大屿山 Lantau Island

英语中也是如此，有些地名用音译法很难展现其内涵，因此采用意译法进行翻译，如通用名，修饰专属名的新旧、方向、大小的形容词，含有数字的地名，来自人名的地名等。例如：

Great Island 格雷特岛

Mount Alabama 阿拉巴山

Three Lakes(Wash.) 三湖村（华盛顿）

3. 习惯译法

我国幅员辽阔，很多地方有着相同的名字。对于这一现象，译者必须严格按照中国地名词典标注的读音和书写形式进行翻译，不能随意更改。例如：

单城 Shancheng Town(山东省单县)

单城镇 Dancheng Town(黑龙江省双城县)

在英语中，来源于人名、民族名的地名通常采用其习惯译名。例如：

White Harbor 怀特港

San Luis Canal 圣路易斯运河

Indiana(State) 印第安纳州

4. 非义译法

在翻译某些专有地名时,对于那些具有实在意义的词,需要采用显义,但是对于某些不存在实在意义的词,需要使用非义译,避免不必要的联想。例如,Sydney 翻译为"雪梨"是违背了最大音似原则,而将其翻译为"悉尼"则更符合,这是因为"雪梨"作为常见水果,具有实在意义,如果将不具有这一意义的城市名翻译为一个水果名,显然是不妥帖的,容易引起误解。

5. 显义译法

一些地名的某些单词具有实在含义,在对这些地名进行翻译时,往往需要采用显义法,如下面这些例子都包含 New 这个词。

New Zealand,是太平洋西南部的一个岛国。1942 年,诺漫斯发现了这一岛屿,因地貌与荷兰的 Zealand 岛屿有着相似特征,因此称其为"新的西兰岛"。显然,在这里的 New 是一个实义词,不是一个地理符号,翻译成"新西兰"要比"纽西兰"更为恰当。

New South Wales,是澳大利亚东南部沿海的一个州。有人将其翻译为"新南威尔士",简称"新洲",也有人将其翻译为"纽修威",简称"纽省"。实际上,其是借鉴于英国 South Wales 来命名的,这里的 New 有着真实的含义,不仅仅代表的是一个地名。鉴于此,前者翻译的更为合适。

(三)习语翻译

不同的民族所处的地理环境、历史背景、经济生活、风俗习惯、心理状态、价值观念等各不相同,并且习语与人们以及人们生活的环境有着密切联系,所以习语也被赋予了深厚的民族特征。

例如,以英语为母语的国家多数处于海洋围绕的板块上,美国处于南、北美洲除北部与俄国接壤,三面环海;英国地处不列颠群岛上,四面环海。可见,多面环绕海洋是英美国家重要的地域特征。得天独厚的海洋资源曾经使得航海运输业成为英美国家重要的生产方式。他们对海洋有着深刻的认识和情感,所以创造了丰富的海洋文化。于是,英语中出现了很多与海洋和航海工具相关的习语,如 all/completely at sea(茫然、困惑),in the same boat(同处危机),set sail(远航)。受海洋这一特殊地理环境的影响,英国的气候变化无常,时而风和日丽,时而大雨滂沱,所以英国人对气候非常无奈,并且经常彼此抒发这种对气候的心情,如"Everyone talks about weather,but no one could do anything about it"。同样,与气候有关的英语习语也有很多,如 in the wind(在酝酿中),a drop in the ocean(沧海一粟)。因为中国位于亚洲东部,太平洋西岸,是一个半封闭式的大陆,并且地形复杂、气候多样、河流纵横的自然基础很早就萌发了初期的农业文明。可以说,中国文化起源于大河,黄河被称为"中华民族的母亲河"。此外,中国还有黑龙江、松花江、辽河、长江等各大流域。农耕文明与游牧文明的互动推动着中华文化的不断发展,总体上以农耕文明为主导。因此,汉语中有大量与农事有关的习语,如"深栽茄子,浅栽葱""芝麻开花——节节高"。

由上述内容可以了解到,英汉习语汇聚了语言的精髓所在,蕴涵着丰富的文化信息,同时从中能了解到英汉习语的异同。要想对习语进行翻译,就要充分了解习语的寓意,掌握英汉习语的异同,进而采用恰当的翻译方法,以有效还原习语的外在形式与内在意义。具体来讲,习语的翻译可采用以下几种方法。

1. 直译法

英汉语言中的一些习语在形式和喻体形象上非常接近,译者翻译时就可以采用直译法,再现原文的形式并保留原文的喻体。例如:

tower of ivory 象牙塔

put oil on the flame 火上浇油

纸老虎 paper tiger

无可救药 beyond cure

2. 意译法

由于中西方文化背景的不同,使得许多英汉习语在形式和意义上无法对等,此时就不能用直译法进行翻译,而可以尝试用意译法进行翻译。运用意译法可以传达出原文的含义和语体风格,其不拘泥于原文的形式和修辞手法。例如:

a lion in the way 拦路虎

the heel of Achilles 致命的弱点

like a fish out of water 很不自在

大张旗鼓 on a large and spectacular scale

赔了夫人又折兵 suffer a double loss instead of making a gain

3. 套译法

假如英汉语言中的习语在内容和形式上都比较接近,即说字面意义、喻体形象和比喻意义都相似,那么译者就可以借用相互对应的习语进行对等翻译。例如:

make pig of oneself 猪一样的饭量

A rat crossing the street is chased by all.

老鼠过街,人人喊打。

(四)典故翻译

无论是英语典故,还是汉语典故,都是由生动、形象的故事浓缩而成的。因此,典故往往比较精练、含蓄,并且能够引发人们的想象。一般来说,"含蓄"是典故的内核,隐藏在典故之中,并不表露在外。一些文人常常在撰写文章时使用典故,但是他们仅仅是为了对语句进行美化,使文章更加精妙。

典故是民族语言与文化的精华，是人类在历史发展过程中创造的不朽的精神财富。无论是在英语语言中，还是在汉语语言中，典故都是非常重要的组成成分。通过翻译，不同民族可以了解对方色彩纷呈的典故文化。例如，英语中有不少典故出自文学作品，如 salad days（色拉岁月）源于莎士比亚的《安东尼与克里奥帕特拉》，剧中埃及女王克里奥帕特拉将自己与罗马统帅凯撒相好之时称为"色拉岁月"，喻指天真幼稚的青少年时期，而 Cleopatra（克里奥帕特拉）指绝代佳人。一些汉语典故是从古典文献中的经典名言名句中抽取、提炼、演化而来的，是人们为了方便使用而精炼概括出来的。例如，出自《三国演义》的"锦囊妙计""过五关斩六将"，出自《水浒传》的"梁山好汉"，出自《吕氏春秋·明理》的"罄竹难书"等。

由于英汉典故文化内涵丰富，译者在翻译时就要灵活使用翻译方法，从而准确传达典故的文化含义。在对典故进行翻译时，译者可采用以下几种方法。

1. 直译法

直译法能充分再现源语典故的形象和民族特色，因此在翻译英汉语言中喻体和喻义相互对应的典故以及广为人知的典故时，可以采用直译法。例如：

wolf in sheep's clothing 披着羊皮的狼

shuttle diplomacy 穿梭外交

One swallow doesn't make a summer.

一燕不成夏。

雪中送炭 to offer fuel in snowy weather

2. 意译法

意译法是在直译法无法使目的语读者理解其含义时，依据原文的意思，运用译入语中相应的表达方式进行翻译的一种方法。意译法虽然不能有效保留原文的文化形象，但能充分传达原文的内在含义。例如：

like a fish out of water 很不自在

hide ones candle under a bushel 不露锋芒

倾城倾国 be exceedingly beautiful

悬梁刺股 be extremely hard-working in one's study

3. 套译法

在翻译英汉典故时还可以使用套译法，这种翻译方法适用于文化内涵大致相同、语言表达方式大体相似的典故。例如：

Walls have ears.

隔墙有耳。

过河拆桥 kick down the ladder

画蛇添足 paint the lily

（五）动物词翻译

任何一个民族的语言都与其文化紧密相连，由于受文化传统、文化内容等诸多因素的影响，英汉两种语言赋予了动物词汇一定的文化内涵，并形成了各自特定的动物文化。

例如，英语中的 dragon 与龙的文化内涵存在明显的差异，这是最为典型的例子。在西方的神话传说中，dragon 是一种有着巨大蜥蜴、长有翅膀、身上有鳞、具有长蛇尾、能够喷火的动物，是邪恶的代表。甚至，dragon 被西方人认为是凶残的，应该被消灭，这在很多的古代神话人物事迹中可以体现出来，很多英雄都会去剿灭这种怪物，且最后以怪物被杀作为结局。现实中，有很多与 dragon 相关的包含贬义的说法。例如，the great dragon（恶魔撒旦的称呼），to sow dragon's teeth（播下了不和的种子）。而相比之下，中国人眼中的"龙"是一个图腾的形象。在中国的古代传说中，龙能够降雨，能够上天入地，集合了多种动物的本领。中国人赋予龙吉祥的象征，并因为是"龙的传人"而感到非常的自豪。在中国几千年的历史中，龙的地位一直非常高大，并作为封建皇权的一种象征,如"真龙天子""龙袍""龙脉"就是典型的代表。中华民族推崇龙的英勇不屈的精神,也正是基于这种精神,中华民族力图将其发扬光大,形成一种不屈不挠的精神观念,构成中华民族的一种道德规范。因此,在汉语中与"龙"相关的成语有很多。例如,"画龙点睛""生龙活虎"等。

可见,英汉动物词汇文化有着明显的差异,这就要求在翻译时应该多加注意,具体可以采用如下几种方法。

1. 直译法

所谓直译,即将源语中的动物文化意象直接翻译为目的语文化中的对等意象。由于人们对某些动物的情感有些共通性,因此在翻译时可以实现文化重合,进行意象的等值传递。例如:

A lion at home,a mouse abroad.

上例中包含两个动物意象:lion 与 mouse,而英汉两种语言中都可以用狮子形容凶猛,用老鼠形容胆小,因此可以直译为"在家如狮,在外如鼠。"

她只会鹦鹉学舌。

She just parrots what others say.

上例中,鹦鹉在英汉两种语言中的意义基本一致,都可以用于指代某人没有自己的观点,缺乏主见。

2. 转译法

所谓转译,即在目的语中存在一种动物意象能够与源语动物意象实现对等,这样做的目的是便于理解与把握。有时,译者采用转译的翻译手法主要是因为源语意象并不能被读者理解与把握,且目的语中恰好存在与之相契合的对等意象,因此就用其加以替代,以便于对目的语的理解与把握。例如:

落汤鸡 like a drowned rat

拦路虎 lion in the way

力大如牛 as strong as a horse

瓮中之鳖 like a rat in a hole

3. 省译法

所谓省译,即对动物文化意象的减值传递,有些动物词汇在英语中有着丰富的文化内涵,但是在汉语中并不存在;反过来同样如此,因此译者可以采用意象减值传递的手法,直接翻译出动物意象的内涵,也可以称为"释义法"。例如:

a poor fish

英语中的 fish 可以指代特殊的人,但是在汉语中并不存在这一意象,因此可以将动物意象省略,直接翻译为"倒霉的人",这样才能消除读者的阅读障碍。

rain cats and dogs

由于汉语中并不具备与之对应的动物文化意象,因此翻译时只需要将意象省略,保留"倾盆大雨"即可。

(六)植物词翻译

大自然的绿色象征着生命,人类与植物有着密切的关系,依靠这些植物,人们才得以延续与发展。千百年来,人们将植物作为物质基础,并运用植物来表达情感与思想。因此,植物就逐渐具有了深刻的审美价值与文化意蕴。概括来说,人们对各种植物的态度、看法及各类植物所蕴含的意义反映的是该植物文化的基本内容。由于受文化背景、自然条件的影响和制约,各民族有着不尽相同的植物文化。

例如,英语中的 daffodil 是道德的象征,代表的是一种自我欣赏、傲慢、自尊自大。在希腊神话中,那喀索斯(Narcissus)是一位美少年,但是他只爱惜他自己,对他人不关心,回声女神厄科向他表达爱意,他直接拒绝了她,之后厄科逐渐憔悴,躯体消失,只留下山林中的回声。爱神阿佛洛狄特为了惩罚那喀索斯,让他迷恋上自己的倒影,最后憔悴而死,死后化成了水仙花。因此,daffodil 有了与 narcissus 同样的寓意。相比之下,汉语中的水仙花是"花草四雅"之一,在我国已经有 1 000 多年的培育历史了,从宋朝以来,出现了很多对水仙花歌颂的诗词。水仙花在诗词中被描述为"凌波仙子",代表的是轻盈漫步的仙子,因此有了"高雅、脱俗"的含义。

由于英汉植物词汇文化存在明显的差异,因此对于植物词的翻译需要采用恰当的方法。

1. 直译法

一些植物词汇在英汉语中的联想意义基本相同或者相似,这时可以采用直译的手法进行翻译,能够将原文的形象保留下来。例如:

sour grapes 酸葡萄

hold out the olive branch 抛出橄榄枝

a stick and carrot policy 大棒加胡萝卜政策

2. 意译法

一般为了考虑读者的接受程度,往往需要保留原文的风味。因为,如果采用直译手法,会导致读者无法理解。因此,译者需要考虑原文与译文的文化差异,翻译时选择与目标语接近的词语,将原文的意义表达出来。例如:

苦如黄连 as bitter as wormwood

如果将其翻译为 as bitter as coptis,会让目的语读者感到奇怪,也很难理解深刻,所以翻译为 as bitter as wormwood 更为恰当。

The idea that such a tomato might be involved in murder was terrible.

这么一位漂亮的女人竟然会卷入谋杀案件中,真是可怕。

如果将 tomato 翻译为西红柿,译为"这么一个西红柿竟然卷入谋杀案中,真是可怕。"会让人贻笑大方的,显然目的语读者不会理解。

第二节　句子翻译技巧

英汉句子表达方式存在明显的差异,因此这对句法层面的翻译造成一定的影响。为了进行有效的翻译,本节主要分析句法层面上的翻译,包括长句、被动句、否定句的翻译,借以充分地理解源语与目标语之间的表达异同和真实含义。

一、长句翻译

英语长句是由其基本句型扩展而来的。英语句子尤其是长句注重形合,句子主次分明,"在运用语法主干表达主要信息的同时借助词形变化、虚词、非谓语动词、从句、独立结构等语法手段表达次要信息",①具有较强的逻辑性。而汉语注重意合,其句子语法外形主次一般不明显,以"话题"为中心自由展开,没有词形变化,不常用连接词,主次信息暗含于上下文语境与句子意义之中。由此可见,英汉两种句型存在很大的差异。在对长句进行翻译时,应掌握英汉句型的特点以及二者的差异,根据具体情况灵活采用下面几种方法。

(一)复合译法

复合译即将原文中两个或两个以上的英语词语或句子合译为一个汉语单词或句子,或用一个单句表达原文中的一个复合句,从而使译文逻辑更加清晰。例如:

Our marketing director is going early to participate in the conference beforehand, and the rest of us will leave next Thursday to set up. The show opens on Friday. The exposition will last three days, so Sunday is closing.

我们市场部主任打算提前参加会议,其余的人下周四出发去

---

① 钟书能. 英汉翻译技巧[M]. 北京:对外经济贸易大学出版社,2010:235.

布置。展览会周五开幕,持续三天,周五闭幕。

分析上例,英语句子是由三个句子构成的,但是后面两个句子所叙述的内容都是围绕 The show 展开的,因此在翻译时不必对此进行重复,而翻译成三个短句即可。

(二)拆分译法

拆分译即将英语中的词、词组或从句等成分进行拆分,突出重点,利于句子的总体安排。如果英语长句中的主句与从句,或主句与修饰语之间联系不太紧密,翻译时就可采用拆译法进行处理。例如:

As we lived near the road, we often had the traveler or stranger visit us to taste our gooseberry wine, for which we had great reputation, and I confess, with the veracity of an historian that I never knew one of them to find fault with it.

我们就住在路边。过路人或外乡人常到我们家,尝尝我们家酿的酸果酒。这种酒很有名气。我敢说,尝过的人,从没有挑剔过。我这话像历史学家的话一样靠得住。

通过分析上述例子可以看出,英语句子一般较长,其中包含了很多从句、修饰语等,如 for which… and… with… that… 等,在翻译时如果按照英语的表达习惯,会让汉语读者费解。因此,译者往往将长句进行拆分,以小句、短句的形式呈现给汉语读者,易于汉语读者的理解和把握。

(三)综合译法

在翻译的过程中,有时单单使用一种翻译策略并不奏效,而是需要综合运用各种策略。采用综合法翻译英语长句,是在理解原文信息的基础上,摆脱原文在句子结构与形式方面的束缚,将顺序法、逆序法、拆分法、合译法等结合起来,按照译入语的习惯来进行重组,以此实现自然、通达的表达效果。例如:

She was a product of the fancy, the feeling, the innate affection of the untutored but poetic mind of her mother combined with the gravity and poise which were characteristic of her father.

原来她的母亲虽然没受过教育,却有一种含有诗意的心情,具备着幻想、感情和天生的仁厚;他的父亲呢,又独具一种沉着和稳重的性格,两方面结合起来就造成她这样一个人了。

显然,原文的主句为 She was a product of the fancy,在翻译成汉语时,将其置于最后,这是"以退为进"的最好体现。同时,原句是一个长难句,在翻译成汉语时将其进行了拆分,这样便于读者理解,因此又采用了"一分为几"。两种方法的综合运用,使译文更符合汉语的表达习惯。

二、被动句的翻译

由于英汉两种语言在表达被动时存在很多差异,因此选取恰当的翻译方法就非常关键。英语被动句主要有以下几种译法。

(一)化被动为主动

在英语中,被动句的使用是非常频繁的,尤其体现在科技文体、法律文体中。只要是不必要说出施行者或者对动作承受者的强调,又或者是处于礼貌或者便于上下文衔接等,一般使用被动语态较多。这在前面已经进行了列举。但是,根据汉语的表达习惯,动作的施行者是非常重要的,这与中国"天人合一"的思想有着密切的关系,因此多采用主动句。这就意味着英语的被动句与汉语主动句之间的转换是非常常见的。例如:

Fifteen people had been saved by the rescue team in the fire.

在火灾中,救援小组已救出十五个人。

The boat was soon lost sight of in the fog.

不久小船在雾中看不见了。

上述两个例子是明显将被动句转化成主动句的例子,这样的翻译使得译文更易于被理解。

（二）化被动为被动

并不是翻译所有的英语被动句时，都需要进行转换。也就是说，汉语中也存在被动句式，但是汉语的被动语态主要是通过特殊词汇表达出来的。构成汉语中的被动句的手段有两种：一种是有形态标记的，即"叫""让""被""受""为……所"等；一种是无形态标记的，但是逻辑上属于被动。在翻译英语被动句时，译者可以根据具体的情况进行调整。例如：

The supply of oil may be shut off.

石油供应可能会被切断。

该例在翻译时采用了有形态标记方式，即翻译为了"被……"，但是呈现了被动形式，这样的翻译也是正确的。

（三）化被动为无主

汉语属于主题显著性语言，因此汉语非常看重句子的主题，这时无主句就成了汉语中的一种特殊句型。也就是说，有时候与英语一样，汉语句子也可能无法说出动作的施行者，这时候就可以不说出主语。这种无主句经常用来表达态度、观点、号召等，与英语不同的是，这种情况下一般英语采用被动句来传达，而汉语使用无主句。所以，可以将英语的被动语态转化成汉语的无主句。例如：

You are requested to finish this task before tomorrow evening.

请你在明天晚上之前完成这项任务。

在翻译该例时，无法说明动作的执行者，因此直接翻译成无主句，更加显得通俗易懂。

（四）化被动为判断

所谓判断句，就是汉语中常见的"是"的相关结构。如果英语中被动句表达的是判断的意义，那么在翻译时可以将英语的被动句转化成汉语的判断句。但是，进行转换时，一般将英语原文的

主语转化成译文的主语,当然也有特殊情况,即将英语原文的主语转换成其他主语。例如:

Iron is extracted from iron ore.

铁是从铁矿中提炼而来的。

The Paper-making technology is developed in ancient China.

造纸术是中国古代的一项发明。

上述两个例子,原句中是用 is 引导的判断句,因此在翻译时也用汉语判断句来表达,翻译为"是……"。

三、否定句翻译

英语中的否定句具有非常灵活的形式。在对否定句进行翻译时,应对原否定结构进行仔细分析,准确理解其真正含义以及否定词所否定的对象或范围,结合其逻辑意义,选用合适的翻译方法。

(一)全部否定句翻译

对句子否定对象进行全盘、彻底的否定就属于全部否定,常使用 no,not,never,none,nothing,nobody,no one 等表达方式。在翻译全部否定句式时,通常可直接翻译全部否定词,但应确保符合译入语的表达习惯。例如:

It was in June 1954 that a soft-spoken New England lawyer named Joseph Welch destroyed Senator McCarthy by asking him the question no one had dared ask him before:"Have you no sense of decency,sir,at last?"

1954 年 6 月,低声细气的新英格兰律师约瑟夫·韦尔奇询问了议员麦卡锡一个从来无人敢问的问题"你到底有没有礼貌意识?"一举摧毁了麦卡锡。

在原句中,出现了否定词 no,并与 one 连接使用,构成 no one 这一不定代词,含义是"没有一个人",相当于 nobody,因此属于全部否定句。在翻译时,后者从表现形式的角度考虑,主要以"没有""无"等否定标记词加以呈现,因此这里翻译成"无人""没有一个人",给人以"排除"之感,也容易被目的语读者理解,与汉语的表达习惯相符。这也能恰当地表达出麦卡锡自带的一种深入骨髓的傲慢之意,也表达了人们对他产生了一种强烈的畏惧感。

(二)部分否定句翻译

在部分否定句中,整个句子的意义一部分是否定的,而另一部分是肯定的。一般来说,部分否定句由否定词与代词或副词组合而成。这些代词或副词有 both,every,all,everything,everybody,entirely,wholly,everywhere 等。在对部分否定句进行翻译时,常将其译为"并非都""不总是""不都是""不一定总是"等。例如:

… Yet all may yet be lost.

……迄今为止,美国人也并非一无是处。

上例中,all 代表的是整体的意思,翻译为"所有""全部",与 not 连用时,应该翻译为"并非……",而 lost 本身也带有否定意思,呈现的是一种否定的状态,翻译为"一筹莫展的""丢失的"。按照这样的推理,这句话应该翻译为"美国并非失去了所有。"但是,这里"迄今为止"表达的是一个时间段的概念,而"失去"显然是一个短暂性的行为,这样从逻辑上是行不通的。相比之下,将其翻译为"一无是处",与原作是契合的。

(三)词缀否定句翻译

在英语否定句中,否定意义的词缀也是非常常见的,如 dis-,im-,-less 等。也就是说,这些词缀中隐含着否定词 not 的意义,因此应该按照目的语的习惯,将其翻译成否定形式,当然如果有时无法将"没有""尚未"等词加入进去,译者也可以巧妙应对。例如:

In the United States,socialism was utterly discredited.

译文 1:社会主义在美国已不可信。

译文2：社会主义在美国不攻自破。

上例中，discredited 的含义为"使……不可信"，这里如果直接按照字面意思，翻译为译文1，那么很显然不够贴切，而译文2翻译为"不攻自破"，给人以"不需要供给，自己就会破灭"的感觉，恰好符合原文的意义，也符合第二次世界大战之后，资本主义生产方式给人们带来的满足感，也强调了资本主义逐渐站稳了脚跟。

（四）意义否定句翻译

与汉语相比较来说，英语中否定的表达是多样的，常见的一般是词法否定，而除此之外还存在着一种句法否定，即在形式上肯定但是包含否定的意义，这就是所谓的意义否定句。对于意义否定句的翻译，译者可以根据语气的强弱来考量，并结合汉语的表达习惯来进行翻译。如果语气较强，那么翻译时可以采用否定句型；如果语气较弱，那么翻译时可以采用肯定句型。例如：

The Cold War was far from over.

冷战远未结束。

上例属于形容词引起的意义否定句。相比较其他形式的否定句，这样的表达较为含蓄，其可以翻译为肯定形式，也可以翻译为否定形式。而译文将其翻译为了"远未"这种否定形式，可以让句义更为简明，便于读者理解。

第三节　语篇翻译技巧

前面两节已经讲解了词汇与句子的对比与翻译，而这些都是为了篇章服务的。了解了词汇和句子的翻译技巧，才能更好地完成段落与篇章的翻译。下面从三个层面论述英汉语篇的翻译问题。

一、考虑语境

语篇是为了表达一定的内容而进行的写作形式。为了传达作者的思想,语篇作者往往会利用语境来烘托气氛。具体来说,情境语境体现了社会文化,是社会文化的现实化。在具体的语篇翻译过程中,译者需要重视语篇语境的影响作用,发挥语境的信息提示功能。

语篇翻译的过程需要译者对语篇结构进行思考与梳理,而语境是理解句子结构的重要线索。此外,语篇中的语境能起到补充成分的作用。这是因为语篇的连贯特征包含其省略的部分,而省略的前提是情境语境在发挥作用。省略是为了避免语言信息的重复,从而凸显主要信息,使文章更加连贯。但是,在具体的语篇翻译过程中,有时省略的部分不容易为人所理解,此时就需要译者发挥语境作用,进行针对性的翻译。

二、注重衔接

在语篇翻译中,对于衔接的翻译十分重要。衔接指上下文的连接,是实现文章表达流畅、语义连贯的重要因素。译者只有熟练掌握文章衔接的手段才能更好地进行语篇翻译。在语篇翻译中,译者需要深入把握语篇衔接手段上的对等,将源语语篇中所出现的衔接项目在目的语中体现出来,从而实现"概念""人际"和"谋篇意义"的对等。

三、利用移情

移情指的是作者基于自然景物之美而兴起的情感在作品中的体现。语篇艺术价值再现的关键就在于"移情"。通过移情的作用,读者才能激发出和原作者相同的情感,从而更好地体会作者的思想与文章的中心。

在语篇翻译过程中,译者需要体会作者移情的使用方式,让自己进入语篇描写的世界,从而感同身受,提高译文的准确性。语篇移情的翻译技巧指的是整体把握语篇的内涵与神韵,确保原文和译文在语气、风格、形式上的一致性,让译入语读者和原文读者都能产生和作者相同的美感体验。

(1)原作的结构与作者的写作心理。体会原作的结构和作者的写作心理是分别从语言和思维的角度进行的语篇理解。译者需要从上述两个角度体会作者的想法,从而最大限度地顺应原文,尊重原作的结构与写作心理。

(2)目的语读者的阅读心理与标准。目的语读者的阅读心理和阅读标准对于语篇翻译也有着重要的影响作用。一般来说,译者在进行语篇翻译之前需要在心中预设译文的读者群,同时考虑该群体的审美心理和阅读标准。例如,我国著名翻译家傅东华在翻译《飘》时就对原文进行了删减,他认为文章中一些冗长的心理描写与分析跟情节发展关系不大,并且阅读起来还会令读者产生厌倦,因此将这部分内容删除了。可见,他就是在充分考虑读者阅读心理的基础上对原文进行的有效处理。

第四章　文艺视阈下翻译的理论向度研究

熟悉翻译的相关理论知识是开展翻译实践的重要前提。文艺视阈下翻译的理论主要涉及文学翻译的本质及特点、翻译的理想与理想的翻译之辩、译者的主体性、译者的文化身份与翻译策略以及文学翻译三要素等。本章就分别对这些理论进行系统阐述。

第一节　文学翻译的本质及特点

美国著名翻译家兰德斯（Landers）在《文学翻译：实践指南》（*Literary Translation：A Practical Guide*）一书中对"文学翻译"做了如下说明："很多人认为译者只需要对文字进行处理，这种看法不完全正确。不管译者翻译什么，他都要与思想打交道。对于文学翻译者来说，还必须与各种文化打交道。从实际意义上说，《时代周刊》在十多年前将文学翻译家称作'文化信使'是正确的。"将"文化信使"作为文学翻译家的比喻对象，实际上是承认了文学翻译中文化传递的本质性意义，而这种文化的传递是以异国特有的文学样式为载体的。可以说，文学翻译打开了一扇了解异国风情和文化的窗口。从这一层面上说，文学翻译是一个极其复杂的文学活动，对其展开的研究同样具有很大的复杂性。下面分别从文学翻译的两个关键词，即"翻译"和"文学性"入手对其复杂性进行探究。

一、翻译的多重因素

在汉语中，"翻译"一词在词形不变的情况下可以作动词、名词和修饰语等,但其在英语中有多种词形:translate,translating,translation,translations,它们除了在形式上有所不同,在意义上也稍有差别。其中的 translate 和 translating 表示的是翻译过程,可数的 translations 指翻译的结,也就是"译本",但首字母大写的 Translation 主要是对翻译现象的抽象表述,正如休森和马丁(Hewson & Martin)所说,在此层面上"翻译是一个歧义性术语,它既可以指翻译生产,又可以指翻译结果"。虽然以上几个词的所指不同,但是它们的出发点或词根均为 translate。"人"是 translate 的行为主体,他/她应该为 translate 这一动作的全过程负责,他/她与一般的人的差别是他/她具有 trans-的能力。对于翻译涉及的诸多因素如原文、源语文化、译者、译文、译入语文化等,它们均为可变的因素。原文因为读者的阅读而具有开放性意义,这就是"一千个读者就有一千个哈姆雷特"的效应;源语文化与译入语文化均处在历史的流变中,这就使产生于源语文化或者进入译入语文化的文本的解读具有了历时性的特点。不同时代会形成特定的文学思潮和文化形态,文本框架中的主流诗学引导译者将原文改写为符合社会审美取向或者诗学特征的译文。在翻译过程中,译者在翻译过程中是所有因素中最为活跃的一个,其要先以读者的身份对原文进行评价,在选定文本的翻译中,他的文化身份、民族认同、意识形态、价值取向、审美标准等均会介入从理解到翻译的过程,这些因素的干预是同一原文本能够拥有多位译者和不同译文的原因。在现实社会中,意识形态如同一张无形的网,其对翻译的影响无处不在,其不断地影响或干预译者的思维或行文,甚至译者呼吸的空气均可能被某种莫名的或无形的意识形态的力量所操纵。不同译者翻译的译文在译入语文化中的接受的情况有很大差异,影响译本接受的因素有很多,如译者在译入语中的权威地位、译入语的文化诗学、译入语社会对原文本国的热情、两国交往关系的程度、源语国家与译入语国家在国际上的话语权等。对翻译多元化的关注带来的翻译研究范式的转变是当代翻译理论界的一大特点,翻译理论家从各自的研究立场出发,在翻译理论模式与研究方法上互相借鉴,对翻译活动进行不同描述。翻译研究源于翻译活动,翻译活动的最大特点是带有方向性。因此,对翻译活动的方向性的认识直接决定着翻译研究的方向性,影响着我们探讨翻译中各种问题的角度。翻译活动是将一种语言翻译成另一种语言,翻译活动的主体是译者。从译者的角度出发,将外语翻译成母语的过程属于"向内"翻译过程,而将母语翻译成外语的过程则属于"向外"翻译过程,两种不同的翻译过程反映在译者身上是不一样的,其翻译效果与译本接受自然也不一样。在当代文化学派的"翻译并不是发生在真空中"的叙述中涵盖了作为翻译行为主体的"译者也不是生活在真空里"这一逻辑推理。译者生活的环境和知识背景造就了其判断事物有了"文化预设"的标准,因此他就失去了做一个"法官式"译者的条件。当前的诸多翻译理论都强调译者的主体性,这就意味着译界承认了译者受文化的制约并且将自己的文化观念渗透于译文中,其具体体现在译者将外语文本翻译成母语的过程中。从"五四"时期和改革开放之后的翻译情况可以看出,在译者的内向与外向翻译中,内向翻译的数量与质量均大于和好于前者。近年来,随着人们生活环境的变化,很多人有机会到国外学习与生活,他们可以更好地认识和体验国外文化,但受母语文化的影响,他们的翻译会带有文化倾向。在具体的翻译活动中,一个译者可以用母语之外的其他两种语言进行语际翻译,但通常局限于小语种或古代语言之间的翻译。从译者的角度说,内向翻译与外向翻译在翻译目的、策略、效果以及译本接受等方面均不同,致使翻译研究也有了方向性。

在研究翻译的过程中,不少研究者试图建立一种普遍的原理以说明翻译中普遍存在的现象,但因为研究对象具有方向性,这些试图阐释普遍原则的理论通常只能说明翻译中的一种情况。因此,阐明研究的出发点和立足点是翻译研究的关键。研究者在设定译界的术语时就有了翻译的方向性意识,如源语、译入语、目标语、指定文本,以及由此衍生的源语文化、目标语文化等,这些术语在具体的文本分析中均会因译者的文化归属而有具体的方向性指向。翻译研究者的论著也常常会体现翻译研究的方向性。弗里德里希·施莱尔马赫(Friedrich Schleiermacher)提出,阐释性的翻译有两种途径:一是译者不打扰作者,带领读者靠近作者;二是译者尽量不打扰读者,使作者靠近读者。弗里德里希·施莱尔马赫提供的这两种途径本身都带有方向性,而在理解与阐释中译者的"前理解"或者"前见"会在很大程度上干预翻译最终的文本倾向。乔治·斯坦纳(George Steiner)将翻译的过程看成阐释的运作过程,这一过程中的每个步骤,即信赖(trust)、侵越(aggression)、吸收(incorporation)、补偿(restitution)均是一种文化对另一种文化的"道说"(Sagen);文化学派的翻译理论所运用的术语,进一步体现了其研究的方向性,"文化改写"(rewriting)和"名声的操纵"(manipulating)均为顺应或反叛译入语社会主流的意识形态和文化诗学的结果,而不是指有没有文化归属的意识形态和文化诗学。在历史、社会、文化等语境中考察翻译时,它们对于译者向内翻译和向外翻译的影响是存在差异的。解构主义翻译理论对传统翻译理论中译文依附于原文的观点进行了解构,甚至认为原文要生存下去就要依靠译文,并且文本的生存并不是靠原文本本身所包含的特性,而是依赖译文文本所包含的特性。译文的制造者——译者个人的文化身份对于译文原本是以"归化"还是以"异化"的面目闻世产生了很大影响。译者的文化身份对其拟译文本的选择、翻译过程中采用的策略、译作在译入语文化中的接受等问题有着决定性作用。

二、文学性在文学翻译中的再现

对于翻译的定义,国内外还没有形成一个统一的概念。不同翻译家和研究者纷纷提出了自己的观点。

我国学者林汉达指出:"翻译是指尽可能地按照中国语文的习惯,忠实地表达原文中所有的意义。"

苏联语言学派翻译理论家费道罗夫提出:"翻译是用一种语

言把另一种语言在内容和形式不可分割的统一中业已表达出来的东西，准确而完全地表达出来。"

美国的《韦氏新文学辞典》对翻译的解释为："to turn into one's own language or another language"（转换为母语或者其他语言）。

当代美国翻译理论家尤金·A·奈达（Eugene A. Nida）认为："所谓翻译，是指从语义到文体在译语中用最切近而又最自然的对等语再现源语的信息。"（Translation consists in reproducing in the receptor language the closest natural equivalent of the source language message, first in terms of meaning and secondly in terms of style.）

由以上定义可以看出，语言学家们是从语言转换的角度对翻译现象进行讨论的，他们没有将翻译看作一门独立的学科，而是将其看作一种技巧或工具。作为工具的翻译研究如果将研究的对象设定为非文学翻译，如科技翻译、法律文献翻译、说明书翻译等从语言对等的角度研究译文原文的对应关系是可以的，但当我们的研究对象设定为文学翻译时，仅仅从语言层面上研究语言转换的单位、转换的方式就无法解决文学翻译中涉及的人文特征。如今，翻译研究有了更多的文学和文化研究的属性。作为文化的重要载体，语言在相互转换的过程中必然会受不同形式的意识形态的影响，其决定了翻译实践及翻译研究的人文性质，这不是"科学"一词可以解释得了的。当前极具争议的问题仍然是什么是文学翻译的本质，究竟要如何描述它的本质特征。目前较为流行的说法是：文学翻译是一门艺术，它是译者让译文在译入语国家延存和产生影响的再创作活动。将翻译当作一门艺术，其是译者让译文在译入语国家延存和产生影响的再创作活动。将翻译当成一种艺术，也就承认了译者独立的创作空间，承认社会对其产生的反作用，承认翻译活动的开放性。

文学翻译的本质是译作的"文学表达"，是指在翻译过程中体现出作品的文学性，所以文学翻译的评价应纳入人的审美系统中来。与此同时,文学翻译在审美创造上有一定的局限性,这是其与其他艺术创造的最大差异,也是它的本质特征的另一个方面。文学翻译对原作的依赖性和从属性,限制了译者的艺术创造的自由度。文学翻译与非文学翻译之间存在的差异,首先体现在对象的不同。文学作品是文学翻译的对象,主要有小说、散文、诗歌、纪实文学、戏剧和影视作品。显然,文学作品以外的各种文体就属于非文学翻译的对象,如各种理论著作、学术著作、教科书、报纸杂志政论作品、公文合同等。其次,文学翻译与非文学翻译的语言形式不同。文学语言用于文学翻译,非文学语言用于非文学翻译。最后,文学翻译与非文学翻译的手段不同。通常,文学翻译主要采用的是文学艺术手段,其具有主体性和创造性,而非文学翻译则主要采用技术性手段,其可操纵性较强。考虑到文学翻译与非文学翻译的上述差异,使得人们对它们的要求也有所不同。如果要求非文学翻译要以明白畅达、合乎该文体习惯的语言准确地传达原作的内容,那么对于文学翻译,这种要求是远远不够的。文学作品实际上是用特殊的语言创造的艺术品,其具有形象性和艺术性,可以体现作家独特的艺术风格,而且具备能够引人入胜的艺术意境。因此,文学翻译需要译者具备作家的文学修养和表现力,以便可以深刻地理解原作,准确地把握原作的精神实质,进而将内容与形式浑然一体的原作的艺术意境传达出来。在翻译领域中,因为对文学翻译的本质特征认识得较为模糊,人们常常会因为看不到对象的差异、翻译目的的不同而陷入自说自话中。

对于"文学"这一术语,学界对其认识多种多样,出现了不同版本的概念。文学属于语言的艺术,语言则属于文学的媒介,这是毫无意义的。

《尚书·尧典》中的"诗言志"是最早对文学观念的表述,此"诗"的功用和特征均用"言"体现出来,而"诗"字本来就是一种"言"(诗人之言)。

就像中国语言中的"文"字的本义是"文字"一样,英语中的

literature(英语是 letter,拉丁语为 litera),即最小的语言单位。

柏拉图在《斐德若篇》中指出,文学艺术家天生具有语言才华。

亚里士多德在《诗学》中也提出:文学(诗)在摹仿方式上,诗人与画家或其他形象的制作者一样,通过语言表达自己选取的摹仿对象,他诗人在这方面拥有之“特权”。

在我国古代的文学理论中,文学性通常是通过诗论集中表现出来并被概括为“诗意”“韵味”“兴趣”“神韵”“意境”等术语的,而西方则有“诗性”(Poetical)的说法。俄国形式主义文论以“文学性”作为文学理论的起点。文学理论发展的历程表明:文学创作不断进化,对于文学规律的认识及理论表述随之产生。“文学”这一概念也逐渐形成了一些较为稳定的内涵。这些内涵体现了人类对于文学活动需求的相对一致性,这大概就是有关“文学”实现基本共识与尝试性阐释理论存在的可能性的基点。有关文学的基本共识大致集中在两大方面:一个是创作与文体方面,另一个是文学观念方面。在创作和文体方面,“诗”(韵文)和“文”(散文)两大类文体样式到今天仍然是最流行的文体,其中“诗”(韵文)具有的语言和思维的特征(与“诗意”“诗情”“诗思”“诗言”“浮象”“诗材”“诗境”“诗兴”“诗性”“诗学”等术语等共生互明),成了“文学性”的重要标志。在文学观念方面主要有如下共识,分别是有关文学的语言、文学的情感、文学的印象、文学的惠象的论说。许多出现在中外文学理论的修辞论、意境论、文采论等都是由语言的特性体现出来的文学性,具体体现在如下几个方面。

（一）文学语言具有很大的张力

文学特征与语言性有着密切的关系:追求“言外之意”关乎“言”,运用隐喻象征依靠“言”,文学思维也离不开“言”。无论多么极端的文学理论学说,都不能逃脱语言性的问题;近来西方文学理论又回归到对语言本体的分析,这些均能说明语言性在文学性中起点的、根本的意义。相关的论说遍及整个文学理论的历史。与日常语言不同的是,文学语言表现的是"言有尽,意无穷"的意境,这成了翻译的一个难题。

(二)情感表现的复杂性

审美情感一方面是文学自身的特点,另一方面是文学创作要考虑的重要方面。因此,作为审美情感的语言呈现的文学其情感性是使文学具有审美性的最为重要的因素。也就是说,文学用于抒情,文学的创造来自人的情感活动。我国古代的多数文论都认为"情性"在特殊的语言方式中得以表现,是写"诗"或行"文"的基本特征。西方文论中的情感(心灵)本质论也非常丰富,其几乎遍布于整个西方文学理论史中。美国文学理论家苏珊·朗格(Susanne Langer)在《情感与形式》《艺术问题》《心灵:论人类情感》等著作中均反复阐述了情感在艺术(包括文学)中的核心意义,并且总结出了一些重要的结论。例如,"一首抒情诗的主题通常仅有一线思路,一个幻想,一种心情或一次强烈的内心感受","抒情诗创造出的虚幻历史,是一种充满生命力的思想的事件,是一次情感的风暴,一次情绪的紧张感受"等。

(三)意象审美与形象塑造

古今文论家对文学的形象特征也给予了一定认同。一些有关文学起源的古老言说指出,不管是中国的"感物"说还是西方的"摹仿"说,均包含了文学摹写自然景物或社会人事之"象"的认识。中外理论家反复对文学将审美感受形象化的特点进行了陈说。在西方文学理论中,从亚里士多德(Aristotle)的《诗学》开始就讲文学的"临摹其状""制造形象"。在现实主义的"典型形象"论中,在象征主义和20世纪欧美"意象派"(Imagism)诗论中,文学的意象性始终是当作文学的本质因素被反复论及的。意象性是文学与其他艺术形式的共性,意象性使文学区别于其他语言形式的意义就在于在"言""意"之间增加了"象"的环节,将审美意蕴通过形象化方式间接地传达给读者。中外文学理论均承认,文学文本的基本样式是通过文学语言塑造生动、可感的艺术形象，很多文学理论的范畴和流派都与文学的意象性有关。

第二节　翻译的理想与理想的翻译之辩

一、翻译的理想

在《圣经》中，有一个关于"巴别塔"（Babel Tower 也译"巴比伦塔"或者"通天塔"）的著名传说。在希伯来语中，巴别（babel）有"变乱"的意思。《圣经·创世记》第十一章记载，人类早期都住在一个地方，说同一种语言。期初，人类联合起来，希望兴建一座可以通往天堂的高塔。上帝看到了人类联合起来的力量，为了阻止人类的计划，上帝变乱他们的口音，让他们的语言彼此不通。于是，建造高塔的人们只能停工从此分散到各地。留下的这座塔就被称作"巴别塔"。这个故事有两层意思：其一，语言对于成就伟业的重要性；其二，同操一种语言的人类具有威胁上帝的力量；其三，人类知道自己联合起来的能量，所以从没放弃学习他者语言和重建巴别塔的努力。翻译是人类渴望打破自身的孤独以便认识更广阔世界的手段，并且是一种最为行之有效的沟通行为和手段，不管在实际运用上还是在研究上都广泛地受到人们的重视，在人们的心中有着"翻译的理想"。事实上，"翻译的理想"就是让所有说不同语言的人可以沟通，这种愿望仅是一种理想，因为上帝并不是将人类的语言仅分为两三种或者七八种，而是数千种，人的能力无法与不朽的神相比，在人的有生之年要掌握十几种语言是很难的，更何况数千百种。但是人类非常聪明，他们将这种彼此沟通的努力放到了人类的历史长河之中，通过学习和翻译，并且通过两两语言间的互译，相交成一股股的涓涓细流，汇入历史长河之中。

历史上留下的很多译本都体现了人类彼此交流的现实，对译本的评论也体现了人们对翻译的认识与希望。这就使人们在欣赏着自己创造的翻译史的同时,也可以经常对翻译中存在的问题进行质疑,在质疑中不断提高翻译水平和翻译研究水平。截止目前,人们对翻译产生的最大质疑之一就是可译与不可译,其直接反映了翻译理想的建构与破灭。可译性及不可译性的争论伴随着整个翻译发展的历史。诗人对诗歌翻译的抗议是持不可译观点最极端的事件。作为重要的文学体裁,诗歌是形式和内容高度融合的一种文学样式。诗人可以用自己精妙的语言表达情感,同时诗歌的形式与该语言的形态有着直接的关系,其形式和内容都有很强的民族性,这就为诗歌的翻译带来了巨大困难。美国著名诗人罗伯特·弗罗斯特(Robert Frost)曾对诗歌做出这样描述:"Poetry is what gets lost in translation."(诗即译中所失)。苏珊·巴斯奈特对这句话的解读是:诗歌是某种摸不着、道不明的东西。虽然诗歌是由语言构成的,但是其不能转换成另外的语言。英国著名诗人雪莱(Shelley)对于诗歌的翻译也给出了自己的论断:"试图把一个诗人的创作译为另一种语言,犹如将一朵紫罗兰投入坩埚,希冀借此发现花色与花香的构造原理,两者皆非明智之举。紫罗兰必须再次萌生于种子,否则开不出鲜花——这是巴别塔之咒的负累"①。

这句论断的大概意思是,将一首诗从一种语言译为另一种语言,如同用科学的方法分析一朵花,以确定它的芳香与色泽源于何处一样荒诞,其否定了诗歌的可译性。之后,翻译家尤金·A·奈达对诗歌翻译做了更为详细的论述。众所周知,翻译的对等原则是由尤金·A·奈达提出的。但是,他提出的"论对等原则"并不是绝对的对等,他要求一定要辨别翻译的不同类型和三个要素:即信息的本质,作者目的以及相应的译者目的,受众的类型。尤金·A·奈达在信息本质这个项下讨论了诗歌翻译问题。在信息中主要应该考虑的因素究竟是内容还是形式?尤金·A·奈达给出了这样的答案:与散文相比,在诗歌(翻译)中我们显然更关

① Susab Bassnett & Andre Lefevere. *Constructing Cultures—Essays on Literary Translation*[M]. Shanghai:Shanghai Foreign Language Press,2001:57.

注形式的因素。这并不意味着诗歌翻译一定要牺牲内容,而是因为内容本来就必须紧紧压缩在特定的形式土壤之中。仅在极少数情况下,诗歌翻译能同时复制形式和内容。因此通常来说,形式往往因为内容而被牺牲掉了。从另一个角度说,译成散文的诗歌不是原文的充分对等物,尽管其可能复制概念和内容,但缺乏对情感强度和原诗风味的再现。然而,有些类型的诗歌翻译成散文是因为出于文化上的考虑而决定的。尤金·A·奈达的这一番推导就说明了诗歌翻译中的遗憾。之后的翻译学家罗曼·雅各布森(Roman Jakobson)明确地将诗歌的翻译放在符号学里进行了考察,他指出不管是语内还是语际,诗歌都是不可译的,只能进行创造性的移植,这是他关于对等理论合乎逻辑的引申。罗曼·雅各布森指出,"诗律"是不可进行移植的。以中国的古典诗歌为例,传统的格律诗注重和韵,即每一行均有字数限制和平仄的要求,行尾有音韵限制。绝句中的对称美、音韵美、修辞美、变化美是无法翻译的。

持可译性观点的人基于不同国家的文本不断被翻译的事实,论证翻译的可能性。他们认为,如果语言是不可翻译的,那么也就没有译本。这些人从唯物辩证法的观点出发,推导出这样一个观点:既然世界上的一切事物都是可知的,文本从总体上来说也一定是可译的。西奥多·萨沃里(Theodore Savory)从人类思维结构的相同性上分析,认为这是使翻译成为可能的主要因素,而产生这种相同思维的原因,是各个民族均属于同一种类。尤金·A·奈达基本上认为总体上语言之间是可译的,他指出:"尽管人与人之间的绝对沟通是不可能的,但是不管在同一语言区域或不同语言区域之间,人们之间高度有效的沟通还是可能的,因为人们的思路、身体反应、文化经历和对别人行为方式作出调节的能力都很相似。"尤金·A·奈达通过大量调查研究获得的材料充分证实了他的信念,即"一种语言能说的话在另一种语言中也能相对精确地表达出来。"但是,尤金·A·奈达并没有否认人与人之间难以实现绝对的沟通,也没有排除语言之间确实存在的差异。

因此,可译性和不可译仍然是相对的。随着翻译的发展,可译性的争论越来越趋向客观并且逐渐转向可译程度问题的探讨。

乔治·斯坦纳(George Steiner)在《通天塔》(*After Babel*)一书中,对历史上有关可译性的争论展开了以下分析:语言理论对于翻译是否可能这一问题,尤其是对于不同语言之间的翻译是否可能的总是具有决定性的影响。在语言理论的研究中具有两种针锋相对的观点。第一个结论是:语言的底层结构是普遍存在的,而且是共同的。人类各种语言殊同之处主要在于表层。正由于在遗传方面、历史方面、社会方面根深蒂固的东西均能在人类使用的每一种语言中找到,所以翻译是可能的。与其相反的观点是,所谓普遍存在的深层结构不是逻辑和心理方面无法考察,就是极其抽象、极其笼统,所以无足轻重。另一个结论是:真正的翻译是不可能的。人们称之为翻译的,仅是一种近似物,是一种粗糙的复制品,假如涉及的两种语言或两种文化有共同的渊源,译作是可以勉强接受的,如果涉及的两种相去甚远的语言或情感,译作就不可靠了。在分析翻译的不可译性时,本雅明(Benjamin)指出:"即便所有的表面内容都被捕获和传达,一个真正的译作者最关心的东西仍然是难于把握的。在原作中,因为内容和语言就像果实和果皮一样结合成一体,但翻译语言就像一件皇袍一样包裹着原作,上面满是皱褶。"尽管这些著名的诗人和翻译研究者都对包括诗歌在内的翻译持否定态度,但现实中却有很多翻译实践家在努力地做着翻译工作。我国从古典诗歌到现代诗歌的重要作品几乎都有英译本。那么它们难道都是误译吗?并不是这样的。乔治·穆南(George Mounin)被视为"法国翻译语言学理论的创始人和重要代表",其翻译思想在法国乃至整个西方翻译理论界均有重大影响,其代表作《翻译的理论问题》中以翻译现实为研究对象,提出可译的观点:其一,翻译是可行的,但存在着一定限度;其二,翻译的可行性存在于其限度之中,而其限度也不是一成不变的。由此可见,乔治·穆南既看到了翻译(尤其是文学翻译)中的困难,又看到了翻译的必要性;既指出了翻译的可行性,又指出了翻译的限制性。诗歌不断被翻译的现实表明了文学交流的愿望,这种愿望不断催生诗歌的翻译。基于这种现实,研究者其实已经没有必要再讨论"不可译"的问题,而是更要关注"译了什么""怎样译"和"译文的影响"等问题。

最早将脱胎于俄国形式主义流派的客观诗学引入翻译研究,并在翻译研究中进一步发展了形式主义的诗学观点的是捷克著名的翻译家利维(Levy)最早。利维的研究以文学作品为对象,从文化价值和文学标准的角度对原文与译文的结构及风格特征进行分析,其追求在翻译中实现文学性的转移。利维将语言学应用于文学翻译,其涉及诗歌的音韵学方法。他摒弃了传统翻译理论中采用的乔姆斯基的深层结构研究方式,而是强调作品的表层结构,在翻译理论研究上进行了重大突破,为翻译研究奠定了基础。在利维的翻译理论中,诗歌的翻译也是可以相对成功地实现的。上述理论家的观点表明,可译性与不可译性是一个相对的概念,不存在绝对的可译和不可译。可译的问题其实是可译的程度问题而不是可能性问题。追求与原著相等为其终极目标的翻译在现实中面对的总是相对,因为可能有绝对的翻译,可能的仅作为人类"翻译的理想"下的一种格式塔式的完整。

二、理想的翻译

"理想的翻译"中主要表达的是人类追求的翻译可以达到的最佳状态。从"赫尔墨斯"和"角端"这两个源于中西方的故事可以看出人们对"理想的翻译"的最佳设定。

在希腊神话中,赫尔墨斯(Hermes)是奥林匹斯十二主神之一,是宙斯和玛亚的儿子。因为赫尔墨斯出生在阿耳卡狄亚的一个山洞里,所以他被人们看成阿耳卡狄亚的神,是强大的自然界的化身。奥林匹斯统一后,赫尔墨斯成为畜牧之神。他脚穿飞鞋,手持魔杖,魔杖上有两只交蛇,象征着知识的力量,这是他的造型。因为他可以用最饱满的热情和最快的速度像思想一样敏捷地飞来飞去,可以将神的旨意准确无误地传达给人类,所以成了宙斯的传旨者和信使。通过赫尔墨斯的故事,我们可以得到如下几个感触:神和凡人使用的语言不同,神和凡人之间无法直接进行交流和沟通,因此需要赫尔墨斯从中进行翻译与传达,而赫尔墨斯翻译的特点是快速与准确。

在北京故宫的太和殿里,在皇帝龙椅最近的地方摆放着一对各为"角端"(拼音:lù duān)的神兽,头上一角,很像麒麟,传说中这种神兽能够日行一万八千里,通晓四夷语言。角端在侧显示皇帝为有道明君,身在宝座而晓天下事,做到八方归顺,四海来朝。换句话说,在神话中,此神兽因为掌握着语言的密码而起到了皇帝信使的重要作用。皇帝通过神兽独有的语言权力知晓和掌控天下。角端在中国的神话中起到了与赫尔墨斯相同的作用。可见,不论是在西方还是在东方,语言的重要作用早就受到了人们的重视,并且人们也认识到了不同语言在交流中所设置的藩篱。正是因为有藩篱的限制,人们才有了制造一个可以表达自由跨越语言藩篱神话的一种欲望。

"理想的翻译"主要传达的是人们对好的翻译要达到的状态的一种期待,其在现实中具体化为翻译标准的问题。长期以来,翻译家和翻译理论家都在讨论的话题就是翻译标准。因为翻译的标准多是定性而非定量的,所以对翻译标准在不同时期不同论者有着不同见解。在中西方的翻译标准中,"忠实"都是一个核心问题。从翻译诞生到之后的两千多年的翻译实践中,"忠实"问题始终都是中西翻译理论界关注的问题,他们的"忠实"观在翻译的历史长河中对人们的翻译实践有着一定的指导作用。

在中国的翻译史上,从古代的支谦、玄奘,近代的严复,现代的鲁迅、陈西滢,到当代的傅雷、钱钟书、王佐良军对翻译的"忠实"表达过自己的观点。例如,支谦的"因循本质,不加文饰"说的就是"忠实"的翻译方法。玄奘倡导忠于原典、逐字翻译之译经新规则,为求译法划一,创立了"五不翻"原则,即将把梵语翻译成汉语时,有五种情形不予翻译,而保留其原音。虽然是否定的形式,但谈论的是忠于原文的问题,是对原文及著者的尊重和肯定。严复的翻译三原则："信、达、雅"中的"信"指的就是忠实。鲁迅提出翻译要忠实于原作,并且主张在"信"和"达"不可兼得的情况下"宁信而不达"。傅雷提出"翻译应像临画一样,所求的不在形似,而在神似。"他认为不应死抓住字典不放,不要仅按照原文句法拼凑堆砌,翻译的关键在于调和,使原文的风格和神韵不致破碎,这其实是在说要忠实于原作的风格。钱钟书提出了"化境说",他认为"化"是文学翻译的最高标准。

在西方翻译界,贺拉斯(Horaee)是最早提到忠实话题的译者,他认为忠实的译者一定要进行逐字翻译。古罗马圣经学者哲罗姆(Jerome)倡导"文学翻译用意译,《圣经》翻译用直译",这里说的也是忠与不忠的问题。法国翻译家多雷(Dolet)提出了翻译的五要素,他提出译文应该通过各种修辞手段在风格上与原文保持一致。德国翻译家马丁·路德(Martin Luther)提出的翻译修补七规则,主要讨论的也是忠于原文的问题。18世纪英国翻译家泰特勒(Tytler)的翻译三原则强调的无疑也是原文的忠实。另外还有一些学者主张翻译的"对等",如卡特福德(Catford)提出的"意义对等""文本对等""形式对等";奈达提出的"动态对等""功能对等"。实际上,从这些翻译技巧和方法中,我们能看出人们对忠实的理解不同,侧重点也不同,事实上都是对语言内部不同层面的忠实,均是对忠实这一思想的延伸,是与忠实一脉相承的。

20世纪70年代,以色列学者埃文·佐哈尔(Even Zohar)提出了多元系统理论,指出"文学作品是社会、文化、文学和历史整体框架的组成部分","单个文本的孤立研究被置于文化的文学多元系统中"。这一观点可以看成文化转向的萌芽。安德烈·勒菲弗尔(Andre Lefevere)和苏珊·巴斯奈特(Susan Bassnett)对多元系统理论进行了继承与发展,还在20世纪80年代发表了一系列从文化角度看待翻译的论文和专著,最终在1990年两人合著的《翻译、历史与文化》一书中正式提出了翻译研究的"文化转向",所以该学派被称为文化学派。

第三节　译者的主体性

一、有关翻译主体的观点

对于翻译中的主体,学界的观点基本分为两派,一派认为翻译主体是唯一的,另一派认为翻译主体不是唯一的。

(一)翻译主体的唯一

国外很多学者都将翻译的主体视为译者,法国的安托瓦纳·贝尔曼(Antonio Berman)就是其中一个代表。安托瓦纳·贝尔曼认为,无论从翻译的理论研究还是从翻译的具体操作来看,译者都应该是翻译的唯一主体,这源于译者的翻译动机、翻译目的、翻译立场、翻译方案等。

我国学者袁莉(2002)以文学翻译为切入点,认为译者是文学翻译中最重要的因素,理应被视为与作家平等的艺术创造主体。

许钧(2003)从狭义和广义两个角度讨论了翻译主体的问题,在翻译的过程中作者、译者、读者形成了一个以译者为中心的活动场,因此译者是狭义的翻译主体,作者、译者和读者是广义上的翻译主体。

查明建、田雨(2003)基于对"翻译"内涵的阐释对主体进行了思考,如果"翻译"指一种行为,翻译主体就是译者,如果"翻译"指翻译过程中包含的所有因素,翻译主体就包括译者、原作者和读者。

陈大亮(2004)首先划定了主体的基本范围,指出主体是具有社会性和实践性的人,因此翻译主体理应指从事翻译实践的人——译者,原文作者和读者因为没有参与翻译活动,所以不能看作翻译主体。

（二）翻译主体的不唯一

我国德文翻译家杨武能（1987）从文学翻译的视角探讨了主体问题，认为文学翻译的主体是翻译中的人，即作家、翻译家和读者，其中，译者是最重要的主体。

谢天振（1999）认为，文学翻译的主体除译者外，还包括读者和接受环境等。

李明（2006）从翻译活动所涉及的因素来看待主体的问题，强调作者、译者、译文、原文读者和译文读者都是翻译主体。

二、译者主体性的确立

传统翻译理论认为，译者只需要忠实地传递源语信息。"忠实"一直是传统翻译观认定的翻译标准，主张要把原文的内容确切地完全表达出来，无改变或歪曲的现象，无增添或删削的现象，无遗漏或阉割的现象。基于这一认识，人们很容易把翻译理想化，认为译者应当充当"隐形人"，应当是透明的。他们要求译者在翻译过程中应竭力保持客观，尽量摆脱主观控制。传统的原文与译文的"二元对立"观认为无论译文如何竭力地忠实于原文，都不可能翻译出与原文一模一样的译文来，译文只不过是一件拙劣的复制品，对原著造成了不可避免的"破坏"。这种"二元对立"造成了原文和原文作者是主以及译文和译者是仆的局面。

事实上，否认翻译中译者主观介入是不符合翻译现实的，因为在翻译过程中，无论在理解或是表达阶段，译者的主观介入是客观存在的。原文与译文"二元对立"的转变与译者主体地位的确立密切相关。

从20世纪七八十年代开始，翻译学各种思潮兴起，同时文化学研究不断繁荣，于是这两股思潮的合力导致了翻译研究的"文化转向"（cultural turn）。在翻译研究文化转向的大背景下，研究的视角和重点在不同程度上开始转向译者，开始重新思考和定位译者在翻译活动中的地位，在理论层面逐渐彰显译者的主体性地位。当代翻译理论的一大进步是承认译者的主体性。

译者主体性之所以能够确立，主要基于以下几种因素。第一，译者的核心地位。译者是语言和文化的中介者，需要用一种语言和文化表达另一种语言和文化所传递的意义，所以文化中介者必须是二元文化的。同时，译者也是原文作者与译文读者的中介者，必须忠实地将原文作者的意愿传达给译文读者。由此看来，译者具有两种中介者的身份，它的核心地位无法动摇。第二，一本多译现象。面对同一个源语文本，不同的译者交出了不同的译语文本，这就充分说明译者在翻译中嵌入了自己对源语文本的解读。第三，翻译理论流派之见。在众多翻译理论流派中，将译者主体性推向极致的是解构主义学派。解构主义首先否定了作者的主体性，继而又否定了读者的主体性，彻底地将译者放在翻译的中心地位，将译者视为"改写者、叛逆者、征服者"。后现代主义立足于哲学，进一步把译者推到了文本操控者的地位。另外，一些学者从社会学的角度出发，认为译者主体性的发挥是在一定的框架内进行的，因为译者必然受到社会权利话语的束缚。译者主体性是指译者在翻译中发挥的主观能动性。

在强调译者主体地位时，应避免译者以创造之名，实施脱离原文的任意翻译。为了避免陷入主体独断的局面，可以在原文作者、译者和译文读者等主体之间建立一种相互沟通和接受的对话关系。这种关系是一种主体间的关系。翻译界对译者主体性的重视，并非否定了翻译中的其他主体，而是认识到了翻译活动的多种主体性。译者和作者、读者的密切关联，使得翻译主体性的研究实质上成为翻译主体间性的研究。翻译主体性研究几经变革，从作者主体性研究转向译者主体性研究，再转向以译者为中心的多个主体的研究，最后转向以作者、译者和译文读者之间的主体间性研究，这就说明翻译活动也不再是一种孤立的语言转换活动，而是一种主体间的对话。

第四节　译者的文化身份与翻译策略的选择

一、译者的文化身份

人类的认知遵循着自我与他者互为主客逐步接近这一模式。每一个体都会选择母语文化作为自己的文化归属加以认同,其他文化则被视为他者。文化身份的形成就是在自我与他者的相互对比审视中完成的,从这一点来说,翻译作为一种跨民族、跨语言、跨文化的活动无疑是自我与他者相互关系定位的最佳场所。文化身份(cultural identity)主要指向某一民族的本质特征和带有民族印记的文化本质特征,包含的内容有很多,如性别认同、价值观取向、种族认同和民族国家认同等。它支配着群体和个人的活动,是社会的精神支柱。

纵观整个翻译史,从各个时期产生的每个原文本的译本,以及后来出现的各种复译本中可以看到,通过翻译,译者不仅在不断地界定自己的文化身份,也在不停地构建他者的文化身份。文化交流是建立在一定的政治和经济基础之上的,而政治经济的不平等则导致了文化交流的不平等。西方学者、译者在面对东方文化时有一种天然的文化优越感,而这一或现或隐的优越感直接影响着他们接近、翻译东方文化的目的和策略。伯曼从文化身份的角度把翻译分为两种,一种对源语文本中的异域文化内容进行系统地否定,这是民族中心论翻译;另一种则迫使目的语语言和文化接受源语文本的异质性,即非民族中心论翻译。在研究两种有着直接的关系的、其文化之间有着相互交流和渗透的文学之间,究竟是谁影响了谁,这时候民族中心主义极易显现。

译者被某些人视为一种文化的传播者,又被另一些人视为叛逆者,但是不论是作为传播者的译者,还是作为叛逆者的译者,他/她站在两种文化之间,其立场并不是绝对中立的,其翻译也不是绝对中性的。萨义德(Said)在《东方学》中指出,翻译工作者的身份首先是由他/她的意识形态属性决定的。但是,作为具体个人的译者可以在某种程度上抵抗他/她的意识形态属性。这些是通过他/她在翻译时所选择的文化立场和翻译策略来实现的。

二、翻译策略的选择

译者在至少两种文化之间行走,他/她既要面对宏观的文化差异,又要处理具体的文本细节,由文化身份所决定的翻译策略在译文文本中通过一个个细节得到显现,它或者是忠实于原文,或者是悖于原文,或者是一种折中的意义,但这些翻译效果都遵循于译者的某种预设的翻译策略。由于在历史的发展中不同民族之间的文化交流是不平等的,这就使得译者在翻译活动的过程中,本着对其自身所代表的文化地位或文化身份的理解和认同,对另一文化译入的文本持着或褒或贬或俯或仰的态度,从而决定了翻译策略的选择。

美国翻译理论家劳伦斯·韦努蒂(Lawrence Venuti)认为,在翻译史上所有出现过的文化翻译策略,都可以归纳为归化翻译策略和异化翻译策略。所谓归化翻译,是指要求译者在翻译时无限地向目的语读者靠拢,采取目的语读者所习惯的表达方式传达原文的内容。所谓异化,就是要求译者要时刻牢记作者所表达的内容和隐藏的意图,按照源语中被大多数人认可的语言风格重新表达原文的内容。换言之,异化就是将源语文本的"原汁原味"展现给译语读者。

翻译策略也是一种文化态度和文化立场的选择。异化的策略可以被视为抵抗性的翻译策略,它所抵抗的就是民族中心主义,它的前提是承认文化之间是有差异的,并且使这种差异在译本中有所表现,而不是通过归化翻译使之通顺,以致最终被抹除。具有不同文化身份的中西译者在翻译策略的选择上既流露出相同点也体现了诸多不同,用有些评论者的话来讲,这体现了他们作为译者的"全球化"和"本土化"的双重身份。由此可见,译者的文化身份问题始终影响着翻译策略的选择。当然,归化和异化作为两种策略不是矛盾而是互为补充的,采用异化翻译策略可以让译文读者更好地了解异国文化,其给读者带来新鲜感的同时丰富了目的语文化及其语言表达方式,真正起到了文化交流的作用;而采用归化翻译策略,更多的关注交流的真实意图,它在于通畅和无障碍,目的在于实现交际方式的有效性。

译者的文化身份会影响其文化态度,文化态度又在某种程度上决定了译者的翻译策略取向,不同的翻译策略则会影响译文在译入语文化中的形象。所以,译者身份问题非常重要,从某种意义上讲,它是翻译策略选择的"关键"。本雅明认为,译文是原文的"来世",翻译出来的作品从某种意义上说是重新改写并创造了一部作品的形象。原文本中的文化信息对于和原作者有着迥异文化背景的译文读者来讲,有着理解上的困难。如何才能更好地展示原作的魅力,则需要译者在其中发挥作用,而在翻译的过程中如何既能保持作品特有的原汁原味,又能对原文不做较大程度的调整和修改,就需要译者采取恰当的翻译策略。在这一过程中,译者的文化身份必定会产生影响。

第五节 操控文学翻译的三个要素

一、诗学观

"诗学观"是某一社会中有关文学应然的主导观念。安德烈·勒弗维尔认为,一种诗学观由两种要素组成。

第一是论列性(inventory)的因素,其中包括文学技法、体裁、主旨、原型性的人物和场景、象征等。

第二是功能性(functional)的因素,即文学系统作为一个整体在社会系统中所承担的功能。

从诗学观对文学系统的影响的角度来看,功能性因素比论列性因素更加主动和直接,因为当一种文学系统形成后,其诗学观中的论列性因素就脱离了环境,而功能性因素不是这样。这个功能对选择主题十分重要,即所选主题一定要符合社会系统,这样的文学作品才会受到重视。在文学翻译中,译者服务于目标文化系统的某个读者群,目标语的叙事模式、文学规范等会对译者产生潜移默化的影响,使译者在翻译时会自觉不自觉地借用或靠近本族语的文学规范,以求减小对本族语的"暴力干涉"。因此,他的整个改写活动不可避免地受到普遍的占主导地位的诗学的影响,而且时常是在如此的影响力之下产生"扭曲"。换句话说,译者的创造性叛逆使翻译能够迎合占主导地位的诗学期待。

译作要出版,要让读者容易接受,要力求符合目标语文化的文学观,即诗学。翻译作品说到底是为一定的读者群服务的,从历史发展的角度看,不同时代的读者,其接受心理和审美意识必然有所不同,且随经济、文化、政治环境的变化而变化。译作的语言,更要符合时代的要求,译作的可接受性,在一定程度上表现在语言层面。一部译作,如果语言不符合读者的审美习惯,就势必会被淘汰。

二、意识形态

翻译研究一方面应涉及语言、认知以及审美,另一方面也要关注社会影响。因此,译作就是对社会生活的一种反映,而意识形态就是译作与社会生活反映的典型代表。意识形态包括两种含义:一是构成经济或政治理论基础的一系列观念与理论;二是体现某一团体、社会阶级或个人的思维特点或方式。社会意识是由物质生产决定的,所以处于不同社会地位的人往往拥有或生产各自的意识形态。

(一)有关意识形态的研究

18 世纪后期,法国哲学家蒂斯特·德·特拉西(Destutt de Tracy)提出了"意识形态"一词,该词表示"观念科学"。由于所有观念均来自人类对世界的经验,所以观念科学一定是自然科学。

在《神圣家族》一书中,马克思提出了"意识形态批判"的概念,之后在《德意志意识形态》中对这一概念进行了分析。可见,马克思创造性地使用了"意识形态",主要用于解决唯心主义与旧唯物主义中存在的物质与精神、存在与意识、主观与客观、自由与必然等对立。经典马克思主义对于意识形态的观点,是以经济决定论、阶级斗争等理论为基础的,一方面认为意识形态、话语从属于更本质性的经济发展与阶级斗争,另一方认为思想、意识、话语与社会政治变革相关,为之后的新马克思主义的文学、文化批评奠定了基础。随着马克思主义意识形态理论的不断发展,其形成了更加完整和丰富的解释。经典马克思主义有关意识形态的论断,大体上有如下六个特点。

(1)意识形态是统治阶级的观念形态,是物质生产领域占统治地位的阶级的精神力量。

(2)意识形态的虚假性。

(3)意识形态的合法性。

(4)意识形态的整合性。

(5)意识形态的控制性与操纵性。

(6)意识形态的各种形式相互影响和相互作用,并且以不同的方式影响着社会的经济与政治的发展。

在《历史与阶级意识》一书中,乔治·卢卡契(George Lukas)提出了阶级意识与革命运动的关系,并且对"虚假意识"的哲学概念进行了论证。乔治·卢卡契指出,统治阶级的意识形态经常掩盖本阶级的经济利益,有着掩盖真相的欺骗性,其虚假意识甚至演变为有意捏造的意识。因为作家深陷"虚假意识"中,所以他们经常无法看见社会的真实情况。20世纪文论中最具特色的四个词,即"总体论""反映论""主体论""现实主义",均是由乔治·卢卡契提出的。

意大利哲学家葛兰西(Antonio Gramsci)全面阐述了意识形态及"霸权"的概念,批判了卢卡契提出的"虚假意识"这一说法,指出成功表述的意识属性图是有关世界的常识性构想,与社会实践是息息相关的,体现在艺术、法律、经济以及个人生活的所有表征上。他认为,统治阶级在一定程度上是通过意识形态对其他阶级进行"控制"和"霸权"的。霸权是意义与价值的生活系统,其构成了其所体验的实践,并且相互证明。所以,霸权是社会中多数人的现实,难以超越。从最为丰富的含义看,霸权是一种文化,可以被视为某种特殊阶级对生命的控制与臣服。葛兰西指出,意识形态存在两个领导权问题,一个是政治上的领导权,另一个是文化上的领导权。意识形态是统治阶级与被统治阶级,在建构社会意义的过程中发生冲突的领域。主导阶级施展其文化霸权优势,将符合自身利益的社会意义阐释成为全社会认可的"公意",而边缘团体则不同程度地抵制这一做法。葛兰西的观点引发了马克思主义政治理论的全面转向。

路易·阿尔都塞(Louis Althusser)作为结构马克思主义的典型代表,对意识形态的机制、作用以及人的实践活动和科学认识的关系进行了深入研究。他提出了症候阅读法,其是对马克思主义理论进行科学主义解读的方法论工具,认为文字是马克思著作的表层结构,而从文字中还能找到深层结构。因此,文化有着两个不同层面:一是指概念之间、句子之间、段落之间、章节之间的表面衔接;二是指语言中的缺失、空白与疏离等,其是不可见的话语。通过了解作者无意识的投射,读者才会作出创造性的解读。他认为,意识形态是对个体与其真实存在状况的想象关系的再现,可以帮助我们理解世界,但也掩盖或者压抑了我们与世界的真实关系。路易·阿尔都塞认为,每一种艺术品一方面是审美的,另一方面是意识形态的,其利于将文本自身被掩盖的事实揭露出来。艺术不仅仅是个人的自由创造,其服务于特定生产关系的再生产。另外,艺术文本的意义得以实现是由具体语境之间的关系决定的,因为文本不但是人类经验的表现,而且是意识与主体性的前提与基础,社会现实也是通过其被建构、生产与阐述出来的。

在《批评与意识形态》一书中,里·伊格尔顿(Terry Eagleton)特别注重意识形态的问题,且认为文本并不反映历史真实,而是通过意识形态阐述真实的效果。里·伊格尔顿指出,积极参与并且指导人民大众的文化解放,是批评家的重要任务。文学批评要进行意识形态的批评,应该从一般生产方式、文学生产方式、一般意识形态、作者意识形态、审美意识形态与文本等几个方面展开。

(二)翻译研究中的意识形态

意识形态规范着人类的行为,维系着社会的秩序,它来自于社会文化系统,最后又归于社会文化系统。"意识形态"是有关社会应然的主导观念,在一定的历史时期内得到社会的普遍认可,是译者和读者研究文本的窗口。翻译活动不是"凭空"发生的,总是发生在特定的社会文化背景之下。翻译研究"文化转向"将翻译活动视为一种跨文化活动,把文本置于社会、文化、历史等翻译的宏观要素之中进行考察,翻译研究的重心从文本的内部转向了文本的外部,而意识形态就是翻译宏观研究与外部研究最为恰当的切入点。

研究翻译的意识形态的代表人物是佐哈和图里,这一研究最初是由研究翻译中多元综合系统引发的。埃文·佐哈尔的多元系统论是翻译研究学派的重要理论背景之一,以文学多元系统为探索对象。埃文·佐哈尔将文学多元系统置于文化这个大多元系统内进行研究,因此其多元系统论自诞生之日起就有明显的文化指向。随着时间的推移,多元系统论也演变为一种普通文化理论。由于翻译文学是埃文·佐哈重要的考察对象之一,因此多元系统论的文化指向自然而然地渗透到翻译学研究中来。图里(Toury)承继了埃文·佐哈尔的思想,他在早期探索了文学翻译规范,并在多元系统论的基础上建立了翻译规范的理论模式,因此就自然沿袭了埃文·佐哈尔关注文化的传统。受两位学者的影响,安德烈·勒菲弗尔在《翻译的文学:一种综合理论》一文中提出了"折射文本"的概念。这里的"折射文本"即为某种读者而进行加工的文本,目的是适应某种诗学或者某种意识形态。以安德烈·勒菲弗尔为主的翻译研究文化学派,将翻译视为改变社会的催化剂,认为翻译能建构或者操纵话语或者建构所需要的文化。显然,马克思主义意识形态理论衍生出了"操纵"这一概念。安德烈·勒菲弗尔在其著作中对什么是意识形态,以及它与翻译的关系进行了全面论述。

安德烈·勒菲弗尔认为,由于某种社会团体共享信仰与价值观,当源语与目的语的价值观或信仰发生冲突时,意识形态迫使译者或者文本操纵者对敏感文本进行干预,即用自己的知识信仰取代原文,因此翻译活动会牵涉到对原文的某种形式的意识形态的操纵。如果译作想得到目的语文化、意识形态的认同,其就不得不对译文进行改写或者删节,使译文遵从目的语的文学式样与风格。假如原文的风俗习惯、概念等对目的语读者而言是难以理解的,译者就要对其进行适当的调整。假如译作的意识形态与目的语意识形态相吻合,意识形态与诗学保持一致,那么译作在出版发行以及读者反应方面就不会遇到麻烦。假如译作的一些内容向目的语的意识形态或者价值观提出挑战,译者要么对译作内容进行改写、删节,要么之后再出版。

通常,主流意识形态之下流动着暗流,意识形态并非如同铁板一样,曾经被禁止的可能重新畅销,变成主流,边缘可能走向中心。不同历史时期的翻译作品的基调反映不同的意识形态。

三、赞助者

一部作品的翻译出版不仅仅是译者的个人行为,从译著的选择、出版,甚至到接受,均有赞助人这一"看不见的手"在发挥作用。对于赞助人(patron)的定义,《兰登书屋词典》给出了如下解释。

(1)a person who is a customer, client, or paying guest, esp. a regular one, of a store, hotel, or the like. (商店、旅馆等场所付账的顾客、合客户、客人等。)

(2)a person who supports with money, gifts, efforts, or endorsement an artist, writer, museum, cause, charity, institution, special event, or the like: a patron of the arts; patrons of the annual Democratic dance. (使用现金,馈赠,付出努力或承诺来支持艺术家、作家、博物馆、某项事业、慈善活动、机构或特别活动等,如意识形态赞助人。)

（3）a person whose support or protection is solicited or acknowledged by the dedication of a book or other work. (通过寻求支持或者保护,而将作品敬献给某人。)

（4）a saint regarded as the special guardian of a person, group, trade, country, etc. (个人团体、行业、国家的特别保护者或圣人)

（5）*Roman History.* the protector of a dependent or client, often the former master of a freedman still retaining certain rights over him. ([在古罗马史上]指依附者或者客户的保护人,一般是自由人之前的主人,但对其拥有一定的权力。)

由以上定义可知,因为西方是一个市场经济社会,并且基督教文化影响人文艺术的创作,所以赞助人不应该是英文发起人的含义,而是庇护人、保护人、恩主、主顾、保护神、旧奴隶主等,涉及商业、艺术、行业等领域。

安德烈·勒菲弗尔在对影响文学系统及构成系统各个文本的诸多因素进行探讨时,提出了翻译赞助人这一概念。他指出,赞助人是"有权势的人或者机构,可以促进或者阻碍文学阅读、文学创作及改写"。英语中的"有权势"与福柯的权力话语有一定联系。权力贯穿于知识的产生与传播。权势最具体的体现就是赞助人。赞助者（patronage）是促进或阻碍文学的阅读、创作和改写的力量。

安德烈·勒菲弗尔指出,操纵控制文学系统的主要有两种类型:系统之内的专业人士以及系统之外的赞助人。在文学翻译系统中,翻译的功能主要受三个因素的制约:文学系统专业人士;系统外的赞助人;主流诗学。安德烈·勒菲弗尔提出的文学系统中的这三个因素,对翻译功能产生了巨大影响。改写和操纵是实现这一功能的重要手段。其中,系统外的赞助人的作用可以通过三个方面发挥作用,分别是意识形态、经济利益以及权势地位,即意识形态因素控制作品的观点,经济利益决定作者和改写者的收入,地位元素决定社会地位。安德烈·勒非弗尔理解的作为赞助者因素之一的意识形态是涉及的一系列利益。从某种程度上来说,这些利益与在社会历史生活中居于核心地位的权力机构的保持与颠覆有关。译者要保证译作的出版就难免要按赞助人或出版机构的意愿对原作做或多或少的叛逆,不惜对译本增减删改以达到诸如篇幅适当,适宜大众口味或为某一读者群量身定做之类的目的。

在进行翻译研究的过程中,最容易被忽略的领域就是赞助人系统。实际上,估计中外的多数翻译实践活动都是由赞助人系统支持完成的。古今中外,大量的翻译文本,如果没有赞助人的帮助,是难以顺利完成的。作为权力机构的代理人,赞助人可能会推动或妨碍翻译事业。我国的佛经翻译从汉代到南北朝再到唐宋,始终没脱离官方的赞助。翻译改写活动与其说是反映了意识形态的控制,不如说是赞助人在施加影响。对于翻译的改写活动,除了属于译者的个人行为外,更重要的是赞助人在发挥作用。与其说赞助人对"诗学"感兴趣,不如说是对意识形态感兴趣。

因为文学系统是一个动态的、不确定的系统,不同时期的作者、译者以及改写者会因为时间、地点的不同,而采用不同的改写策略。因此,译者主要受意识形态与当时接受语文化中主流诗学的影响。当时的社会条件决定着译者是否愿意接受这种意识形态,也决定着此意识形态是不是某种赞助力量强加的制约因素。赞助人能带来文学系统的革新,假如文学系统自身需要进化,其作对文学文化环境就会施加影响。赞助人也能鼓励或者促进文学系统,产生可以满足目的语需要的作品。意识形态一方面决定着译者的选择测量,另一方面决定其对原文中语言和论域(discourse)的相关态度。译者对自身与所在社会、文化的理解,是影响其翻译方法的另一个因素。在翻译或者改写的过程中,赞助者、出版机构或体制强加给读者的结果是,突出某种意识形态。译者在现在目的语的意识形态、自身的爱好、经济利益和职业伦理道德之间作出妥协。

从诗学层面说,翻译是从技术角度改写原文的。译者改写源语文本的同时也是对源语文本的一种控制,可能会对现有的诗学与思想意识进行巩固,也可能对其进行破坏。改写有利于引进新的概念、方法与文学样式,所以改写主要服务于权利。改写的积极作用在于推动文学的进步,进而推动社会的进步。然而,改写也能对改革进行压制,有时甚至是歪曲。在安德烈·勒菲弗尔看来,既然翻译是一种改写,那么翻译研究不需要将译文与原文进行对比。这一观念是对"原著中心论"的质疑,是对以"译语为中心"观点的肯定。纵观西方翻译史的发展历程,其中出现了不少翻译改写,如古罗马对古希腊经典作品的改写,文艺复兴对古希腊、古罗马作品的改写。如今,随着掌握拉丁语和希腊语的人越来越少,被改写的译文逐渐替代了原文。

确切地说,"诗学"层面的"改写"与意识形态层面的"改写"是不同的,前者改写原文是为了便于译者的理解和接受,确保翻译的可读性;后者改写的目的是,在内容上突出特定阶级的主导思想。总之,20世纪之前的"改写"实践与赞助人有着密切联系,而意识形态的改写活动主要发生在20世纪后期。

第五章 文艺视阈下翻译的意义向度研究

意义问题是文艺视阈下翻译研究的基本问题之一。关于这一问题,很多学者都进行了大量的研究和探讨,无论是从文化角度还是从哲学角度,都积累了丰富的理论知识和研究成果。为此,本章就从意义层面审视文艺视阈下的翻译问题。

第一节 作为交际行为的文学翻译

一、交际行为的内涵

人们每时每刻都在进行着交际,只要有人生存的地方,就有交际发生。"交际"(communicate)与"共同"(commonality)有密切关系,它来源于拉丁语 commonis 一词,而 commonis 是 common 的意思。显然,"交际"与"共同"(commonness)紧密相连。交际的前提是"共同"或"共享";只有共同享有同一种文化的人们才能进行有效的交际。总之,"共同"的内涵与"交际"和"文化"的内涵是一致的。

由于交际行为本身所具有的复杂性,学者们从不同角度对"交际"这一概念进行了阐释。应用语言文化学认为交际是受社会、文化、心理、语用等多种因素制约的符号活动和信息转换的共享过程。"共享"是交际的基本特征,符号活动和信息转换则是交际的基本属性,而社会、文化、心理等因素则是达成有效交际的必要前提。

交际是人类活动中的一种基本形式,是以人为中心进行的,其大致包含两种类型,一种是人际交际,另一种是非人际交际。

人际交际中信息的发出者与接收者都是具体的人。根据交际对象,非人际交际又可细分为两种:人与自然的交际和组织与大众的交际。

但无论是哪种交际,交际的媒介都不外乎语言和非语言两种。因此,交际形式可用图 5-1 来表示。

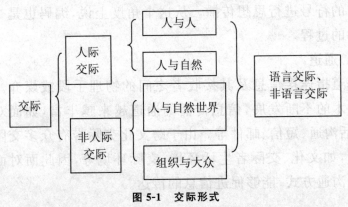

图 5-1　交际形式

(资料来源:陈桂琴,2014)

(一)交际的构成要素

从本质上说,交际的过程就是信息传播的过程。这个过程带有动态性,是由相应的要素构成的完整系统,具体包含以下构成要素。

1. 传播要素

(1)传播者

传播者指的是具有交际意向和需求的个体,也就是信息的发出者。交际意向指的是传播者想要和他人分享自己的信息。交际需求指的是通过分享,传播者想要得到他人的认可的个人需求,以及改变他人态度、行为的社会需求。

(2)信息

信息是编码的结果,是交际者的内心所思、所想的具体写照。在面对面的交谈中,信息包括语码、非语言信息以及交际环境信息等。信息具有独特性和唯一性,当接收的信息方式以及发生的情景不同时,即使同一个信息,其表达的意思也会有所不同。

（3）编码

编码指的是语言的组合,是传播者在社会、文化、交际规则的影响下,通过借助语言中的词法、句法进行语言选择、组合、信息创造的过程。编码过程的必要性体现在人思想的复杂性,需要借助一定的符号进行思想传播。从这个角度上说,编码也是个体心理活动的过程。

（4）通道

通道指连接信息及其接收者之间的物理手段或媒介。随着科学技术的不断发展,信息传播的通道越来越丰富,如面对面交谈、电话沟通、短信、邮件等。由于跨文化交际带有众多交际要素的参与,如文化、交际者生活环境、交际环境等,因此面对面是最有效的沟通方式,能够促进信息的传达。

2. 接收要素

（1）接收者

接收者和传播者相对,指的是信息的接收方。接收者对信息的获取是在主观作用下进行的,也就是接收者有目的地等待或者有意识地察觉信息源,从而做出反应,建立与传播者之间的语言联系。但是,有意识的信息接收并不是绝对的。接收者进行信息的获取也可能是在无意识或者偶然的条件下进行。无论是何种情况,接收者都是通过听觉或者视觉渠道刺激进行信息接收。在跨文化交际过程中,信息的传播者和接收者属于不同的文化背景,因此信息接收的途径要比与文化沟通更加复杂。

（2）解码

当信息接收者将言语或非言语的符号转化为可理解的意义的过程就是解码。跨文化交际中的解码指的是接收者对信息进行翻译并对传播者语言行为进行观察,从而在此基础上理解语言符号以及语言背后的文化信息。跨文化交际中的传播者和接受者来自不同的文化背景,因此解码过程需要进行文化过滤。也就是说,接收者需要利用自身的文化代码系统处理接收的文化信息。如果接收者不了解信息传播者的文化和语言,就容易导致交际失误的产生。

施拉姆(Schramm)提出的交际模式形象地描述了信息发送者与信息接收者在交际时编码和解码的过程,如图 5-2 所示。

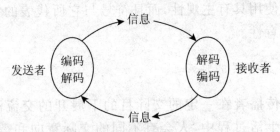

图 5-2　施拉姆的交际模式

(资料来源:陈俊森、樊葳葳、钟华,2006)

（3）反馈

反馈指接收者在接收信息之后做出的反应。反馈行为可以通过不同方式展现,如回答、评论、回应、质疑等。反馈反映着交际的成功与否,也是判断交际有效性的重要标准。交际者可以通过反馈来了解自己是否有效传达了信息,也能依据反馈来调整自己的行为。当接收者对传播者的语言信息有所反应并符合传播者预期时,这个交际行为就是有效的,反之则无效。

（4）语境

交际发生的情景和场所就是语境。通过交际语境,人们可以对交际的内容和形式有一个更深层次的理解。如果人们了解了交际即将发生的语境,就能在一定程度上预测将要发生的交际。

（二）交际的特点

交际是一个十分复杂的过程,了解交际的特点可以更加深入地了解这一过程。具体而言,交际的特点包含以下几个方面。

1. 交际具有符号性

符号指的是人们用来标记指称对象的形式,是人们进行交流和沟通的重要媒介。在人类的交际过程中,基础的交际符号指的是语言。交际的符号性是其最基本的特征,这主要是因为交际的进行需要依赖于一定的符号载体。符号可以是语言的,也可以是非语言的,它可以是任何一个有代表意义的词语、物体和行为。每一种文化中的人们都使用符号,却赋予符号不同的含义,这就使得符号的使用具有主观性,而且符号与它所代表的含义之间的关系具有任意性。

2. 交际具有目的性

交际是传播者在一定的交际目的下展开的交流活动。在人类的交往和生活过程中,人会有不同的交际意向和需求,因此交际目的也多种多样。在交际目的的影响下,交际者需要选择不同的语言形式进行表达,从而力图促进交际的进行。交际的目的和思维形式紧密相关。在语言交际之前,交际目的便作用于交际者,从而作用于之后的交际行为。

3. 交际具有双向性

交际的双向性指的是交际主体之间的相互作用关系,这种双向性的存在使得交际和一般的传播活动相区别。例如,个体进行电视、广播活动都是一种单向信息传播方式,有着明确的传播主体和传播客体。在具体的交际过程中,交际者需要不断传播信息与接收信息,因此交际的主客体角色不断转变。参与交际的个体既可以是交际主体,也可以是交际客体。

4. 交际具有不可逆转性

交际信息只要发出,就会被信息接收者接收并赋予意义,从而不可逆转,无法收回,只能加以修改。因此,在交际中,交际者要注意自己无意识的言行,以免对交际产生负面影响。

5. 交际具有系统性

交际是在庞大的系统中进行的,这一系统包括交际发生的场景、场所、场合、时间以及参与的人数。交际一定会发生在特定的场景中，人们的言行以及符号所代表的意义都受场景的影响。交际的场所对人的交际行为做出了规定，在不同的场所，人们的交际行为有着不同的特点。交际场合也影响交际者的行为，不同的场合都有其相适应的行为模式，但在不同文化中，所规定的行为模式又各不相同。任何交际都发生在一定的时间区间，如一般的谈话和演讲所持续的时间长度会不同。因为时间对于交际的影响作用并不明显，所以常常被忽略。交际过程也会受到交际参与人数的影响，同一个人讲话和与一群人讲话时的行为和感受是存在差异的。

6. 交际具有社会性

社会性是交际的本质特征。具体来说，交际的社会性体现在以下两个方面。

首先，交际的社会性体现在交际者是社会中的一员，主体能够在思维的作用下，辨认、理解、使用语言符号，从而达到自身的交际目的。在跨文化交际中，由于交际主体的文化背景不同，因此其社会性特征体现得更加明显。

其次，交际活动的进行对于社会的发展与进步也有着重要影响，从而促使不同的组织群体出现。社会的发展是从初级向高级不断前进的，人们的生活范围也从居住地向全球范围内扩展。这些变化与交际活动的进行有着密切关系。从这个意义上说，交际活动能够促进社会发展，跨文化交际更是如此。

二、跨语言交际的翻译行为

波兰哲学家、语义学家沙夫(Schaff)将"意义"看成是互相交际的人们之间的关系，突出了人与意义的关系的要义。意义首先是人类理解的问题，而理解以人为中心，意义与人的关系紧密相连，尤其是在使用语言进行交际的活动之中，人们在交往中的互动关系是构成意义的一个能动的因素。维特根斯坦(Wittgenstein)的语言的"意义即用法"和"意义—意向性内容"的原理,将意义与语境联系起来,更突出了意义与语言使用者及其意向性之间的关系。为了解释文学翻译行为中的意义问题,有必要首先弄清"翻译行为"这个过程,弄清"文学翻译行为"过程。

所谓"行为",是指人在主客观因素的影响之下而产生的外部活动,既包括有意识的,也包括无意识的。在正常情况下,人的行为一般也都是有意识的。人的行为结构系统是由人的内部需要、无意识和非内部需要与环境相互作用而构成的。这种构成所形成的行为机制使人产生行为。环境的作用,有群体的压力,有传统习俗,有传统文化和价值观,有政治环境等,这些因素都会作为环境的因素刺激人的非内部需要,通过意识或无意识,产生不同程度的动机,从而导致人的行为。① 行为是一种有目的、有动机的有意识的活动,但是行为的起因却可能是无意识的,有出于非内部需要、因环境迫使而发生的行为,有出于内部需要而发生的行为。行为始于动机,终于效果。行为总是与意图相关联,也必然产生后果,后果是行为本身最重要的部分。

苏联语言学家巴尔胡达罗夫认为,"翻译"一词通常有两种理解:一是指译者的活动过程,即行为过程的状态——翻译行为;二是指译者的活动结果,即行为过程的结果——译文本身。翻译行为与翻译结果即译文是密切关联的。

将翻译区分为行为过程和结果,可能是苏联翻译理论家费奥多罗夫较早提出来的,一直延续至今。费奥多罗夫认为,"翻译"这个概念所涵盖的活动范围非常广泛,"翻译"一词属于大家都能理解的通用词,但是它作为表示一种人类的专门活动及其结果,需要我们作进一步的明确和进行术语上的界定。

"翻译"这个词表示两层含义:其一,表示以心理活动形式完成的过程,也就是把一种语言(源语)的言语作品(文本或口头话语)用另一种语言(译语)重新创造出来;其二,表示这一过程的结

---

① 兰佩莉.语境文化对英美文学翻译的影响研究[J].英语广场,2019,(2):73-74.

果,也就是用译语写成的新的言语作品(文本或口头话语)。

巴尔胡达罗夫在 20 世纪 70 年代出版的《语言与翻译》中,也是将翻译既看成译者的行为过程,又看成行为过程的结果。他认为翻译属于言语活动,指出翻译的对象不是语言系统,而是言语产物。巴尔胡达罗夫与费奥多罗夫一样,认为翻译理论是一门语言学学科,强调把翻译理论纳入语言学范畴。值得注意的是,巴尔胡达罗夫强调了翻译理论与对比语言学的研究对象的区别。对比语言学同一般语言学一样,研究的是语言体系,它的任务是揭示两种语言体系在语音、词汇和语法结构上的异同。

翻译研究的对象是具体的话语,对翻译理论来说,最主要的是研究对比在语言中,在话语结构中语言现象的相互联系、相互作用。也就是说,翻译理论不是去研究源语与译语文本之间的所有关系,而只是研究那些有规律性的关系,即典型的、常规的重复出现的关系。这就使翻译行为离开语言系统而进入言语范畴。

根据前面对"行为"概念的理解,翻译行为本身是一种具有社会制约性的社会行为,它既有行为发生的起因和目的,也有行为过程的结果。翻译发端于作者创造原文的行为,或者发端于译语读者的需要,终于译者再创造译文的行为,但是一个完整的翻译过程,应该说还包括译文发生的影响即后果,这就涉及译文读者的阅读与传播行为。可见,费奥多罗夫和巴尔达罗夫对翻译的定义,只截取了中间的关键片断,他们是从译者的翻译行为来定义翻译的,翻译概念可区分为行为的过程与行为的结果,人们可以根据自己的兴趣进行选择研究,或者研究过程,或者研究结果。

目前,人们对翻译过程的研究较多,翻译研究重视译者的翻译行为,尤其是肯定译者在翻译行为中的主体性和创造性。笔者以译者的翻译行为为逻辑起点来研究文学翻译行为中的意义问题,将翻译视为跨语言交际行为和译者的社会行为。翻译行为作为跨语言交际行为,具体如图 5-3 所示。

图 5-3 的翻译交际公式反映了语际交际的结构。原文本和译本都是一种"宏符号",原作者、译者和读者都是交际中的主体,箭

头表示各种语用学关系：原作者和原文本之间的关系，译本与译文接受者即读者的关系，译者和原作者之间的关系，译者和译文读者之间的关系，以及原作者和译文读者之间的关系，后面三种关系尤其重要。

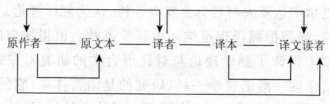

图 5-3　翻译交际公式

（资料来源：赵小兵，2011）

从译者到原作者方向和到译文读者方向的箭头，表示译者的活动总是致力于透彻地理解文本中表达出的原作者的意图，并保证向读者（听者）施加原作者意欲施加的影响。译者与原文本的关系是译者作为读者解读原文的问题，译者和译文的关系则是译者创造译文的问题，图 5-3 中没有用箭头标示出来，这些关系是理所当然的，因为图 5-3 旨在表明翻译交际中符号与使用者之间的关系，以及交际中的主体之间的关系，所以示意图是非常简略的。

总之，翻译行为的内容是广泛的和复杂的，它不只是简单的双语活动或两个文本之间的转换活动，而是一种特殊的社会行为。翻译行为涉及许多问题：被译文本的选择，译者的翻译策略，译本在目标语系统的接受与传播等，不但涉及语言和文本因素，还更多地涉及众多的外部非语言因素。

我国一些学者指出，不应只停留在语际转换过程或这个过程的产品上，而应该把这一范围扩展到翻译过程开始以前和翻译产品面世以后的各个阶段，如选材、选择读者、出版安排、编辑参与、当代反应和历史地位，而每一个阶段都会受到当时的社会、文化和经济环境的影响。翻译行为如同任何一种行为一样，具有发生的动机或目的，具体的操作过程，以及所带来的必然的结果或后果。也就是说，译者的一个完整的翻译行为，这是为了实现跨语言跨文化的交际行为的语言中介，必然包括翻译的动机或目的、翻译的具体操作过程,以及促使译本在译语环境中的接受与传播。[①]

三、跨语境审美交际的文学翻译行为

文学翻译使用文学语言,注重语言的形象性和审美性。这种翻译行为基本上属于书面形式,译者可以有宽松的思考时间,可以达到很高的艺术水准,能充分发挥译者的主体性、双语天赋和语言艺术才能,译者可进行类似于文学原创的译文再创造,因此这是一种复杂的再创造行为,它是具有高度审美性和艺术性的语际交际行为。

中外许多译论者认为翻译是艺术,主要就是针对文学翻译而言的。文艺翻译属于创作,属于艺术。我国学者也不乏将文学翻译视为艺术创作的。可以在一定程度上认为,文学翻译是一种具有高度艺术性和审美性的语际交际行为。文学翻译作为一种再创作行为,这一点已经为广大译界学者所共认。古今中外许多学者,包括文学家和翻译家论述过文学翻译的创造性和困难。茅盾指出,文学翻译既要译者发挥工作上的创造性,又要完全忠实于原作的意图,好像一个演员必须以自己的生活和艺术修养来创造剧中人物的形象,而创造出来的人物,必须符合剧本作家的原来的意图一样,这是一项很重要的工作。[②]

翻译者和作家一样,应当从生活中去发掘适当的语汇,或者提炼出新的语汇,这也是翻译艺术的创造性的一个方面。创作要有生活体验,翻译却要体验别人所体验的生活。许多人都慨叹过译事难,也曾指出过翻译的困难可能超过创作。文学翻译在整个文化发展史上时而充当驿马,时而充当媒人,兢兢业业地交流文化和缔结文学因缘,其贡献是有目共睹的,但翻译和创作终究是有区别的。

① 张毓展.文学翻译中语言内语境对语义的影响[J].智库时代,2019,(2):289-290.

② 魏烨.英美文学翻译中的语境文化因素[J].英语广场,2019,(3):41-42.

　　文学翻译涵盖了文学接受和文学创作领域。译者从原作获得审美感受的过程，就是文学接受的过程，然后进入文学创作的过程，这两个过程完成了，才算完成一个翻译行为。文学翻译同文学创作一样，具有审美特征和形象特征。所以，许多文学家从事过文学翻译后都曾经指出"翻译比创作困难"。文学翻译与文学创作一样，同属于审美、艺术的范畴，而文学翻译除了译者需要具备优异的文学修养和艺术鉴赏力以外，还应该懂得更多，至少多一种语言，多一些其他的知识，需要懂得、理解别人（原作者）懂得和感悟的东西，像作家那样进行语言表达和思维，做到"随心所欲不逾矩"，这同样需要一种文学境界，也需要更多的学识。

　　了解了文学翻译的性质以后，可以对文学翻译行为作如下描述：文学翻译行为是一种审美的文学交流行为，一种跨语境的审美交际行为，一种再创造艺术，它是重塑文学语言和文学文本的审美创造行为。文学翻译行为可视为一种跨语境的审美交际行为，文学翻译的创作本质是矛盾的。所以，文学翻译者的任务就是在另一个语言环境中恢复原作的文学作品的面目，与此同时又要保证译语读者的审美接受，确保文学、文化的交流与沟通。

　　如此一来，就得考虑作者、译者和读者在文学交流过程中的相互关系，而原作则构成了文学翻译中的"客观化"对象，这一"客观化"对象在译者、作者和读者的互动中幻化成文学译本，译者、作者和读者之间的互动生成新的意义，"客观化"的对象经过译者的意向活动，被翻译传达到一个新的语言文化环境之中，并且仍保持其文学作品的本色。

　　综上所述，翻译是一种跨语言交际行为，文学翻译则是一种特别的跨语言交际行为，是由作者、译者、读者等构成交际多方的跨语境的审美交际行为。

　　在翻译过程中，交际者具有各自的意向，从而会影响最终的意义生成。译者是文学翻译的中枢环节，居于文学翻译的中心，译者的意向是造成翻译发生意义变化的重要因素。然而，文学翻译行为中的意义问题，不单纯是译者赋予意义的问题，文学翻译并不是译者随意的创作行为,而是发生在翻译主体间的一种复杂的意义生成行为。

第二节　文学翻译:一种复杂的意义生成行为

翻译属于言语活动,翻译的对象不是语言系统,而是言语产物即话语,这就使翻译行为脱离语言系统而进入言语范畴。在文学翻译过程中,文学文本中的语词、语句等的语义表征,在译者的言语行为中与具体的文化语境相结合,从而产生动态的意义。①语词的意义随着语境的变化而变化,因语言使用者的赋义而生成意义,同一个语词在不同的语境中会产生不同的含义,不同的使用者也会赋予语词不同的用法,因而衍生出不同的意义。

一、文学翻译行为中的对话语境

文学翻译行为包含复杂的对话语境。文学翻译行为的语境与现实语境有很大的差别,并且复杂得多。现实语境是日常的生活,人们在现实语境中的交往是直接的,是与人进行直接交往与对话。现实语境要求一个人在交际行为中理解一个话语的同时,要满足有效性的要求,或履行一项义务,或做出一个回应。

交往中的人可以互相听见、看见,形成最直接的对话关系,但是文学翻译行为却涉及文学文本和文学译本的内部语境、文学文本和文学译本所依存的外部语境、跨语言跨文化的语境转换等。②文学翻译行为涉及复杂的语境,既包括了上下文,发生言语行为的情境,某个社团的社会文化(即文学文本创作的内外部语境),又包括了译者所面临的跨语境,以及译语读者所处的文化语境。

国内有学者曾经对文学翻译过程中的语境构成及其相互作用进行分析,提出一系列适用于文学翻译研究的新概念,如情境

① 高日华,王新.接受美学视阈下文学翻译文本的意义生成[J].语文学刊(外语教育教学),2015,(9):30-31.

② 赵小兵.文学翻译中的语境的特殊性[J].攀枝花学院学报,2012,(6):70-73.

语境、个人语境、语境差异、语境化等。文学翻译研究中的许多问题都与语境密切相关,如归化和异化、不可译性、再创造、译者的风格等基本问题,都是在语境转移过程中因语境差异和语境化而引发的。[①]

的确,文学译者运用另一种语言对原本进行意义重构,"在交流中使意义再生"的过程,是实现跨语境的文学交流与对话的过程,译者必须考虑语境化、语境差异和语境变化等复杂的语境因素。

现实语境是发生言语行为的实际情境。文学文本(原作)语境是虚拟的世界,除了上下文以外,还指文中描写的事件情境。在文学文本语境中,有作者模拟现实而描写出的"实际"交往情境、作品的基调和情绪气氛,包括主人公在其中进行活动的情境(场合、语域等),作品中的对话及环境,以及作品主人公的年龄、身份、地位、职业、性格等特征。在文学译本语境中,同样具有按照实际生活规则而描写出的"实际"交往情境,这仍是虚拟的世界。文本语境与现实情境之间存在着重大区别,这是文学文本与实际生活之间的区别。

在日常交往实践中,言语行为的活动领域是行为的具体语境,其中参加者必须熟悉所处环境,并且要处理一些问题;在文学文本中,言语行为的目的是让人接受,接受又使读者从行为中解脱出来,他所遇到的语境以及他所面临的问题,和他没有切身关系,文学并不要求读者采取日常交往所要求于行为者的那种立场。值得注意的是,这里提到的"读者",主要是普通读者,不是指以一个读者身份解读文学文本的"译者",至少二者之间存在着差别。

译者只是在阅读文学文本的移情体验、想象过程中,才像一个普通读者,即只负责接受的普通读者,但是在整个跨语境的文学审美交际过程中,译者绝不仅仅是一个普通读者,他还是一个

---

① 王灵芝. 文学翻译的义旨:意义再生——《文学翻译:意义重构》述评[J]. 中国俄语教学,2014,(1):91-93.

再创作者,是文学译本的当之无愧的作者。所以,译者不可能从翻译行为中解脱出来,他所遇到的语境问题,都与他具有密切关系,只有在审美对话过程中,把握好了语境转换和语境差异,像一个现实中的言语行为者那样,参与到实际的翻译行为当中,才能履行其应负之责任。

文学译者在跨语境的交流对话中,必然有着自己的立场,有着自己的情感倾向,有着自己的任务,他需要对作者的思想和精神意趣进行审美把握,并设法用另一种语言表达出来。这些都是单纯作为一个普通读者的移情感受无法相比的,从这个角度来讲,译者在文学翻译跨语境的交际对话中的再创作身份与普通读者有着明显的不同。

译者参与文学文本语境中的对话,在想象中倾听和接受文学文本虚拟世界所发生的存在事件,充分地把握原作中的"客观化"内容而发掘意义,并设法在跨语境中表达意义,在用另一种语言表达出来时,译者需要根据读者及其接受环境的需要来调整文学译本的表达。

译者参与对话环境包括:首先在想象中参与文学文本虚拟世界中的作者与主人公的活动,暂时忘记自己,随作者一起经历主人公的生活事件和言语行为,深入体验,并且对文本中的人与人之间的关系进行审美的把握。

译者在解读原文摄取意义的过程中,文学文本以外的语境(原文所依存的环境)也进入译者的视野,成为不可回避的因素。这就是说,译者必须在文学文本由以产生的环境中去理解作品,同时要使文学译本适应新的环境,从而在跨语境中实现意义的交流与再生。走过这一个复杂的过程,是非常有意义的,因为这是获得生活意义和世界意义的过程,译者通过与作者以及作品中的人物的交流与对话,丰富了自身的阅历,给自身的进步注入了外来的力量。[①]

---

①　刘沐丰.基于英语文学翻译中创造性生成运用的研究[J].英语广场(学术研究),2013,(12):33-34.

总之,通过对文学翻译行为的复杂语境的粗略考察,我们的眼前展开了广阔的语境世界,从而使我们认识到文学翻译不是一个封闭的过程,文学翻译行为并不局限在文学文本内部,而是超出了文学文本运作的范围,变成了在美感经验和艺术交流的事件中,通过他人(作者、主人公)的观察和体验向我们揭示生活意义和世界意义的视野。文学翻译是一种跨语境接受与对话交流的审美交际行为,通过作者、作品、译者和读者之间的交互作用,实现艺术的现时经验和过去经验,此地经验和彼地经验的不断交流沟通。

二、文学翻译行为中的主体问题

为了深入揭示意义是如何产生的问题,有必要探讨文学翻译行为中的主体及主体性问题,在沙夫看来,意义是互相交际的人们之间的一种关系,所以探明了文学翻译行为中的翻译主体及主体间性问题,就是对于意义问题的一种间接解释和说明。翻译主体研究近几年来成为国内翻译理论界的研究热点之一,但我们也不得不看到,诚如许多学者认为的,国内的翻译主体研究还处在起步阶段,许多方面,如翻译主体性、翻译主体间性等问题的研究还只是一个开端,还需要更深入、更全面的研究。

翻译主体和译者主体性问题是解决文学翻译行为中的意义问题的前提条件,意义与翻译行为中的主体(人)密切相关。只有弄清了翻译主体及其之间的关系,以及弄清翻译主体性,才能真正解决文学翻译中的意义生成问题。译者虽然不是原创作者,但是在文学翻译行为中起着关键的作用,文学翻译是从译者独特的位置进行跨语境的审美交际行为,译者是文学翻译行为中的主角,译者是翻译主体,这是毫无疑问的。但是还有哪些主体,这些主体之间的关系如何,他们在文学翻译行为中所起的作用如何,是需要探究的问题。

第三节 文学译本的意义重构

一、意义感悟空间的重塑

文学译者的根本任务，就是重建文学原作的语言艺术空间，重塑意义感悟的空间，使译文读者能够通过译文获得与原文读者相同或相近的意义感受和审美情趣。文学原作中的一字一句都不能忽略，译者须从字里行间去体会作品中的意义和情趣，融会于心之后完整地重塑文学文本的语言空间，将文学原作中的思想和情趣完整地传达出来。

作家运用了各种表意方法，如构造情节、细节，设置意象、意境，塑造典型（形象），而且作者将自己的声音渗透在作品中，将自己的思想渗透至作品中，诸如此类，将所要表达的思想、情感、趣味等艺术地表现在文学原作中，字里行间承载着奇思妙想和精神情趣，以供读者品味与思索。[①] 作家在文学原作中留下了意义的踪迹，译者沿着作者的笔迹，探索字里行间的意义，然后用相同或相近的语言将作品中的意义忠实地呈现出来，这就是译者重构意义的过程。

字面—语言意义是容易确定的，一般不会发生歧义，但随着时代的发展和空间的转移，文学文本中的语言意义可能会变得难以理解，难以确保不会发生理解歧义。字里行间的意义除了字面语言意义外，更多的是意蕴—人文意义（联想意义、社会意义、情感意义等），值得细致地去探索、欣赏、品味。译者为了获得对原作中的字面—语言意义和意蕴—人文意义的正确理解和忠实的传达，应当循着意义的踪迹，从作品的情节、细节、意象、意境中，从作者声音中深有体会，然后振笔而书，就完成了优秀的文学译作。译者在阅读文学原作时，应深刻领悟作者的用意，领会原作

---

① 赵小兵. 文学翻译中的意义重构[J]. 中国俄语教学，2012，(4)：66-70.

中的各种表意手法,否则难以创获意义,或轻易地就会丢失意义。

在实际翻译过程中,文学翻译的状况是怎样的呢?文学原作中的意义能否原封不变地再现于译本中,回答是否定的,译者翻译的过程不可能是对作者的创作过程的完全唤起和复现,作者已悄然隐去,译者只能追寻作者的足迹,亦步亦趋地、小心谨慎地摹仿作者的语言艺术而重塑文学译本,翻译变异、"失本"在所难免。

然而,译者应该忠实于原作,去追索作者的本意和作品的深意,并且努力再现原作的语言艺术,使译作无愧于原作的"化身"和"转生",亦成为一个艺术作品。

二、文学文本中意义的非终极性和衍生性

文学翻译是非常复杂的语言现象,一个语词或者概念在进行转换时,其中蕴涵的意义能否保持原初状态不变?作者设置在文学文本中的意义(或意图)是否固定不变?许钧教授在《翻译论》中将翻译定义为"以符号转换为手段,意义再生为任务的一项跨文化的交际活动。"他特别强调了翻译的"社会性""文化性""符号转换性""创造性"和"历史性",对于何为翻译进行了历史的分析和理性的思考,深刻地揭示了翻译的本质。意义是如何再生的,前面已经有所论述,而意义再生的过程中会发生怎样的变化,需要我们进行深入的探讨。

学者雅各布逊(Jakobson)从符号学的立场提出语内翻译、语际翻译和符际翻译三大范畴,大大地拓展了翻译研究的视野。杨武能先生曾撰文论述过"翻译即解释(阐释)"。广义地讲,说话即对大脑思维的再现,是对人的内部语言的翻译。作家写作是对大自然和现实生活的反映,也可以说是在进行一种特殊的翻译。

翻译是与我们的生存密切相关的,文学翻译行为中的意义问题是与人的存在和美感体验密切相关的,译者作为一个生存者,一个生命体验者在筹划意义,并重写译本。一个文学文本在不同译者的感知、理解下所呈现出来的意义会有所不同。文学作品经过跨语境翻译后,可能发生意义变异和意义增生,在译者解读文

学文本的过程中,可能带有特殊的目的和意图,选取的视角不同,运用新的语言表达的意义就会出现差别。

文学翻译可以看成是跨文化交际的一种特殊类型,而译者的翻译行为是促使意义再生和跨文化交流的关键因素,不过文学翻译行为中的意义问题并不完全取决于译者,翻译的主要目的是将读者导向文学原作,让读者从文学译作中去领会原作中所表达的思想、情趣、意趣。意义产生于文学作者、译者和读者等多个主体之间的互动关系,正是这种互动关系造成了翻译中意义的变化。沙夫说,意义是互相交际的人们之间的一种关系。在翻译行为中,译者在想象中实现与作者、读者相互之间的交际,促使意义生成。

文学文本是由作家创作出来的,各种意义蕴涵在文本中,但意义并非像石块、砖头一样地确定,意义不是实体,它是借由意象、意境、典型以及各种表意策略等表达出来的,所以意义本身通常是耐人寻味的,多维意蕴,意义的呈现与人的审美感知和理解相关联。从这个意义上说,文学文本中的意义具有不确定性,不存在终极意义。正因为文学作品中的意义具有丰富的蕴涵性和多义性,一部经典作品总是会随着时代的进步,不断地衍生出新意来。

历史理解与美学理解相互接近,对文本意义的解读与自我理解,几乎是同时进行的。文学翻译不是简单的复制行为,翻译是一种使原作之“意”显现出来的过程,是一种创生意义的文化行为。

文学译者在诠释作者和作品时,会有意或无意地掺进自己的意思。经典作品经过不同时代的翻译,会注入新的内容,融入不同时代的精神,因而是不断衍生新意的过程,同时也说明并不是所有的意义都归于作者。文学文本中的意义是开放的、衍生的,而不是终极的。作家的翻译也是有局限性的,不尽然把道理都讲得很透彻,各种隐含的表达方式也会造成多种理解的可能性甚至歧义性。

意义、理解和解释不仅是一种精神主体的活动,而且是人自身的生活形式。文学文本具有开放性,文学作品虽然是以完成形态被给出的自为存在,但其中有作者设置的各种意象、意境、形象等,各种意蕴丰富的概念和隐喻、转义等,是具有趣味的意义踪迹,是耐人寻味的,读者各以其情而自得,各以其智而有所悟,皆在于文学文本中有可供读者思索玩味的艺术空间,人们对经典作品的阅读是常读常新的,而不是一成不变的。文本意义的统一性和意义解答的多样性是并存的。

经典作品之所以总在召唤着人们去阅读,去重译,除了能够满足人们的精神需要外,还有一个重要的原因就是它的抗译性,抗译性表明了其复杂性和丰富性。"抗译性"就是可翻译性,正是那种"抗拒"翻译的东西在召唤翻译。一本令人感兴趣的书,看不懂不能透彻理解,总会激发再次阅读思考。难懂之书犹如危险的斯芬克斯一般,考验着每一个具有探索精神的人不惜时间和精力去解读破译之。

人们借助交谈和讨论而互相理解,通过翻译而使作品传播于异域他乡,通过反复的诠释而破解一个个谜底,与此同时又留下了新的意义踪迹,这是探索者留下的足迹,后人沿着这些足迹重构意义,也会有新的发现。所以,不存在终极意义,也很难说文学作品的意义何时被穷尽,真正有生命力的作品总是会被人反复阅读,不断地会有新意产生,阅读者也的确能有所发现,有所创获。由于人认知的有限性,我们的确难以穷尽意义。语言随时代的变化,也会使人们对一部作品产生新的理解。

意义并不是一个独立的、固定不变的"实体"。严格地说,人们读到的译文不全是原作者的意思,作家对意义的表达是讲究艺术构思的,讲究艺术意境和采用各种表意方式,因此意义的产生与人的感知和理解等有关,因人而异。在翻译过程中,文学文本的意义有增有减,有得有失。原作者有时本来就留有让人想象、揣测的余地,这就必然会产生理解的差异。文本意义将随着时间不断地延续和演变,因此同一个作品有多个译本是正常现象。

　　翻译不仅是继承传统的问题,而且是一种开拓创新的事业,是传承和发展文化的重要途径。以德里达(Derrida)为代表的解构主义否定以本源与中心为框架的绝对真理,从而颠覆了原文和原作者的权威地位,解放了译者,为译者的创新正了名。但德里达创造的"踪迹"概念,在说明意义的不确定性的同时恰恰又证明了作品的意义有迹可循,并非根本不可确定。所以,意义并不是完全不确定的,作家的功劳是不可否认的,任何一次翻译都是对作家创造性劳动的承认和对作家的原创性的尊重。我们提倡对文本进行开放式的阅读,认为文本是面向读者和其他文本无限开放的源泉。文本的内容经过不同时代,不同译者的翻译而融入新意。这又是对译者创造性的一种肯定,对译者的主观能动性的一种肯定。文本是开放的,意义是开放的,原文本没有所谓的"终极"意义。

　　文学文本的解读具有互文性,互文性又称"文本间性",它与主体性、主体间性是密切关联的。意义游离、播撒于文本之间,这个创生意义的过程像一条河流一样翻滚向前,相互承接、相互映衬、相互补充,从而构成一种不断向前的意义运动。

　　意义终极观念既不利于译者的翻译阐释,也不利于揭示翻译的本质和活动规律,更不利于译者发挥主体性。其实,将意义看成是一个固定不变的恒量,这是一种错觉。因此,在文学翻译中将原文和原作者视为文学翻译中的唯一意义来源,不考虑意义在交流中的衍生性,是不对的。

　　在文学翻译中,意义迁移究竟是一种什么样的状态? 意义能否保持其本真状态不发生变化? 简单地说,翻译是一种语言转换,其任务是帮助人们了解另一种语言设置的意义域。有人说文学翻译是创造性的"叛逆",并非完全没有道理。因为文学翻译跨越两种语言和文化的阻碍,将文学文本中的意义传递给读者,至少经历两次意义的转变。第一次从源语中发掘意义,这并不等同于源语的蕴意,而是发生了意义变异和意义衍生。

第四节　意义的筹划与突显

一、文学翻译过程中意义的合理筹划

文学翻译可以说是在艺术领域里的一种再创造,是跨语境的语言审美活动和意义重构活动,译者需要发挥创造性从文学文本中发掘意义,译者总是从一定的文化语境出发,从文学原作中筹划意义。意义不会从文本中自动"走"出来,它是在译者主体的意向性中逐渐呈现出来的。这里使用"筹划"这个概念,来表示文学翻译行为的理解过程。"筹划"一词,在很大程度上强调了译者的意义—意向性,即译者的意向性对文学翻译中意义生成的贡献。意义的生成与译者对意义的期待有直接联系,译者的期待意义与文学原作中的蕴意达到契合,就是译者对意义的合理筹划。①

译者从文学文本中筹划意义,这是对作者的语言艺术活动的继续和延伸,译者从原文的字里行间探寻意义,在筹划到一定的意义后,用另一种语言切近地表达出来,这个过程延续了原作的生命,原作的语言艺术亦随着传达到新的语言和文本中。译者作为读者从文学文本中筹划意义,但不是普通的读者。普通读者是自由的,其理解具有任意性,译者却肩负着任务,为了使译语读者领会作者的意图、作品的蕴意和审美情趣。

源语文本和译语文本不可能有严格意义上的对等。译者首要的任务是达到翻译的效度,使原文作者的意图与译文接受者的期待相吻合;其次有责任提高译文的信度,使译语文本最大限度地向源语文本趋同。因此,译者的任务首先在于达到对原作有效的理解,紧贴文学作品的原意来筹划意义。

译者是在自己的意向性背景下(即作为翻译主体所具备的能

---

① 赵小兵.文学翻译:意义筹划与突显论　以《静静的顿河》中译为例[J].俄罗斯文艺,2016,(2):46-54.

力、才能、倾向、习惯、性情、不言而喻的预设前提以及方法)探寻原作的意义踪迹,从审美感受和自我理解中获得意义的启发,这个过程就是筹划意义的过程。译者发挥主观性和创造性,从文学作品中有所发现地筹划意义。高明的译者因其独特的眼光和视角,能在别人忽略之处发现新意。

除了字面的语言意义外,还有耐人寻味的意蕴——人文意义。人文意义通常处于被遮蔽的状态,需要译者在积极的思维活动中,在遍查资料的研究过程中,使意义的本来面目显露出来,这是译者筹划意义的过程。需要打破习惯的思维,突破条条框框,才能有新的发现。意义并不是静止不变的东西,它跟"美"一样,缺少发现美的心灵和眼力,也就看不出美。意义亦是如此,它等待着能识者把它筹划出来。

译者独特的理解有时可能导致误读,但如果因此而为文学译本筹划到了新意,开拓了眼界和视同,也能在一定程度上弥补译者的"偏见"。意义(含意)存在于字句声色和语言空白之中,译者循着意义踪迹去发现意义,去探寻文学文本的意蕴。文学语言是诗化的语言,作品中的人文意义并不直露、不外显,需要呵护,它等待着被筹划,等待着被揭开神秘的"面纱"。

文学翻译不是表达"实体"般的意义,而是创生意义。译者的感知、想象、情感和理解在筹划意义中起着重要的作用。要敏感敏锐,研究考查亦必不可少,在做了大量的主观努力后,在文学文本最细微之处的意义也会显露起来,作品中的精神情趣于是在译者心灵的"蜡块"上印现出来,从而被译者真切地捕捉到。

一个富有深意的作品经过翻译后,如不能在译语读者中达到预期的审美效果,则"译犹不译"也。德里达说:"要想最逼近地抓住创造性想象的运作活动,就得让自己转向诗之自由那意而不显的内部。"一位优秀的译者在捕捉意义时,往往能特别关注那些细微之处,从细节微末处见出精神来。意义筹划就是设法使隐含的人文意义和精神意义显现出来。作家缘情、言志、抒怀,表达受惠于天地的感慨,或抒发其压抑的情感,或高扬人生的理想和畅想,让思想情趣流溢于笔端,译者同样要随着作者的笔触心迹,去领悟意义。

谈文学翻译,关乎人生,译者的思想意识和艺术境界,决定了他/她在文学翻译中的作为。语言空白,"语词缺失处"并非毫无意义,有时富含深意,意在言外。在作者构建的文学文本中,有简洁之言,有未尽之言,未言明处却有真意。

从事翻译,一方面是为他人,帮助他人彼此沟通交流,同时也是在交流中展示自己,实现自我理解的一种存在方式。翻译一个作品,则是在新的视角和领域里对自我理解的开掘和新的发现,读者在文学译本中感受到的,不仅有来自原作的思想和艺术之光,而且有译者的本真自我和再创造。文学翻译中的意义筹划,就是译者将自我理解融入文学作品的阅读之中,从而发现意义的过程。

二、文学翻译的特征之一:意义突显

学者卡特福德(Catford)说,意义是各种关系的网络总称。这个关系网络既包括语篇内的关系网络,又包括语篇外的关系网络。译者正是在原作的语篇内外的关系网络中解读意义和突显意义的。译者只有透彻地理解原文,才能准确地传情达意。

译者之所以要记熟情节、故事、分析各种关系,就是为了从中理解"微言大义"。译者是否理解了原文的深刻含义,从其译文的语气、整个行文的气氛就可以看出。为了达到对微言大义的透彻理解,为了在重构译文时能够传神达意,译者对原文的把握至关重要。有时,原文的含义异常丰富,或多义蕴涵,或意境深远。

翻译如同解码,只有将束缚在字里行间的密码(一般的字、词、句、段、篇)解读清楚了,才能够重新书写出与原文相当的译文。译者应从整个关系网络中来理解、把握原作品,而不是孤立地摄取词、句、段的意义。然而,译者最大限度地再现了原文中的多重关系网络,并不意味着真正把握了微言大义,如果没有准确地把握原文,那么即使复制了原文的各种关系,也将无济于事。

有时语句通顺,意义却不明白。意义是翻译中的关键词,各种关系是构成意义的元素,而非意义本身。一部作品经过翻译后,许多地方变得"易晓"明了。翻译无疑会促使意义显现出来,意义突显是文学翻译的特征之一。

什么是突显呢? 当今的认知语言学主要是由三种方法表征的:经验观、突显观和注意观。突显观认为,"语言结构中信息的选择与安排是由信息的突出程度决定的。"突显观可用图形/背景分离观点来表征。图形/背景分离(figure/ground segregation)的观点最初是由丹麦心理学家罗宾(Rubin)提出来的,后由完形心理学家或日格式塔心理学家用于研究知觉。他们认为,知觉场始终被分成图形与背景两部分。图形这部分知觉场,是看上去有高度结构的、被知觉者注意的那一部分;而背景则是与图形相列的、细节模糊的、未分化的部分。人们观看某一客体时,总是在未分化的背景中看到图形。①

突显原则的基础是我们有确定注意力方向和焦点的认知能力。在认知语言学中,句法结构在很大程度上被视为讲话者对周围环境进行概念化过程的反映,而这个概念化过程是受注意力原则制约的。学者兰盖克(Langacker)区分出两类不同的突显:基体与侧面、射体与界标。他认为,词语的意象或意义可由基体和侧面来描写。表达式的语义极被称为述义,也就相当于一个语义结构。

一个述义在相关认知域中所覆盖的范围称作"基体",一个词语的基体就是它能在相关的认知域中所包括的范围,这是意义的基础。与其相对的是侧面,是指基体内被最大突显的某一部分,成为基体内的焦点,也是词语所标示部分的语义结构,基体是侧面描写的出发点,侧面是对基体内容的聚焦,表明基体的确切指向,一个词语的意义既不完全取决于基体,也不完全依赖于侧面,而在于两者的结合。

---

① 容新霞,李新德. 文学翻译中的变异与顺应论[J]. 萍乡高等专科学校学报,2010,(4):61-63.

根据兰盖克的观点，每一种意象都将一个侧面加于一个基体上，这与认知主体的视角、主观因素相关。认知主体从不同的意象出发来观察同一情景或事件便可产生不同的语言表达，也就突显了同一情景的不同侧面。

王寅教授说，语义问题在很大程度上是一个"识解"的问题，这也是一个突显的问题，这对于语义学和语法学都是至关重要的，这一观点也同样适用于语篇分析。例如，"台上坐着主席团"与"主席团坐在台上"是不同的表达方式，它们所涉及的真值条件是相等的，但它们所反映出的相对突显度是有很大差异的，通过不同的解读，可呈现不同的情景，所突显的意义是不同的。又如：

He didn't marry her, because she's intelligent.

He didn't marry her because she's intelligent.

上面两个句子仅有中间一个逗号的区别，但是所表达的意义是不同的。前者否定的焦点在于前面的主要分句本身，其后单独陈述了"没有结婚"的理由，后句中的前半句尽管用了否定词，但最可能被接受的解释是他与她结婚了，整个句子被置于一个注意框架中，表达了一个单独的复杂的判断，否定含义被突显在后半句上。因此，译者突显意义的语言表达与其筹划意义的"解读"是要保持一致的，应该运用恰当的表达方式来准确表意。

借用"突显"一词来表示文学翻译的特征，也可以说是用突显来表征译者追寻意义和表现意义的翻译行为。将"突显"这一概念引入文学翻译学中，取其突出重点，准确表意等，以表征文学翻译的译意。同时考虑了译者识解意义的主观性和侧重点（注意力的焦点）。

其实，突显现象广泛存在于日常言语中，人们讲话有时根本不是语词的完整配列，甚至不合语法，仿佛是直接在突显意义。语词或语句不与事物相对应而出现，并不妨碍意义的表达，有时反而使意义更加明了，或者使意义更加丰富。

翻译在于为不懂原文的读者传达意义。语言重塑不同于绘画（其实绘画也需要虚实结合的突显技法），它必然是一个意义突显的过程,即运用语言艺术使意义表达形象生动,富有感染力,或语义明确,或意境深远,或含义丰富。再表达本身就是突显意义的过程(包括突出重点)。文学翻译总意味着保留什么,放弃什么,有时的确很难完全表达所有意义,需要有所取舍,只显现主要方面,突出重点。

模糊多义除非作为一种特殊的表意方式,通常译者要运用突显法明确表意。翻译不可能不损失意义,不可能不"失本",但运用语言艺术可以充分地把意义突显出来。文学翻译为译者突显意义提供了广阔的创造空间。在拉丁语中,翻译兼有时空变迁和负重搬运之意,经过一番痛苦和磨难而重建起晓畅明了的文学译本,从而给人以美感享受。除非译者徒有其劳而未识原文之妙,致使译文含混不清,甚至语句混乱。当然,原文中可能有表现人物意识混乱不清的,移植于译本中亦混乱不清,这本身也是一种意义突显。翻译中准确表意是非常重要的,突显意义不是深化。

第五节　文学翻译中的语境与意义问题

一、文学翻译行为中的语境分析

文学翻译中的语境问题尤其复杂,涉及的语境有许多类型。例如,上下文(包括互文语篇)、语用环境(包括文本内的情景语境和情绪语境,文本外的现实小语境)、个人语境、时代社会语境、虚构语境等。从译者的翻译行为出发,来分析一下文学翻译行为中的语境问题。[①]

首先,我们来看言辞语境和非言辞语境,如图 5-4 所示。

---

① 陈嘉铭. 语境文化对英美文学翻译的影响及其翻译策略[J]. 齐齐哈尔师范高等专科学校学报,2018,(5):131-133.

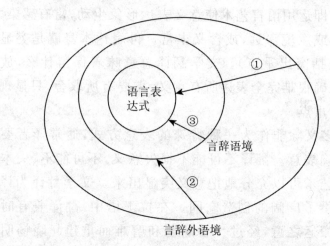

图 5-4　言辞语境和非言辞语境

（资料来源：赵小兵，2011）

　　言辞语境是言辞外语境的言辞表现，言辞语境和言辞外语境的区别在于是否以某种言辞方式来表现语境因素。言辞语境包括以下几个层面的内容。

　　(1)词组语境。

　　(2)句子语境(所在句语境、前后句语境)。

　　(3)段落语境(所在段落语境、前后段落语境)。

　　(4)篇章语境(所在篇章语境、前后篇章语境)、语篇语境、语体风格语境。

　　言辞语境将营造出情景语境和情绪语境，形成一种艺术氛围，构成文本内的语用环境。言辞外语境包括情景语境(现实小语境、言辞外的语用环境)、时代社会语境、个人语境等。

　　文学语篇的上下文形成言辞语境，语言表达式(以语词或句子为单位)以特有的衔接和连贯方式构成各种级别的言辞语境。言辞语境和言辞外语境对语言表达式均有影响。[①] 在图 5-4 中，箭头①表示：言辞外语境可以直接决定一个语言表达式表达某种特定的意义；箭头②表示：言辞语境是言辞外语境的言辞表现；箭

---

　　① 林梅.语境在英美文学翻译中的功能及运用研究[J].辽宁科技学院学报，2018,(4):80-81.

头③表示：以某种言辞方式表现出来的言辞语境，可以直接决定一个语言的表达式。

言辞语境营造出一种艺术氛围，让读者从中获得审美感受，受到感动，进而领悟其中的意蕴和言外之意。因此，译者翻译一部作品时，首先面对上下文（词组语境、句子语境、段落语境、篇章语境、语篇语境等），最直接的语境因素就是上下文。只有在语境中才能实现对词义的准确理解，语词是镶嵌在上下文中的，不能孤立地理解词义。

透过上下文中的字、词、句、段、篇表层语境，进入深层语境，则是所造就的情景语境和情绪语境。情景语境是作家构思的情节和事件等生活画面，它是作家虚构的语境，是现实生活的艺术反映。现实生活中的情景语境表现为非言辞的，而作品中的则是作家营造的情景、事件等艺术画面。

文学作品的语言是文学语言，即使是普通的言语进入文学语境，也会被同化为文学语言，它营造出一种艺术氛围，构成上下文中的情绪语境。文学中的语境是抒情的，带感情的，是"情绪化和艺术化的生活图景"。作家运用各种艺术表现手法，如比喻、隐喻和象征等，用富有情感和表现力的语言塑造生动的艺术形象，其中有形象、意境，文学作品通过形象描写表现出来的境界和情调就是意境。

情绪语境构成作品的基调，具有强烈的感情色彩，或悲或喜，或庄或谐，或幽默，或典雅。文学作品是作家的艺术构思和创造，将给读者带来审美愉悦。译者对于作品基调或者情绪语境的把握是非常重要的。情绪语境是作品中的整体气氛和基调，对于确认语词语句的含义是非常重要的。① 情景语境和情绪语境构成语篇上下文中的语用环境，这是虚构的语用环境，深入理解作品的情景语境和情绪语境，才能实现对语义的准确理解，译者正是通过语用环境填充原作中的语言"空白"和"缺环"。

---

① 朱华. 关联理论视角下文学翻译中隐含意义处理[J]. 中国电力教育，2008，(24)：177-178.

译者在看似毫无联系或缺乏连贯的语篇因素间,进行合理的语义链接,重构与原文语篇极其近似的新的语篇。这里涉及文学作品上下文中的各种衔接、连贯关系,任何一个语言项目与语篇内其他相关特征之间都存在紧密的关系,须根据各相关元素之间的相互关系去理解语篇。译者正是寻着这些意义连接的线索,去感受作者虚构的情景语境和情绪语境,从而理解字里行间的深意。译者的外语能力、语感和语篇知识,以及文学功底和艺术感悟能力,对于准确把握原作的上下文至关重要。

作家完成一部文学作品,有一定的时代社会背景。同时,作家有自己的语言特点和艺术风格,有一定的倾向和立场,通常还有自己的艺术或诗学主张。这些因素构成与作品本身有关的作家的个人语境和时代社会语境知识。这些语境知识是准确理解作品所必需的,但又不能直接从被译作品中获得,译者需要具备或者想办法具备这些语境知识。

这些因素是译者翻译行为中面临的重大阻碍,译者对作家及其艺术特点的了解程度,以及对作品由以产生的时代背景、社会风尚、民族习俗、异国风情的了解均有助于理解作品。因为文学作品虽然是作家的艺术创作,可能是作家虚构的,但具有现实内容。所以不了解作品的时代社会语境和作家的个人语境,是不可能达到对文学作品的准确理解的。

作家的个人语境投射在作品中会形成独特的语言特点和风格,从文学语篇的独特建构策略中,可以窥视作家的审美情趣和诗学主张。译者对于作家运用语言的独特创新之处,要给予特别的注意,融会于心,从文学语篇的独特艺术特点中去深入体会文学作品的审美效果和诗学价值,真正关注文学作品的语词的运用特点和语句连缀成篇的艺术特点,这是作品文学性的重要体现。

文学作品中反映时代社会语境的许多语言单位,具有时代气息和民族文化色彩,含有民族文化信息。译者为了准确理解那些具有民族特色的词汇和表达式,需要深入了解作品诞生时代的社会文化语境,离开了时代社会语境的支持,作品是不能被真正理解的。因此,文学作品不只是表现为文学语篇的上下文,它还与产生这一作品的时代社会语境等密切相关。

一切的依据都在于上下文,意义蕴藏在文学语篇中,但要实现对文学语篇的跨语言传播,译者必须正确理解文学语篇的特点及其内涵,这就需要语篇外的语境知识的支持。译者对于作家的个人语境和作家所处的时代社会语境的了解,对于正确理解文学语篇是非常重要的。文学作品中的文化特质是不容忽略的,译者须悉心传达,这是文学作品的重要内容之一,也是作品所反映的民族文化特色和异国风土人情的重要内容。

译者在翻译理解阶段遇到的语境问题,与普通读者差不多。普通读者要真正阅读文学原作,需要了解文学语篇内外的各种关系,对作家的个人语境和原作由以产生的时代社会语境有深入了解。任何一个译者都不可避免地带有自己的主观性和选择性,都是在译者的个人语境下实现文学语篇的理解的,所以同一语篇在不同的译者的笔下会呈现出不同的色彩,会有细微的差别。但无论如何,译者翻译的依据仍然在原作,只有对文学语篇的上下文语境有透彻理解,才称得上是成功的翻译。

与此同时,译者完成翻译任务,使文学作品在新的语言环境(译语)中继续“存活”,真正起到替代原作的作用,又涉及译者的个人语境和译语环境的时代社会语境。译者需要从原作品中走出来,考虑接受语境而重塑文学译本。文学译本与文学原作在语篇(上下文)建构上应该是一致的,文学语篇中的各种关系和总的语篇建构特点,要尽可能地在译作中反映出来。但由于语言文化的差异,文学译作中的语篇建构特点必然会发生语言变异,会出现偏差或出现一些新的语言特点。

译作的上下文和情景语境、情绪语境也会受到译者的个人语境和时代社会语境的影响,不可能与文学原作中的一模一样。中外学者在研究语境时都很重视交际者,将交际者的个人背景纳入语境的范畴,重视个人使用语言的情况,如交际者的地位、身份、思想、性格、职业、修养、处境和心情等,这些因素都是个人语境不可或缺的因素。人是社会的成员,不可能脱离时代社会语境,所以对作家个人语境和译者个人语境的考虑,离不开他们所处的时代。时代社会语境可能会体现在语言表达式中,而语言表达式又是通过交际者的个人语境反映出来的。时代社会语境包括社会文化、风俗习惯、特定民族的心理定式、人们的审美倾向以及社会政治、经济状况等,这些因素或多或少都会影响文学作品的生成并在作品中得到反映。

时代社会语境构成一个社会特定的"文化语境",形成"文化场",这一范畴具有以下两个层面的内容。

第一,指与文学文本相关联的特定的文化形态,包括生存状态、生活习俗、心理形态、伦理价值等组合成的特定的"文化氛围"。

第二,指文学文本的创作者在这一特定的"文化场"中的生存方式、生存取向、认知能力、认识途径与认识心理,以及因此而达到的认知程度。

作家和译者的个人语境是以社会文化语境为基础的,在此基础上又具有强烈的个性色彩,表现为个人的审美心理倾向、道德价值评判标准等。作家的个人语境的状况形成自己独特的语言风格,而译者则在对文学语篇的理解与传达中表现出主观性和选择性。译者自我包括了作家和读者的自我,译者的个人语境直接影响到文学译本的艺术生成。译者个人语境的差异是导致不同译本的直接原因,同一原作在不同译者笔下表现出不同面貌,异彩纷呈,相映成趣。

值得注意的是,文学译作和文学原作一样,都是各自和谐地存在于自己的时代社会语境中,具有独特的时空语境。一个时代,一个社会,一个民族,会形成独特的语言风尚,短时期内看不出来,但从一个变化的历史发展中,就能看出一个民族的心理、审美标准和意识形态是随着时代的发展而不断更新的,语言也是如此。时代社会语境对文风具有一定的影响,不同时代的文学作品可以反映出不同时代的语言特点。例如,我国先秦古文,唐宋诗词,现代散文,都具有鲜明的时代特色和艺术特点。译本的不断更新(复译),是基于新时代读者的审美趣味的变化和时代需要。

译语的时代社会语境与文学原作所产生的时代社会语境具有很大的差别,这也是导致译作在语言特点上与原作发生细微偏差的原因。但是译者对原作的语言艺术特点的理解,对原作的语用环境即情景语境和情绪语境的再现,对于文学译作的意义重构至关重要。因为意义与原作语境是密切关联的,失去了特定的语境就可能失去特殊的意义蕴涵,所以重构文学原作中的语用环境(情景语境和情绪语境),成为文学译者的一大任务。译者应对原作中的各种意义关系网络进行详细体察,并尽可能再现于译作中。

虽说时代社会语境可能有变化,语言文化上相去甚远,但译者平衡不同语言读者的趣味,通过重构的完整语篇使译语读者获得与原作读者相当的感受,仍然是严格意义上的翻译要求。严格的译者应意识到,个人语境和时代社会语境会促使文学译作在重构原作的语用环境时发生偏差,因此译者需要随时克制自己的主观臆断,尽可能让读者看到文学作品的本来面目,从营造的语言艺术氛围中感受作品的美和意境,从而获得感动和审美愉悦。

二、文学翻译中的意义生成问题

学者维特根斯坦的语言的"意义即用法",将意义与语境和人们对语言符号的使用联系起来。尤其是"意义意向性内容"这一原理,揭示了日常语言在人的意向性作用下生成意义的秘密。这为我们解释文学翻译行为中的意义问题,解释意义在文学翻译中的变异和异化现象,提供了一种强有力的理论依据。文学译者在重塑语言文本的过程中不可避免地带有译者的意向性,或者说"情感意志语调"。文学翻译渗透了译者的意向性,从而会改变意义的方向和维度,译者的意向性成为意义重构和创新的一个因素。

文学翻译涉及复杂的对话语境,是一种跨语境接受与对话的审美交际行为。意义的生成,除了与语境有关外,还与翻译主体问题有关。对文学翻译行为的主体和译者主体性问题进行阐述,这是对翻译行为中的意义问题的一种间接阐明。译者是文学翻译中当之无愧的翻译主体,意义生成的关键在于译者,译者主体性的种种表现,如主观性、创造性、选择性等,均会对文学翻译行为中的意义生成产生决定性的作用。但是,在文学翻译行为的意义生成中,译者并不是唯一的主体。作者是文学原作的创作主体,而译者则是翻译中的审美主体和再创作主体,他是一个必不可少的媒介,透过译者主体的意识"屏幕",促成读者与作者的交流与沟通,缔结文学姻缘。①

作者和读者的主体性只是一种潜在的主体性,必须通过译者的主体性才能表现出来。通常文学翻译行为中只存在译者的主体性,而不存在作者和读者的主体性,后者的主体性只能经由前者间接地表现出来。可以说,译者集作者、读者、译者多种身份于一身,在自身的意识活动中实现多个主体之间的对话,将文学译本呈现于读者面前。不同的译者,会有不同的意义呈现,同时也反映出不同的主体之间的对话关系。这种对话关系的微妙变化,影响着意义的最终生成。

---

① 朱华.关联理论视角下文学翻译中隐含意义处理[J].中国电力教育,2008,(24):177-178.

第六章　文艺视阈下翻译的意象向度研究

意象是文学作品的审美构成要素中的关键要素,是体现文学作品艺术价值的重要成分,因此意象研究是文学翻译研究中的重要组成元素。译者对原作意象的把握是一种情感再体验。文化意象是一种文化符号,文化意象翻译是源语文化与译语文化之间的互动。

第一节　译者对原作意境美的阐释

一、原作语言的意境

文学作品中的意象通过相互连接、呼应和映衬形成一个有机系统,它所能表现的最高艺术境界就是意境。意境的两个基本要素是意象和情感,但意境不是意象与意象、意象与情感的简单相加,而是意象与意象、意象与情感相融合所产生的一种艺术境界和氛围。近代学者王国维在"情景交融说"的基础上提出了"隔"与"不隔"的理论,"隔"是指意象与情趣的分离,即有象无境;"不隔"是指意象与情趣融为一体才能产生意境。情景交融有两种情况:一是意象胜于情趣,即"无我之境";二是情趣胜于意象,即"有我之境"。"无我之境",以物观物,故不知何者为我,何者为物。"有我之境",以我观物,故物皆着我之色彩。"无我之境"包括"采菊东篱下,悠然见南山""寒波澹澹起,白鸟悠悠下","有我之境"包括"泪眼问花花不语,乱红飞过秋千去""可堪孤馆闭春寒,杜鹃声里斜阳暮"。有我之境与无我之境只是相对而言的,一切景语皆情语,作家有真情才能描绘出真景,才能使作品富于诗情画意,带给读者强烈的艺术感染力。

（一）文学作品中意境产生的条件

文学作品要产生意境，需要满足以下三个条件。

（1）作家把深刻的思想和真挚的情感融入作品中。

（2）作家通过语言描绘生动优美、意味深长的艺术画面，传达情感体验，既感于心，又达于言。

（3）读者阐释作品时投入全部身心，与作者（作品人物）进行思想情感交流，同时发挥想象和联想，在头脑中把作品文字符号转换成生动、逼真的艺术画面，因此意境是作家艺术创造与读者再造性阐释共同作用的产物。西方接受美学认为，文学作品的艺术价值只有通过读者阐释才能得以实现。作家在作品中通过塑造意象来描绘艺术画面，渲染艺术氛围，读者阐释作品的意象和画面，感受和体会其所蕴含的审美情趣，在这一审美过程中作品的艺术画面、审美情趣和情感氛围会在读者头脑中触发无尽的想象和联想，作品的意境在读者头脑中被激活而流动起来。

（二）意境的类型和特征

按照意象与情感的组合关系，意境主要包含以下三种。

（1）白描式，即情感隐含在意象里。

（2）直抒胸臆式，即作品不描写或描写很少的意象，而直接抒情表意。

（3）情景交融式，即借景抒情，意象与情感浑然一体。

龚光明认为，意境的特征包括情景交融（意境创造的表现特征）、虚实相生（意境创造的结构特征）、韵味无穷（意境创造的审美特征）。其中情景交融分为三类：一是景中藏情式，作家"藏情于景，一切都通过逼真的画面来表达，虽不言情，但情藏景中，往往更显得情深意浓"；二是情中见景式，作者"直抒胸臆，有时不用写景，但景却历历如绘"；三是情景并茂式，它是前两种意境模式的融合。

胡经之在《文艺美学》中认为意境审美特征包含以下三种。

（1）虚实相生的取境美，如柳宗元的《江雪》虚境与实境相结合，收到"以少见多、以小见大、化虚为实、化实为虚的意境美的效果"。

（2）意与境浑的情性美，是指意与境的结合达到"完整统一，和谐融洽，自成一个独立自在的意象境界"，它"蕴含着无穷之味，不尽之意，可以使人思而得之，玩味无穷"，如王勃的《送杜少府之任蜀州》、徐志摩的《再别康桥》。作品情景交融，重在抒情，"只要写出了真感情，就可以称之为有境界"，真感情是"真挚的或真诚的感情，是诗人真实具有的，而非矫饰的、虚伪的"。

（3）深邃悠远的韵味美，它是"意与境的和谐统一中"所产生的"一种新的'东西'"。"诗要有韵味，而韵味产生于意境。'韵'本来说的是声有余音，运用于艺术，说的是有余意。诗味就蕴含在这'余于象'的'意'中，而不在直接意象中。所以，韵味存在于直接意象和间接意象的和谐统一中。诗要有韵味，必须'言有尽而意无穷'。"

译者要深刻领会原作意境，需要把握有形与无形、有限与无限、实境与虚境之间的关系。张少康在《古典文艺美学论稿》里认为意境是"以有形表现无形，以有限表现无限，以实境表现虚境，使有形描写和无形描写相结合，使有限的具体形象和想象中的无限丰富形象相统一，使再现真实实景与它所暗示、象征的虚境融为一体。从而造成强烈的空间美、动态美、传神美，给人以最大的真实感和自然感"。

译者阐释意境要正确认识生活真实与艺术真实之间的关系。文学作品来源于生活又高于生活，作家体验生活，积累表象，然后对其进行提炼加工，构思审美意象，描绘艺术画面，它已经不同于实际生活中的场景。

文学作品的意境通过意象结构表现出来。严云受在《诗词意象的魅力》中认为意象结构是"显意象与隐意象共存的复合体，即层深结构"。显意象是"用语言文字物化的意象"，隐意象是"欣赏者想象、补充的意象",它"隐含在显意象构造之中",是显意象的"合理的补充、延伸、拓宽",读者"依靠显意象的激活、引发,才能获得隐意象"。

二、原作意境美的具体表现

(一)神韵

中国美学强调"无、虚、隐、藏、意、暗、静、宾、疏、曲、抑",提出了有形与无形、有限与无限、实与虚、形与神、言与象、象与意、言与意等一系列辩证对立的审美范畴,主张通过"实境、形貌、言语"去表现"虚境、神韵、象外之象、味外之意"。

意境美是一种神韵美,神韵是中国美学的一个重要审美范畴。"神"最早来自于人物描写,庄子《逍遥游》篇把"神人"描绘为"肌肤若冰雪,绰约若处子"。《齐物论》说:"至人神矣!大泽焚而不能热,河汉冱而不能寒,疾雷破山,飘风振海而不能惊……极物之真,能守其本,故外天地,遗万物,而神未尝有所困也。"司马谈在《论六家要旨》里则认为精神依附物质而存在,物质灭则精神灭:"凡人所生者神也;所托者形也。神大则用竭,形大则劳敝,形神离则死。死者不可复生,离者不可复返。故圣人重之。由是观之,神者生之本也,形者生之具也。"两汉魏晋也是绘画书法艺术的繁荣时期,绘画美学以人物品鉴为基础,强调画人物要以神为主、以形为辅。《世说新语》描绘王戎是"神姿高彻,如瑶林琼树",王右军(羲之)"飘若游云,矫若惊龙"。审美主体要表现人物客体之神,首先自己必须养神。主体只有摆脱世俗杂念的困扰,澄怀静心,才能凭借敏锐的洞察力和直觉感悟力去把握客体之神。嵇康《养生论》主张养生、养性,"君子知形恃神以立,神须形以存","故养性以保神,安心以全身","清虚静泰,少私寡欲","外物以累心不存,神气以醇白独著。旷然无忧患,寂然无思虑,又守之以一,和理日济,同乎大顺。"主体之神源于主体之气,主体养神首先要养气。中国绘画美学的形神观对传统文学理论和创作产生了深远的影响。

中国美学重神，但同时认为神依附于形。比较而言，神是指主体用认知感官不能直接把握到的客体的内在本质，形是指主体用认知感官可以直接观察到的客体的外在形式特征。潘知常在《中西比较美学论稿》中认为形是"经过一系列置换、变形、移位、偏移等洗尽尘渣、独存孤迥的艺术处理后的一种完形结构，一种与对象本身内在生命韵律相对应的'异质同构'"，而神是"这一完形结构的完形压强所产生的不同寻常的审美体验"。审美主体既要重视客体之形，又不能拘泥于客体之形，否则就难以把握客体之神，老子《道德经》说："五色令人目盲，五音令人耳聋，五味令人口爽。"主体阐释客体应以神驭形，得神忘形。

（二）画境

意境是意象与情感、画境和情境的有机融合。朱光潜在《诗论》中指出："凝神观照之际，心中只有一个完整的孤立的意象，无比较，无分析，无旁涉，结果常致物我由两忘而同一，我的情趣与物的意态遂往复交流，不知不觉之中人情与物理互相渗透……从移情作用我们可以看出内在的情趣和外来的意象相融合而互相影响。比如，欣赏自然风景，就一方面说，心情随风景千变万化……就另一方面说，风景也随心情而变化生长，心情千变万化，风景也随之千变万化，惜别时蜡烛似乎垂泪，兴到时青山亦觉点头……情景相生而且相契合无间，情恰能称景，景也恰能传情，这便是诗的境界。"

中国诗歌在表现画境上深受传统画论的影响，中国画论强调画面的纵深感，中国诗歌在表现意境上也追求画面的纵深感和层次感。译者应全身心地沉入原作的画境，不仅从中获得审美视觉的享受，而且通过移情体验对原作的情境产生强烈的共鸣。唐朝诗人孟浩然在《宿建德江》中生动地描写了旅人的思乡之情：

移舟泊烟渚，日暮客愁新。

野旷天低树，江清月近人。

该诗是孟浩然在参加进士考试落榜后,在吴、越等地游历时写下的作品。诗人描绘了一幅韵味深长的画境,通过时间的变化和泊舟人视线的移动细腻地刻画了泊舟人心理情感的变化。译者欣赏原诗时既要把握作品所暗示的从日暮到深夜的时间变化和泊舟人的视线从高到低、从远到近的移动变化过程,更要细心体会泊舟人从愁绪满怀到轻松释然的情感心理变化过程。对原诗中"旷""低""清""近"等关键词,译者要细心体会其所包含的情感意味,尤其"近"是原作的诗眼,它包括了两层含义:从浅层上说,泊舟人凝视倒映在水中的明月,感觉它就在自己身边,伸手可及,这是幻觉中的空间位置上的近;从深层次上讲,对孤独寂寞的泊舟人来说,明月是带给他心灵安慰的伴侣,这是情感上的近。

（三）含蓄

意境的神韵美是一种含蓄朦胧的美学品质,中国美学强调有无相生,虚实相合。刘勰在《文心雕龙》里说:"言不尽意,圣人所难;识在瓶管,何能炬镬?""至于思表纤旨,文外曲致,言所不追,笔固知止。至精而后阐其妙,知变而后通其数。伊挚不能言鼎,轮扁不能语斤,其微矣乎!"他提出文学作品应有"隐秀"之美,"隐也者,文外之重旨也;秀也者,篇中之独拔者也。隐以复意为工,秀以卓绝为巧,斯乃旧章之懿绩,才情之嘉会也。夫隐之为体,义生文外,秘响旁通,伏采潜发,譬爻象之为互体,川渎之韫珠玉也。"

意境的含蓄美是由作家创作的性质决定的。作家创作时不可能把生活的方方面面都写进作品中,只能选取有艺术表现价值的片断,加以艺术概括和提炼,来表现生活的本质。作家头脑中的生活表象是比较明晰和确定的,但经过艺术变形所产生的审美意象和意境则变得较为模糊和不确定,艺术内涵更加丰富,与现实生活的物象之间"貌离"而"神合"。王明居在《模糊美学》中谈道:"艺术家在塑造形象时,并不是照抄具体的现实生活,而是把现实生活的源泉之水净化、浓缩为典型的人生图画,是把许许多多的个别形象组织成为一个有机的完整的形象体系。艺术家要在尊重现实的基础上,对生活进行典型化,把丰富复杂的情思和意蕴,深深地隐藏在富于概括性的具体性之中。这种具体性背后的概括性,就潜藏着特有的模糊性。正是由于具有这种模糊性,其中的美才能令人挖掘不尽、玩味不尽,而不是一览无余、浅尝即止……在艺术美的创造中,艺术家对纷繁复杂的生活现象进行加工、筛选、提炼,使之升华为美的结晶,因此这是蓄十于一、寓无限于有限的模糊化过程。换言之,艺术家在形象思维的过程中,对丰富多彩的现实生活进行压缩、简化、集中、概括,其结果必然显示出整一性、包孕性等模糊的特征。"

唐朝诗人邱为在《寻西山隐者不遇》中写道:

绝顶一茅茨,直上三十里。

叩关无僮仆,窥室惟案几。

若非巾柴车,应是钓秋水?

差池不相见,黾勉空仰止。

草色新雨中,松声晚窗里。

及兹契幽绝,自足荡心耳。

虽无宾主意,颇得清静理。

兴尽方下山,何必待之子。

本诗描写了诗人怀着敬仰之情前往山中探访一位隐士的情景。诗人叩门却不见应答,于是悄悄地朝屋里探视,只见满案书籍,不见隐士,略感遗憾和失望。这时他开始细心观察周围的景致:小雨初停,空气清新,遍地芳草萋萋,夜晚窗外的松林在微风中沙沙作响。身处这幽静安宁、世外桃源般的环境中,诗人未见到隐士的失落感顿时消失,只感到心旷神怡。隐士始终没有露面,但隐士屋内简朴的陈设含蓄地表现了隐士朴素的生活,满屋的书籍在留给读者丰富的想象空间的同时,含蓄地表现了隐士勤奋好学的精神和高雅的生活情趣,山中仙境般的景色含蓄地表现了隐士崇高的人格境界。

翻译中捕捉意象和意境这种高度模糊的审美信息显然是一种高层次的审美活动。下面是著名的意象派诗人艾里托(T. S. Eliot,1888—1965)的代表作之一《序曲》前一、二段：

Preludes

1

The winter evening settles down

With smell of steaks in passageways.

Six o'clock.

The burnt-out ends of smoky days.

And now a gusty shower wraps

The grimy scraps

Of withered leaves about your feet

And newspapers from vacant lots;

The showers beat

On broken blinds and chimney-pots,

And at the comer of the street

A lonely cab-horse steams and stamps.

And then the lighting of the lamps.

2

The morning comes to consciousness

Of faint stale smells of beer

From the sawdust-trampled street

With all its muddy feet that press

To early coffee-stands.

With the other masquerades

That time resumes,

One thinks of all the hands

That are raising dingy shades

In a thousand furnished rooms.

查良铮的翻译如下：

序曲

1

冬天的黄昏沉落下来，

带着甬道中煎牛排的气味。

六点钟。

呵，冒烟的日子剩下的烟尾。

而现在，凄风夹着阵雨，

裹着泥污的

枯叶一片片吹送到你的脚边，

并把空地上的报纸席卷。

雨点拍打着

破损的百叶窗和烟囱管，

而在街道的拐角，孤单地

一辆驾车的马在喷沫和踢蹄，

接着是盏盏灯光亮起。

2

清晨醒来而意识到了

轻微的啤酒酸腐味

发自那踏过有铁木屑的街道，

因为正有许多泥污的脚

涌向清早开张的咖啡摊。

随着其他一些伪装的戏

被时光重又演出，

你不禁想到那许多只手

它们正把脏黑的帘幕拉起

在成千带家具的出租屋。

以上引述的诗每一段都是一个意象的蒙太奇（montage），画面迭出，形象也越来越具有视觉直感，艺术家是通过画面形象传递他的意念和感情，即通过"鲜明性"来托出"蓄性"，通过"若现"透出"若隐"，苏轼称为"境与意会"（《东坡诗话》）。

三、原作意境的复合结构

文学作品的意境是一个多层面的整体结构,王夫之认为意境包含三个层次:有形、未形和无形,"有形发未形,无形君有形"。王昌龄在《诗格》中指出:"诗有三境:一曰物境;二曰情境;三曰意境。"刘运好在《文学鉴赏与批评论》中认为,物境既指作家"以语言为媒介而描述的客观物象",又包括语言的"型构、韵律、节奏、外结构等外在形式之美,它具有鲜明的质感和审美直接性的品质";情境指作品中"所浸润的创作者审美情感的意象";意境指作品"借匠心独运的艺术手法熔铸所成,情景交融、虚实统一、能深刻表现宇宙生机或人生真谛,从而使审美主体之身心超越感性具体,物我贯通,当下进入无比广阔空间的那种艺术化境"。胡经之在《文艺美学》中把意境分为:表层的境(象内之象),即"审美对象的外部物象或艺术作品中的笔墨形式和语言构成的可见之象",是"作品中的对物象实体的再现部分";中间层面的境中之意(象外之象),即"审美创造主体和审美欣赏主体情感表现性与客体对象现实之景与作品形象的融合(包括创造审美体验和欣赏的二度体验)";最高层面的境外之意(无形之意),它"集中代表了中国人的宇宙意识",构成"中国艺术家的生命哲学情调和艺术意境的灵性",是道、气、无的统一。

译者阐释原作意境应从"有形(物境、直观感相的模写、象内之象)"逐步深入到"未形(情境、活跃生命的传达、象外之象)",最后达到"无形(意境、最高灵境的启示、无形之象)"。下面分析柳宗元的《江雪》中的意象结构:

千山鸟飞绝,万径人踪灭。

孤舟蓑笠翁,独钓寒江雪。

诗人在作品意象和画面描写上运用了多种对比手法:"千山""万径"与"孤舟蓑笠翁"形成作品画面背景与前景的对比,"千""万"与"孤""独"形成多与少的对比,与"绝""灭"形成有与无、实与虚的对比。诗人通过"千山""万径""孤舟""蓑笠翁""江雪"等象(实境)来表现"鸟飞绝""人踪灭"象外(虚境),并且运用焦点透视的手法,将"孤舟""蓑笠""翁"三个意象直接并列在一起,诱导读者的审美视线从远景的"千山""万径"逐渐移到近景的"孤舟""蓑笠",最后聚焦到"渔翁"这一中心意象上来,这一过程可表示为"千山→万径→孤舟→蓑笠翁"。

译者阐释该诗意境,必须深刻把握作品的对比手法和意象结构,首先要把握"千山""万径""孤舟""蓑笠翁""江雪"(实境),然后进入作品浅层虚境("鸟飞绝""人踪灭")。译者欣赏《江雪》时"看"不见"鸟"和"游人",这样"鸟飞绝""人踪灭"的浅层虚境给译者留下了无限广阔的想象空间,引导译者去体会那万籁俱静、空旷无垠的群山所创设的安宁静谧的氛围。

译者进入原诗浅层虚境,然后进入其深层虚境,《江雪》表现了一种大象无形、大音希声的意境:群山之间,没有鸟儿的欢啼、游人的喧闹,在江雪中独钓的老渔翁也是默默无语,一切寂静无声。老渔翁内心的宁静与大自然的宁静和谐一致,达到了天人合一、物我两忘的物化境界。通过老渔翁雪中独钓的形象,诗人表现了自己高尚的情操和品格,表达了对返璞归真、回归自然的精神追求,传达了对人生的深刻感悟,这是诗人灵魂最深处的一种生命体验。译者要深刻体验老渔翁心静如水的内心世界,就必须澄怀味象,使自己的心态达到虚静,"用志不分,乃凝于神",与诗人进行心灵的对话,实现精神的融合,这样才能进入原诗的深层虚境。

四、译者对原作意境阐释的机制

(一)审美

译者阐释原作意境需要充分发挥审美感知、审美情感、审美想象、审美判断、审美直觉等审美心理机制,对原作画面所包含的空白进行填补,把握其象外之意、味外之旨。阿恩海姆(Arnheim)认为,读者要填补作品空白必须运用视觉思维,即审美想象。既然心理意象只能由心灵积极地和有选择地召唤出来,它们的那些未被召唤出的部分(应补足达到部分),就经常是"虚无"的。西方接受美学认为,文学作品的不确定性和空白构成其"召唤结构"。伊塞尔(Issel)指出:"作品的意义不确定性和意义空白促使读者去寻找作品的意义,从而赋予他参与作品意义构成的权利。"译者阐释原作时应全身心地投入,全神贯注,排除与审美活动无关的杂念,这样才能有良好的阅读心态,对原作产生积极的审美注意。

中国美学强调主体要心静。译者内心虚静,才能心无杂念,专注于对原作的审美观照,才能唤起自己以往的审美经验来参与对原作的感受和体验,充分调动想象和联想将原作的文字符号转换成生动的艺术画面和场景。想象和联想(即形象思维)是意象在主体头脑中的运动过程,中国美学将想象称为"神思"。在文学创作中,由于个人的生活范围和阅历有限,作家不可能认识和体验到生活的方方面面,但作家凭借丰富的想象和联想能使自己的审美思维突破时空的限制和束缚,"思接千载""视通万里"。译者欣赏原作时,其语言符号将译者与原作所表现的艺术世界隔开了一层,译者只有依靠再造想象和联想才能跨越与原作之间的时空差,突破原作文字符号这一隔离层,进入原作的艺术世界,才能"吟咏之间,吐纳珠玉之声;眉睫之前,卷舒风云之色"。

除此之外,译者阐释原作意境还需要综合运用理性思维与模糊思维,认真仔细地研究作家的创作生涯、原作的创作背景、主题思想、语言形式和意象结构,准确把握原作所描写的象(实境)。

(二)心理

译者对原作的品味是十分复杂的心理思维活动,包含了感性体验、理性思考和灵感思维等。译者要详细、全面地了解作家的思想艺术个性、创作生涯、原作的产生背景等,这方面的背景知识掌握得越多,思考得越深入,译者对原作的理解就越透彻。在此基础上译者运用理性思维对原作语言进行剖析,译者分析得越仔细,对原作语言的艺术价值就会认识得越深刻。阐释文学作品,需要译者具有丰富的人生阅历和社会见识,译者的人生经历越丰富,见识越深,对原作的思想哲理内涵就会理解得更深入。

译者阐释原作深层意境,需要体悟。体悟是基于逻辑思维和形象思维之上的灵感思维,包括渐悟与顿悟,它是渐悟基础上的顿悟。文学作品的深层意境蕴含了作家的生命体验和对人生的哲理反思,表现了作家的个体艺术生命。译者对原作深层意境的阐释超越了对语言文本的阐释层面,进入了一种关于生命的超验的、形而上的思考,达到了生命体验的高度。译者通过意境阐释把握作家的个体艺术生命,感性体验和理性认识逐渐深化,译者重新审视和认识了自我,实现了人格的重建。

译者对原作深层意境的阐释是对自我情操和人格的陶冶。文学作品的意境在深层次上是作家思想道德和艺术人格的境界,作家的思想越深刻、人格越高尚,其作品的艺术境界就越高。意境阐释要求译者要具有宽阔的胸怀、高尚的人格和崇高的思想境界,才能与作家进行心灵的交流。

第二节　译者对原作意象美的阐释

一、原作语言的意象

意象是中国美学中一个重要的美学范畴,《周易》里说:"圣人立象以尽意。"易象包含了"四象",南北朝的青年学者王弼深入分析了象、言、意之间的关系。吴晟在《中国意象诗探索》中指出,意象是"艺术家内在情绪或思想与外部对象相互熔化、融合的复合物,是客观物象主观化表现"。意象不是意与象的简单相加,而是二者的交融契合,它"凝聚了诗人对物象形态和类属的识别与选择,以及与'意'对应、熔化的审美联想和哲学思辨"。黄书泉在《文学批评新论》中认为意象是"情意感性呈现的符号","意象之中必须深蕴着诗人主观的情感和意绪","意象呈现情意的形式必须是诉诸感情的"，"二者互为关联，缺一便不能形成意象"。"意象"是一种模糊的而又无所不在的存在，一种迷漫的存在，一种物象与情志交融、"情喻渊深，动无虚散"（钟嵘，《诗品》）的存在。意象产生于物象的艺术选择，已如上述。涵蕴匠心的物象选择，可以使一个平平常常的语言结构升华为具有耐人寻味的意象的诗句。以之前引的雪莱的"西风颂"中的名句为例："If Winter comes, can Spring be far behind?"实际上是一个很平常的条件句，但诗意隽永，如果换了物象选择，同一句法结构即意象顿失。

文学语言的形象性不同于其他艺术门类作品的形象性，语言文字本身是一种抽象的符号，不像绘画中的线条和色彩、音乐中的旋律和曲调那样能够直接被观众的眼睛和听众的耳朵感知到，但它富于暗示性，能够激发读者的想象力，在其头脑中唤起一幅生动优美的艺术画面。通过体验生活、艺术构思和语言表达，作家最终创造出作品，将意象（画面）、思想感情、语言文字符号融合成一个有机整体，这个过程可表示为：感性印象→审美意象→语言文字符号。

二、原作意象产生的过程

文学翻译以文学创作为基础和前提，译者要阐释原作的意象美，首先要了解作家创造意象的过程。文学创作包含三个阶段。

首先，作家运用视觉、听觉等去感受五彩缤纷的大千世界，在头脑中积累起对生活的感官印象，它是感性的，丰富而又零散。

其次，作家运用想象和联想对其进行艺术变形，使其升华为审美意象，它既保留了感官印象的感性特点，又融入了作者的理性思索，虽不如感官印象那么丰富多彩，但更集中化、典型化，把零散的感官印象组织化和结构化，形成一个有机统一的意象结构。因此，从感官印象到审美意象是一个从量到质的飞跃。

最后，作家把构思好的审美意象外化为语言文字符号，描绘出栩栩如生的艺术画面和场景，带给读者审美愉悦和享受。

第三节 译者对原作意境美的再现

"意境"指一种高品位的艺术境界,是意念、情感、场景的艺术结合;意境常常也是接受者的艺术感受的"空灵化",也就是优化提升。具体地说,意境是主体审美体验中对外在物象精选加工而构建起来并赋之以情的艺术空间和境界,又指诗歌和绘画艺术中"思与境谐"的一种虚淡沉着的艺术效果,反映作者的审美理想。意境的主要特征是"一切景语皆情语"(王国维,《人间词话》)。文学翻译是译者把握和传达原作诗意的过程,是诗意的发现之旅和再创造之旅,包含了译者的诗性体验。译者要深刻把握原作虚实相生的意境表现手法,通过诗意化的语言传达原作的意蕴。下面是宋朝诗人秦观的《满庭芳》和许渊冲的译文:

山抹微云,天连衰草,画角声断谯门。

暂停征棹,聊共引离樽。

多少蓬莱旧事,空回首、烟霭纷纷。

斜阳外,寒鸦万点,流水绕孤村。

销魂,当此际,香囊暗解,罗带轻分。

谩赢得,青楼薄倖名存。此去何时见也?襟袖上、空惹啼痕。

伤情处,高城望断,灯火已黄昏。

A belt of clouds girds mountains high

And withered grass spreads to the sky,

The painted horn at the watchtower blows.

Before my boat sails up,

Let's drink a farewell cup.

How many things do I recall in bygone days

All lost in mist and haze!

Beyond the setting sun I see but dots of crows

And that around a lonely village water flows.

I'd call to mind the soul-consuming hour

When I took off your perfume purse unseen

And loosened your silk girdle in your bower.

All this has merely won me in the Mansion Green

The name of fickle lover.

Now I'm a rover,

Oh, when can I see you again?

My tears are shed in vain;

In vain they wet my sleeves.

It grieves

My heart to find your bower out of sight;

It's lost in dusk in city light.

许渊冲的译文 a belt of clouds, mountains high, withered grass, sky, painted horn, watchtower, boat, mist, haze, setting sun, dots of crows, lonely village water 再现了原词所描绘的意象。名词 belt 和动词 gird 形象生动，既描写薄云漂浮，像衣带围住群山，又暗喻主人公与情人依依不舍。How many things … 用感叹句式，语气强烈，表达了主人公对往事不堪回首的深刻感受。All lost in … 再现了原词描绘的烟水迷茫、暮霭朦胧的景象。Beyond the setting … 中的介词 beyond 传达了原词景物的空间感。原词下阕写主人公回想起昔日与情人恩爱甜蜜，而此时他即将远离情人，浪迹天涯，内心无比凄苦悲伤。许渊冲的译文 I'd call to mind the soul-consuming hour 中的 soul-consuming 准确地传达了"销魂"的含义。"Oh, when can I see you again?"保留了原词的问句形式，表达了主人公内心的困惑和迷惘。My tears are shed in vain/In vain … 采用 in vain 的顶针手法，强调了主人公内心的悲楚和忧伤。It grieves/My heart to find … 中 out of sight, lost in dusk 与上阕的 All lost in mist … 相呼应，再现了原词描写的朦胧迷离的意境和哀婉凄迷的氛围。

第四节 译者对原作意象美的再现

一、原作意象通感美的再现

文学作品的意象美往往表现为通感美,即视觉美、听觉美等相互融合,带给读者一种新的审美体验。译者要充分发挥译语的表达力,力求再现原作意象的通感美,使译文栩栩如生,富于诗情画意。曹雪芹的《红楼梦》第十八回中宝玉作的诗《有凤来仪》运用了通感手法,描绘了大观园幽静美好的环境。以下是《有凤来仪》原诗和杨宪益的译文:

秀玉初成实,堪宜待凤凰。竿竿清欲滴,个个绿生凉。

进砌妨阶水,穿帘碍鼎香。莫摇清碎影,好梦昼初长。

The fruit fresh formed on jade stalks rare

Makes for the phoenix fitting fare;

So green each stem they seem to drip

With coolness seeping from each verdant tip.

Bursting through stones, they change the water's track;

Piercing through screens, hold tripod's incense back;

Let none disturb these chequered shades,

That sweetly she may dream till daylight fades.

原诗首联意思是新鲜的竹实正好是凤凰的美食,杨宪益的译文 The fruit fresh formed on jade stalks rare/Makes for the phoenix fitting fare 准确地传达了原文的含义,fruit,fresh,formed,fitting,fare 形成头韵,富于音美。原诗第二联运用通感手法描写秀竹的翠绿带给人的心理感受,"竿竿清欲滴"描写了绿竹的盎然生机,"个个绿生凉"描绘了大观园中绿荫浓浓的清凉怡人的环境,杨宪益的译文 So green each stem they seem to drip/With coolness seeping from each verdant tip 用 seem to drip 准确地传达了这种心理感受,green stem,verdant tip 和首联中的 jade stalks 描绘了秀竹的形状和色彩,富于视觉美。drip,seeping,tip 形成谐韵/i/,与"滴"的韵母读音相近,具有音美。原诗第四联意思是"请微风不要摇散竹影,甜蜜的美梦还刚刚开头",杨宪益的译文 Let none disturb these chequered shades,/That sweedy she may dream till daylight fades 用 sweetly 准确地传达了原诗浪漫温馨的氛围。

二、原作意象情感内涵的传达

文学作品的意象和画面蕴含了作家的情感体验。情境包含了作家的生命体验,构成作品意境。作品情境、意境表现艺术真实,其核心是情感真实,文学语言是高度情感化了的艺术符号。在译语表达阶段,译者应忠实传达原作意象和画面所包含的作家(原作人物)的情感体验,在译语读者心中引起思想和情感的共鸣。下面是英国诗人济慈(Keats)的 *Ode on a Grecian Urn* 和查良铮的译文:

> Thou still unravish'd bride of quietness,
>
> Thou foster-child of silence and slow time,
>
> Sylvan historian,who canst thus express
>
> A flowery tale more sweetly than our rhyme:
>
> What leaf-fring'd legend haunts about thy shape
>
> Of deities or mortals,or of both,
>
> In Tempe or the dales of Arcady?
>
> What men or gods are these? What maidens loth?
>
> What mad pursuit? What struggle to escape?
>
> What pipes and timbrels? What wild ecstasy?
>
> Heard melodies are sweet,but hose unheard
>
> Are sweeter; therefore,ye soft pipes,play on;
>
> Not to the sensual ear,but,more endear'd,
>
> Pipe to the spirit ditties of no tone;
>
> Fair youth,beneath the trees,thou canst not leave

Thy song, nor ever can those trees be bare;

Bold lover, never, never canst thou kiss,

Though winning near the goal—yet, do not grieve;

She cannot fade, though thou hast not thy bliss.

For ever wilt thou love, and she be fair!

Ah, happy, happy boughs! That cannot shed

Your leaves, nor ever bid the spring adieu;

And, happy melodist, unwearied,

For ever piping songs for ever new;

More happy love! More happy, happy love!

For ever warm and still to be enjoy'd,

For ever panting, and for ever young;

All breathing human passion far above,

That leaves a heart high-sorrowful and cloyed,

A burning forehead, and a parching tongue.

Who are these coming to the sacrifice?

To what green altar, O mysterious priest,

Lead'st thou that heifer lowing at the skies,

And all her silken flanks with garlands drest?

What little town by river or sea shore,

Or mountain-built with peaceful citadel,

Is emptied of this folk, this pious morn?

And, little town, thy streets for evermore

Will silent be; and not a soul to tell

Why thou art desolate, can ever return.

O Attic shape! Fair attitude! with brede

Of marble men and maidens overwrought,

With forest branches and the trodden weed;

Thou, silent form, dost tease us out of thought

As doth eternity: Cold Pastoral!

When old age shall this generation waste,
Thou shalt remain,in midst of other woe,
Than ours,a friend to man,to whom thou say'st,
"Beauty is truth,truth beauty,"—that is all
Ye know on earth,and all ye need to know.

你委身"寂静"的、完美的处子，
受过了"沉寂"和"悠久"的抚育，
呵，田园的史家，你竟能铺叙
一个如花的故事，比诗还瑰丽：
在你的形体上，岂非缭绕着
古老的传说，以绿叶为其边缘，
讲着人，或神！藤佩或阿卡狄？
呵，是怎样的人，或神！在舞乐前
多热烈的追求！少女怎样地逃避！
怎样的风笛和鼓！怎样地狂喜！
听见的乐声虽好，但若听不见
却更美；所以，吹吧，柔情的笛；
不是奏给耳朵听，而是更甜，
它给灵魂奏出无声的乐曲；
树下的美少年啊，你无法中断
你的歌，那树木也脱不了叶子；
鲁莽的恋人，你永远，永远也吻不上，
虽然够接近了——但不必辛酸
她不会老，虽然你不能如愿以偿，
你将永远爱下去，她也永远美丽！
呵，幸福的树木！你的枝叶
不会剥落，从不曾离开春天；
幸福的吹笛人也不会停歇，
他的歌曲永远是那么新鲜；
呵，更为幸福的、幸福的爱！

永远热烈,正等待情人宴飨,

永远充满热情地心跳,永远年轻;

幸福的是这一切超凡的形态,

它不会使心灵餍足和悲伤,

没有炽热的头脑,焦渴的嘴唇。

这些人是谁呵,都去赴祭祀?

这作牺牲的小牛,对天鸣叫,

你要牵它到哪儿,神秘的祭司?

花环缀满着它光滑的身腰。

是从哪个傍河傍海的小镇,

或哪个静静的堡塞的山村,

来了这些人,在这敬神的清早?

呵,小镇,你的街道永远恬静;

再也不可能回来一个灵魂

告诉人你何必是这么寂寥。

哦,希腊的形状!唯美的观照!

上面缀有石雕的男人和女人,

还有林木,和践踏过的青草;

沉默的形体呵,你像是"永恒"

使人超越思想:呵,冰冷的牧歌!

等暮年使这一世代都凋落,

只有你如旧;在另外的一些

忧伤中,你会抚慰后人说:

"美即是真,真即是美",这就包括

你们所知道,和该知道的一切。

诗人在诗中通过欣赏一个希腊古瓮时所产生的联想表达了对历史、艺术、人生的看法,诗中名言 Beauty is truth,truth beauty 表达了西方美学的理性主义精神。原诗首节,诗人鉴赏一个做工精致的希腊古瓮,其精美的图案让他想起了古代的许多动人传说。What leaf-fring'd legend haunts about thy shape/Of deities or mortals,or of both/In Tempe or the dales of Arcady? /What men or gods are these? What maidens loth? /What mad pursuit? What struggle to escape? /What pipes and timbrels? What wild ecstasy? 用一组问句表达了诗人对历史和人生的追问和思索,富于想象。查良铮的译文保留了原诗的排比句式,"热烈的追求"准确地传达了 mad pursuit 的情感色彩。原诗 fair youth 与 she be fair 用两个 fair 相互呼应,表达了诗人对少年和少女的赞美之情,查良铮的译文用"美少年""她永远美丽"传达了诗人对少年和少女的赞美。Bold lover,never,never canst thou kiss 中 never 的叠用语气强烈。查良铮的译文通过"永远"的叠用保留了原诗的修辞手法,传达了诗人对少年和少女美好爱情的衷心祝愿。原诗第三节,诗人认为,古翁作为艺术品让生活中的美好时刻凝固为永恒的画面:春天永驻人间,绿叶万古长青,少年的笛声永远悦耳动听,他心中永远怀着对姑娘炽热的恋情。原诗中 Ah,happy,happy boughs! That cannot shed/And,happy melodist,unwearied/More happy love! More happy,happy love! 中 happy 的叠用表达了诗人对少年美好爱情的祝福,查良铮的译文通过"幸福"的叠用保留了原诗的修辞手法。

第五节　文化意象的翻译

文学作品既是语言文本,也是文化文本,文学作品的审美意象往往也是文化意象,即文化原型意象。弗莱(Frye)在《批评的剖析》中认为文化原型是"一个象征,通常是一个意象,它在文学作品中反复出现,足可被认作人的文学经验之总体的因素"。容格(Jung)在《心理的类型》中认为文化原型是一种原始意象,它是一个"作为程序的形象,创造性的想象一旦自由表现,它就在历史的长河中不断重复自己"。原始意象是"我们祖先的无数典型经验所公式化了的结果,仿佛它们是无数同类经验在心灵上的积淀物"。文学作品的文化意象主要包含自然意象和社会意象。

一、自然意象的翻译

文学作品的自然意象反映了一个民族的文化宇宙观。中国文化是典型的大陆文化,强调天地人合一,中国文学作品的自然意象多为天地意象,描写山川林泉、春花秋月。中国是传统的农业社会,农业在国家经济中的地位举足轻重,大自然的四季更迭对农业生产的影响巨大,因此汉民族对气候变化非常敏感。传统的农业经济使汉语民族对土地有强烈的依赖性,在历史的进程上形成了内向、保守型的大陆性文化和土地情节。在中国文学史上,山水田园诗描绘了大量的自然意象,袁行霈在《中国诗歌艺术研究》中探讨了陶渊明诗歌的自然美,分析了中国山水诗的艺术脉络。文学作品中的自然意象包含时间意象和空间意象。汉语文学作品的时间意象主要有春花、秋月、黄昏等,空间意象主要有山川林泉、楼台亭榭等。春、秋作为汉语文化意象其情感内涵十分丰富,汉语文学中悲春的描写多于喜春,杜甫的《春望》、金昌绪的《春怨》等都是伤春的经典之作。相比而言,西方民族对春的体验多为喜春,西方文学中有大量颂春之作,如英国诗人纳什(Nashe)的 *Spring*、华兹华斯(Wordsworth)的 *Written in Early Spring* 等。下面是唐朝诗人薛涛的《春望词》(四首)和许渊冲的译文:

> 花开不同赏,花落不同悲。
> 欲问相思处,花开花落时。
> 揽草结同心,将以遗知音。
> 春愁正断绝,春鸟复哀吟。
> 风花日将老,佳期犹渺渺。
> 不结同心人,空结同心草。
> 那堪花满枝。翻作两相思。
> 玉簪垂朝镜,春风知不知。
> We don't enjoy together blooming flowers,
> Nor at their fall together shed our tears.

O why am I lovesick from hour to hour

To see flowers appear or disappear!

I braid two blades of grass into one heart

And send it to my lover far apart.

I've just got rid of my sorrow in spring.

Who knows that mournful birds again will sing?

I'm growing old from day to day;

Still happiness is far away.

Our lives not woven into one,

Our love-knot in grass is undone.

How can I bear the blooming tree

Break into loving hearts,my dear?

How can the vernal morning breeze

Know mirrors wet with tear on tear?

　　第一首写诗人与远方的爱人天各一方,春天来临,花开花落,她心中的悲喜无法与爱人分享。许渊冲的译文 We don't enjoy together blooming flowers/Nor at their fall together shed our tears 用两个 together 加否定式,表达了诗人对与远方爱人分离的伤感。"O why am I lovesick from hour to hour/To see flowers appear or disappear!"用疑问句式,语气强烈,表达了诗人内心的孤寂和悲楚,from hour to hour 与 appear or disappear 相对照,富于节奏感。原诗第二首写诗人想用草编织一个同心结,送给远方的爱人,以寄托自己的相思。许译"Who knows that mournful birds again will sing?"用问句,传达了诗人满腔的愁绪和哀思。原诗第三首写诗人担心自己容颜易老,韶华不在,而远方的爱人归期渺渺。许渊冲的译文 I'm growing old from day to day 中 from day to day 与第一首的 from hour to hour 相呼应,描写时光飞逝,诗人日渐憔悴,Our love-knot in grass is undone 中 undone 表现了诗人希望的破灭。原诗第四首写诗人睹花思人,悲时怀春,不禁黯然神伤,潸然泪下。许渊冲的译文"How can I bear the blooming tree/Break into loving hearts, my dear? /How can the vernal morning breeze/Know mirrors wet with tear on tear?"用两个 how 引导的问句,语气强烈,强调了诗人内心的悲苦和绝望,tear on tear 描写了诗人的凄楚悲伤。

二、社会意象的翻译

中国文学作品的社会意象传达了汉民族的审美情感和心理体验。中国文化是一种德性文化,强调人伦道德,汉文学作品的社会意象富于人文伦理情味。在汉语文学中,"楼"这一文化意象蕴含了汉语民族特有的空间意识,中国文人登楼远眺,思古忧今,慷慨悲歌,壮怀激烈,其作品展现了一种阔大辽远的意境空间。下面是岳飞 的《满江红》和许渊冲的译文:

怒发冲冠,凭栏处,潇潇雨歇。

抬望眼,仰天长啸,壮怀激烈。

三十功名尘与土,八千里路云和月。

莫等闲白了少年头,空悲切。

靖康耻,犹未雪;臣子恨,何时灭?

驾长车,踏破贺兰山缺。

壮志饥餐胡虏肉,笑谈渴饮匈奴血。

待从头收拾旧山河,朝天阙。

Wrath sets on end my hair,

I lean on railings where

I see the drizzling rain has ceased.

Raising my eyes

Toward the. skies,

I heave long sighs,

My wrath not yet appeased.

To dust is gone the fame achieved at thirty years;

Like cloud-veiled moon the thousand-mile land disappears.

Should youthful heads in vain turn grey,

We would regret for aye.

Lost our capital,

What a burning shame!

How can we generals

Quench our vengeful flame!

Driving our chariots of war, we'd go

To break through our relentless foe.

Valiantly we would cut off each head;

Laughing we'd drink the blood they shed.

When we've reconquered our lost land,

In triumph would return our army grand.

本诗描写了岳飞凭栏远眺,想到自己对朝廷赤胆忠心,南征北战,出生入死,立下赫赫战功,而统治者却听信奸臣的谗言,正当自己大业将成之际,却含冤入狱,内心何其悲愤和痛苦。许渊冲翻译的上阕,wrath sets on end my hair 中 wrath 意思是 extreme anger,表达了诗人满腔的悲愤,与下文 My wrath not yet appeased 中的 wrath 相照应。heave long sighs 表现诗人为自己遭受冤屈感到激愤,对天长叹,内心难以平静。To dust is gone the fam achieved at thirty years, Like cloud-veiled moon the thousand-mile land disappears 将 to dust/like cloud-veiled moon 分别放在句首,强调诗人对自己壮志未酬的深深遗憾。Should youthful heads in vain turn grey/We would regret for aye 用虚拟语气,表达了诗人对自己未能实现青春理想和生命价值的强烈遗憾。下阕"What a burning shame! /How can we generals/Quench our vengeful flame!"用两个感叹句,语气强烈,表达了诗人对祖国山河沦落而自己却报国无门的极度忧愤,flame 与 burning 相呼应,表达了诗人对外敌和朝廷奸臣的满腔怒火。To break through our relentless foe 中 relentless 表现了敌人的凶残,Valiantly we would cut off each head/Laughing we'd drink the blood they shed 将 valiantly,laughing 分别放在句首,表现了岳家军将士们英勇无畏、视死如归的英雄气概。

在中国古诗中"深院""章台"等文化意象传达了对故国、恋人、亲友的思念,表现了浓厚的温馨淳美的人伦情味。中国文化是一种内敛性的文化,汉语文学中的"深院"意象反映了汉语民族内收的文化心理,中国诗人从"深院"的视角感悟自然,体验生命,可谓以小观大。李清照的诗词描写了大量的"深院"意象,下面是著名诗词《浣溪沙》和许渊冲的译文:

髻子伤春慵更梳,晚风庭院落梅初。淡云来往月疏疏。

玉鸭熏炉闲瑞脑,朱樱斗帐掩流苏。遗犀还解辟寒无?

暖风迟日也,别到杏花肥。

Deep,deep the courtyard where I live,how deep?

Spring comes late to my cloud-and-mist-veiled bower.

For whom should I languish and pine?

Last night good dreams came in my sleep;

Your southern branches should be in flower.

Your fragile jade on the sandalwood fine

Can't bear the sorrow.

Don't play the flute in southern tower!

Who knows when your strong fragrance will be blown away?

The warm breeze lengthens vernal day

Don't love the apricot which blooms tomorrow!

原词上阕写诗人独居深闺,在一个春日的夜晚思念远方的丈夫,内心悲苦凄凉,"云窗雾阁"表现了一种朦胧蕴藉的意境。许渊冲的译文 Deep,deep the courtyard where I live,how deep 连用三个 deep,与"庭院深深深几许"中的三个"深"相对应,一咏三叹,语气强烈,传达了原词的音美和意美。Spring comes late to my cloud-and-mist-veiled bower 中 veiled 生动地再现了原词意象的朦胧缥缈之美。For whom should I languish and pine 中 languish,pine 再现了诗人因思念丈夫而憔悴疲惫的形象。原词下阕,诗人希望"丈夫莫吹笛子,莫把早梅吹落",她希望"等待春风变暖,春日变长,梅花落尽,杏花盛开的时候,丈夫不要忘了梅花,又去另寻新欢啊!"许渊冲的译文"Don't play the flute in southern tower! /Don't love the apricot which blooms tomorrow!"保留了原诗的祈使句式,语气强烈,委婉含蓄地表达了对丈夫既思念又担心的复杂心情。

第七章　文艺视阈下翻译的传统向度研究

每一个国家的人民都拥有风格鲜明的传统习惯,在一定程度上可以认为,这些传统习惯与文艺作品同样都属于精神领域的范畴。既然同属于一个范畴,那么文艺作品的创作以及翻译必然会或多或少受到传统的影响。不过,这种影响到底有多大呢? 这是一个很难回答的问题。鉴于传统与文艺作品之间具有错综复杂的联系,本章就来详细研究文艺视阈下翻译的传统向度研究。

第一节　文学传统的概念

"传统"一词的使用范围比较宽泛,该词可以用于生活领域,即人们经常提及的生活传统;该词还可以用于文学领域,即文学传统。通常而言,一个民族的文学在经过一段时间的发展之后,就会形成自己的文学传统,成为后来者学习与模仿的对象。在阐述"文学传统"这一概念之前,我们有必要了解一下什么是"传统"。

一、传统

(一)中西方词典中关于"传统"的界定

传统由来已久,人们在长期的研究过程中对这一术语从不同角度给出了不同的观点与看法,下面来看一些常见观点。

在《现代汉语词典》中,对传统的定义则是:"世代相传、具有特点的社会因素,如文化、道德、思想、制度等。"

在《汉语大词典》中,传统是指"世代相传的具有特点的风俗、道德、思想、作风、艺术、制度等社会因素"。

在《新编现代汉语词典》中,传统是指"历经世代相传具有特点的社会因素"。

在《辞海》中,将传统定义为"历史延传下来的思想、文化、道德、风俗、艺术、制度以及行为方式等,对人们的社会行为有无形的影响和控制作用。传统是历史发展继承性的表现,在有阶级的社会里,传统具有阶级性和民族性。积极的传统对社会发展有促进作用,保守和落后的传统对社会的进步和变革有阻碍作用"。①

在《辞源》中虽然没有关于"传统"的词条,但是有对"传"和"统"的解释,"统"即"世代相继的系统,如皇统、道统、传统"。

从以上定义不难发现,传统必须具备以下几个特性。

(1)世代相传。

(2)具有特点。

(3)对人的社会行为的影响是无形的。

因为不容易确定个人的某些行为到底是否受某种传统习惯的影响,所以关于"文学传统与文学翻译"的研究就困难重重。例如,我国著名文学家鲁迅先生受外国小说影响这一看法,研究者只能通过蛛丝马迹进行推断,并不能在现实中进行求证。

与传统对应的英文单词是 tradition。

《美国传统词典》(*The American Heritage Dictionary*)对 tradition 的定义包含如下几点。②

(1)the passing down of elements of a culture from generation to generation, esp. by oral communication(文化要素的代相传,尤其是通过口传的方式)。

(2)a mode of thought or behavior followed by a people continuously from generation to generation; custom or usage(代代沿袭的思维或行为方式;习俗或惯例)。

---

① 张璘. 文学传统与文学翻译的互动[M]. 镇江:江苏大学出版社,2013:17.
② 同上,第18页.

（3）a set of such customs and usages viewed as a coherent body of precedents influencing the present（被视为对当下造成影响的一些彼此协调一致的习俗和惯例）。

（4）a body of unwritten religious precepts（不落文字的教规戒律）。

（5）a time-honored practice or a set of such practices（历史悠久的惯例）。

（6）law：the transfer of property to another（法律：财产的转移）。

从以上论述中不难看出，英文的 tradition 和汉语的"传统"含义大体相同。不过，tradition 有以下三个特点。

第一，强调口头传承。

第二，比"传统"多出了一个法律词义项。

第三，缺少"传统"的"系统"要素。

因此，有关英文 tradition 的研究也同样适用于汉语的"传统"。

（二）关于"传统"的研究

迄今为止，在对传统的研究方面比较有影响力的学者是美国学者爱德华·希尔斯（Edward Shils）。1981 年，爱德华·希尔斯教授耗时 25 年撰写并出版了 *Tradition* 一书，该书成为有关传统的权威著作。1991 年，该书的中文版由上海人民出版社出版，对我国很多学者都产生了重要影响。[①]

爱德华·希尔斯认为，传统意味着很多东西，任何从过去延传至今或相传至今的东西都可以称为"传统"。在他看来，传统的标准是人类行为、思想和想象的产物，并且被代代相传。可见，爱德华·希尔斯心目中的传统要比词典定义中的内容更加丰富。除了上述定义的内容外，希尔斯认为传统还包括物质性的一面。

---

① 郑东方，张瑞娥．文学翻译的译者本土化身份构建[J]．安康学院学报，2019，(3)：72-75．

传统——代代相传的事物，包括物质实体，包括人们对各种事物的信仰，关于人和事件的形象，也包括惯例和制度。它可以包括建筑物、纪念碑、景物、雕塑、绘画、书籍、工具和机器。它涵盖一个特定时期内某个社会所拥有的一切事物，而这一切在其拥有者发现它们之前已经存在。它们不完全是外部世界物理过程的产物，也不仅仅是生态和生理需要的结果。

在爱德华·希尔斯看来，巴黎圣母院、伦敦塔除了其象征意义外，其本身也构成传统。所以，传统除了抽象的信仰、思维方式、行为风格等，还包括从过去继承下来的物质性的东西。因此，说莎士比亚是传统，不仅是指他创作的戏剧和诗歌是传统，而且他的手稿、手抄本也是传统。不过，在人们的一般认知中，传统的延续特别强调口口相传，这种认知和物质性的"传统"是矛盾的。所以，本书虽然依据爱德华·希尔斯的观点对传统进行界定，但主要还是取其非物质的一面。

爱德华·希尔斯指出，人的具体行动是不可能世代相传的，可以相传的是行动所隐含或外显的范型和关于行动的形象，以及要求、建议、控制、允许或者禁止重新确立这些行动范型的信仰。[①]然而，在世代相传的过程中，这些明文规定的或隐于行为范型中的行为规则、关于灵魂的信仰、关于善行的哲学概念虽然还保留其名，而其实质已经发生了变化。

人们免不了要对所接受的传统进行解释，于是这些被继承下来的符号和形象在延传的过程中就发生了变化，之后更不可能保持其原貌。这种传统的延传变体链也被称作"传统"。因此，传统就是围绕某一主题的一系列变体，而这些变体之间的联系就在于其共同的主题，就在于其表现出什么和偏离什么的相近性，在于它们同出一源。

"变体链"这一概念的提出对传统研究来说具有重要意义，它可以纠正人们心中把传统视为一成不变的东西的错误观念，使人

---

① 张璐. 文学传统与文学翻译的互动[M]. 镇江：江苏大学出版社，2013：21-22.

们认识到传统实际上也随时代的变化而变化。

爱德华·希尔斯认为,传统都有其示范者或者监护人。作为已经传下来或者将要传下去的东西,它是人们在过去创造、践行或信仰的某种事物,或者说人们相信它曾经存在,曾经被实践或被人们所信仰。人们在其中可以找到过去,因此它很有可能成为替代物,成为人们依恋过去的对象。人们会把传统当作理所当然的东西加以接受,并认为去实行或去相信传统是人们该做的唯一合理之事。

仅仅因为是传统,某些惯例得到了人们的维护,遵从这些传统规则是人心所愿,而不是强制性的。人们对传统的信赖不需要理性的指导,对传统的尊崇不需要理由。即使一些宣称要与自己社会的过去做彻底决裂的革命者,也难逃过去的掌心。原因很简单:传统不但受尊重,而且人们认为传统因为是传统就应该受到尊重。

这是因为,从前无论是因为神祇或时代精神,还是出于人们的经验或对祖先的崇敬,或是仅仅因为这些东西已经存在并且行之有效,人类常常有意识地尊重他们从过去所继承来的事物,并因而用以指导自己的行为,传统是榜样、成功的榜样。既然别人成功了,自己依样画葫芦,没有不成功的道理,所以人们维护传统,发扬传统,也就在情理之中了。不过现代西方社会重视理性和进步,所以和过去不同,如今人们的行为并非都受传统规则和惯例的指导,人们也没有处处援引传统。也就是说,没有通过断言他们的行为符合传统的范型来证实他们行为的合理性。

传统如今饱受争议。现代西方社会是以科学性、合理性、经验性、世俗性和进步性为特征的,因此总是和陈规旧俗进行斗争,并战而胜之,从而摆脱传统的痕迹。长期以来,几乎在每一个西方国家,越来越多受过教育的人和开明人士认为,需要改变、取代或抛弃盛行于它们社会之中的大多数信仰、惯例和制度,代之以新的信仰、惯例和制度。所以,在现代西方社会中,一种状况一旦引起人们的注意，人们就推想它必须被改变，用更好的东西取而代之。若断言，必须保持已接受的东西之本来面貌，不应对其进行有意识的改革，那么他至少会被谴责为固步自封。在这样的社会中，有一种普遍的对进步的追求。

传统往往和无知联系在一起，很多人把传统与迷信混为一谈。传统往往与落后和反动观念相提并论，传统被认为是无用的累赘。对打着传统标记的制度、惯例和信仰有依恋之情的人被称为"反动分子"或"保守分子"。这样一来，遵从传统就意味着落后，而打破传统就意味着进步，尤其是在某些领域。

人们虽不把过去的艺术、文学以及哲学作品和著作视为未来创作的样板，但是对它们推崇备至。某些特定的艺术传统和文学传统常常受到行家和公众的推崇，然而，艺术家和作家对这些传统并不买账，不愿意使自己的创作受其约束。传统影响着知识、想象和表达的作品的产生，虽然其作用得到承认，其成果得到赞赏，但是传统作为行为和信仰的规范模式，却被认为是无用的累赘。

不过人们也应当注意到，爱德华·希尔斯关于传统的研究针对的是西方社会的传统。西方社会的时间观是面向未来的，崇尚科学和进步，所以往往将过去的东西视为落后；相反，中国社会的时间观是面向过去的，所以特别崇尚传统，文学史上的一次次复古就是这种观念的体现。所以和西方相比，中国的传统，包括文学传统，往往受到人们的尊敬。

"传统的发明"是埃里克·霍布斯鲍姆（Eric Hobsbawm）提出的，在爱德华·希尔斯的《论传统》中依稀可见近似的观点。爱德华·希尔斯认为，传统虽然是不可或缺的，但是也很少是完美的。传统的存在本身就决定了人们要改变它们。继承一项传统并依赖于它的人，同时也被迫去修正它，因为对他来说传统还不够理想，即使他还从来没有实现传统使得他得以完成的东西。而且要成为一项传统，并不意味着那些感受到传统并接受传统的人是因为传统在过去真的存在过才接受它的。[①]

被知觉到的过去，这是一种更具有可塑性的事物，更容易被现在活着的人追想往事时所改塑。它保存在人们的回忆和著作中，根据所接触的事实而编成，但不仅仅是根据无可回避的事实，而且还按照可以寻找的事情所编成的。另外，一个具有坚定性格、发明天赋的想象力的作者也可以修正、限制或改变它。从"编成""修正"这几个字可以看出，传统是可以发明的。

新历史主义指出历史和文学并没有本质的区别，获得基本素材后都需要剪裁。既然需要剪裁，"事实"也就不那么真实了。伽达默尔（Hans-Geog Gadamer）也说过："甚至最真实、最坚固的传统也并不因为以前存在的东西的惰性就自然而然地实现自身，而是需要肯定、掌握和培养"。

埃里克·霍布斯鲍姆指出，"'被发明的传统'这一说法，是在一种宽泛但又并非模糊不清的意义上被使用的。它既包含那些确实被发明、建构和正式确立的传统，也包括那些在某一短暂的、可确定年代的时期中（可能只有几年）以一种难以辨认的方式出现和迅速确立的'传统'"。

传统是一整套由已被公开或私下接受的规则所控制的实践活动，具有一种仪式或象征特性，试图通过重复来灌输一定的价值和行为规范，而且必然暗含与过去的连续性……这种连续性大多是人为的。

总之，传统采取参照旧形势的方式来回应新形势，或是通过近乎强制性的重复来建立它们自己的过去。传统不同于惯例和常规，后者的功能和存在理由都是技术性的，而前者则是思想意识性的。埃里克·霍布斯鲍姆指出，"在历史学家所关注的任何时代和地域中都可能看到'传统的发明'。"他认为在下列情况下更容易出现传统的发明。

第一，社会的迅速转型削弱甚至摧毁了那些"旧"的社会模

[①]　张璘. 文学传统与文学翻译的互动[M]. 镇江：江苏大学出版社，2013：25.

式,新的社会模式与"旧传统"格格不入。

第二,"旧传统"及其机构载体和传播者已经僵化,缺乏灵活性,甚至已经消亡。

传统的发明往往是通过改造的方式来实现的,如环境变化后,对旧用途进行调整,或为了新的目的而使用旧的模式。埃里克·霍布斯鲍姆认为这种旧瓶装新酒的发明更有意思。不过只能是旧的方式仍然在起作用,那么传统既不需要被恢复,也不需要被发明。

爱德华·希尔斯虽然没有明确讨论过传统的发明,但是他有关传统和发明之间关系的论述对我们理解埃里克·霍布斯鲍姆的传统的发明颇有启示。爱德华·希尔斯认为,"有目的地从事创造发明绝不是大多数人无法规避、无法抑制的心理倾向。"大多数人都习惯于循规蹈矩,对传统或接受,或重复,或适应,并不喜欢独出心裁。他们认为发明创造不能自我维护,它需要同一个社会中其他人示范性的支持。对传统性的感性认识加强了传统性,对于他人创造能力的感性认识加强了创造性传统。创造发明能力部分地依赖于创造性传统。① 我们并不能因为某些传统是被发明的,就可以随意对待传统。恰恰相反,传统需要我们以诚挚与踏实的态度去发掘其中的丰富性。

伽达默尔在《真理与方法》一书中指出:"传统按其本质就是保存……即使在生活受到猛烈改变的地方,如在革命的时代,远比任何人所知道的多得多的古老东西在所谓改革一切的浪潮中被保存了下来,并且和新的东西一起构成新的价值。无论如何,保存与破坏和更新的行为一样,是一种自由的行动。"这实际上说的就是传统的规范性。传统作为一种权威形式,并不需要证明,但是潜移默化地发挥着影响。正如爱德华·希尔斯所提出的,"传授给人们的任何信仰传统,总有其固有的规范因素;发扬传统的意图,就是要人们去肯定它,接受它。"

---

① 张璐.文学传统与文学翻译的互动[M].镇江:江苏大学出版社,2013:26-27.

人们将信仰、惯例、制度等传递给下一代，是因为这些信仰、惯例、制度等是现有社会的基础，是成功人士树立的榜样，因此下一代在接受这些信仰、惯例、制度时是为了见贤思齐，维护现有社会的稳定，重现昔日的辉煌和成功。所以，传统通过惯性力量实现其规范性作用，使"社会长期保持着特定形式"，或者通过范型的榜样力量使得相似的信仰、惯例、制度和作品在相继的几代人之间频繁的重现。

重现是规范性效果——有时则是规范性意图的后果，是人们表现和接受规范性传统的后果。正是这种规范性的延传，将逝去的一代与活着的一代连接在社会的根本结构中。过去，人们敬重祖先，甚至害怕得罪他们（其结果是有害的），这巩固了祖传的办事方式。旧法规是好法规，老方式是正确方式……这类对祖传办事方式的普遍赞扬使那些已有创新的新颖之处黯然失色，并且抑制了任何寻求创新的意向。

司空见惯的东西让我们感到安全，因为结果可以预期，而人们最害怕的就是不可知、不可预期的东西。在生活中，我们绝大多数人通常都按照所熟悉的方式去思考，去行事。就这样，当传统由于习惯而成为自然的时候，不管人们是否喜欢，它都具有规范性和强制性的特点。虽然人们可以举荐其他范型或传统，甚至将它们强加给人们，但是人们对传统习惯性的尊崇以及附着在信仰上的东西并不能轻易地消除。不管是既定的传统还是对它的附着，都不能通过命令和暴力威胁来废除。

在谈到文学传统时，爱德华·希尔斯以《恰尔德·哈罗德》（*Childe Harold*）和《恶之花》（*Les Fleurs du Mal*）为例，认为文学作品通过赞扬某一类设制和观念而企图揭示另一类错误，并且包含在文学作品中的道德评判常常引起广泛的社会后果，从而具备了规范意图。此外，在文学和艺术领域内，文学作品具有规范性效果，它们为以后的作家和艺术家立志以求的东西提供了典范。

不过爱德华·希尔斯也认为，"并非所有传统都明确地具有规范性。许多传统明显地是事实性和描述性的,而且范型和风格的传统有其自身的生命,它们经历了盛衰兴亡"。换言之,传统一般都要有一个形成的过程,然后繁盛,等到这一传统不适应形势后就会逐步走向衰败,逐渐为新的传统所吸收或取代。

某些传统由于不能适应时代的变化,变得和时代格格不入,甚至成为当下的对立面,当然也就没有了约束力和规范性。在文学传统中,更有打破旧传统的"传统"。文学创作追求独创,文学家以创新为自豪。所以,一代又一代的文学家在学习过程中继承文学传统,学习那些得到公认的观念、主题、形式、技巧等;同时,他们在创作过程中又不断突破传统进行创新,从而又构成新的传统。

为了帮助读者对"传统"这一术语有更加深入的认识,下面就进一步探讨传统与范式二者之间的区别与联系。

"范式"的英文 paradigm 源于希腊文,原来包含"共同显示"的意思,由此引出"模式、模型、范例"等意思。最早使用"范式"一词的是维特根斯坦(Wittgenstein)。"范式"一词虽不是托马斯·塞缪尔·库恩(Thomas Sammual Kuhn)首创,但是"范式"一词的广泛使用却和托马斯·塞缪尔·库恩有关。托马斯·塞缪尔·库恩在 1959 年的《必要的张力》一文中初次使用"范式"一词,其后在《科学发现的历史结构》和《科学革命的结构》两本书中对"范式"一词的含义进行了扩展,并指出"常规科学"(normal science)的成就只要具备了下列两个特点就可以称之为"范式"。①

第一,具有充分的首创性,可以吸引一批坚守科学活动不同模式的研究者,使他们放弃原来那些模式。

第二,具有充分的开放性,可以把各种各样的问题留给重新组合的这批研究者去解决。

关于范式的用法,国内有学者将其分为如下几类。②

(1)范式就是事例或例证。

---

① 张璐.文学传统与文学翻译的互动[M].镇江:江苏大学出版社,2013:30-31.
② 同上.

（2）范式就是陈规。

（3）范式就是科学的成就。

（4）范式就是信念、预想。

（5）范式就是理论和观点（形而上学）、方法、标准、仪器设备、经典著作的"不可分的混合物"。

（6）范式是"模型""模式""框架"。

（7）范式就是题解。

（8）范式是"一致意见""专业判断一致"。

（9）范式就是方法或方法的来源。

（10）范式就是"专业母体""科学或科学活动的基本部分"。

英国学者玛格丽特·玛斯特曼（Margaret Masterman）对托马斯·塞缪尔·库恩的范式观作了系统的考察，认为托马斯·塞缪尔·库恩使用的范式至少具有 21 种不同的含义，并将其概括为以下三种类型或三个方面。[①]

（1）作为一种信念、一种形而上学思辨，它是哲学范式或元范式。

（2）作为一种科学习惯、一种学术传统、一个具体的科学成就，它是社会学范式。

（3）作为一种依靠本身成功示范的工具、一个解释疑难的方法、一个用来类比的图像，它是人工范式或构造范式。

托马斯·塞缪尔·库恩在 1974 年的《再论范式》一文中，把范式分为广义的范式和狭义的范式。前者主要是指符号概括（以符号表示的方程式）、模型（将分散的经验材料与理论加以系统化、整体化的结构或框架）和事例（具体的题解），后者仅是指事例。

随着思想的不断深化，托马斯·塞缪尔·库恩相继提出在概念的外延和内涵上用类似于范式的专业母体、分类学和辞典来代替"范式"一词。不难看出，托马斯·塞缪尔·库恩的整个科学哲

---

① 张璐.文学传统与文学翻译的互动[M].镇江:江苏大学出版社,2013:32.

学观就是围绕范式概念的,其理论随着范式概念的不断深化而深化,不再局限于科学史和哲学范畴。相反,他试图用范式概念来概括和描述多个领域的现实科学,从而从不同方面、不同层次和不同角度对范式概念作了多重的界定和说明。

尽管托马斯·塞缪尔·库恩从没有对范式概念进行过明确的定义,但是这并不妨碍范式概念和范式理论得到广泛应用。范式本是科学哲学领域的一个专门术语,如今却应用于社会科学的各个领域,包括文学研究和翻译研究。在文学和翻译研究中,范式主要是指研究的范式。那么文学革命,尤其是小说界革命,是否也包含范式的替代呢?

尽管托马斯·塞缪尔·库恩在《科学革命的结构》中指出,科学革命就是用一种范式替代另一种范式,人们却认为范式的替代不仅仅局限于科学革命。任何革命都存在着某种程度的范式替代。所以,人们研究清末民初的域外小说所引发的小说界革命,就必然要涉及范式概念。

传统和范式既有相同之处,也有很大不同。其相同之处主要表现在以下几个方面。

第一,范式可以表现为传统。

第二,两者都具有一定的规范性。

第三,两者都不是单一的,都存在多种形式共存的情况。

不过相对于范式和传统的共同之处,两者的不同却更加显著,具体如下所述。

(1)范式原本是科学、哲学领域的术语,只是后来被人们广为应用而已。传统则从一开始就不局限于某个领域。和范式相比,传统是一个更为普遍使用的术语。

(2)范式虽然有时可以是传统,但是从托马斯·塞缪尔·库恩本人对范式的多种论述来看,绝大多数情况下都不同于传统。

(3)范式是一个时期内人们的共识,不强调传承,而传统必须是传承下来的东西。

(4)虽然范式和传统都具有规范性,但是后者的约束力要弱得多,尤其是在文学中更存在着一个反传统的传统。

(5)范式之间虽然可以和平共处,但是彼此之间是不可通约的,当新的范式取代旧的范式时就意味着革命。传统则不同,它是"延传的变体链",可以真正地和平共处,新旧传统之间不存在你死我活的情况。

二、文学传统

在讨论"什么是文学传统"这个问题之前,有必要厘清文学这一概念。文学是一个很难简单定义的概念,韦勒克、沃伦(Wellek & Warren)的《文学理论》(*Theory of Literature*)的"第一部"虽然称为"定义和区分",讨论了"文学的本质"等问题,却并没有给出非常明确的定义。

《现代汉语词典》把"文学"定义为"以语言为工具客观形象地反映现实生活的艺术,包括戏剧、诗歌、小说、散文等"。这个定义倒是简单,但是由于利用一个和"文学"一样需要进行定义的术语"艺术"来定义,显然让人们并不太清楚文学到底是什么,也无法区分文学与非文学。[①]

《辞海》中这样定义"文学",即"社会意识形态之一。中外古代都曾把一切文字书写的书籍文献统称为文学。现代专指用语言塑造形象以反映社会生活、表达作者思想感情的艺术,故又称'语言艺术'。"[②]文学通过作家的想象活动把经过选择的生活经验体现在一定的语言结构中,以表达人对自己生存方式的某种发现和体验,因此它是一种艺术创造,而非机械地复制现实。

在有阶级的社会里,文学带有阶级性,优秀的作品又往往具有普遍的社会意义。文学的形象不具有造型艺术的直观性,而需借助词语唤起人们的想象才能被欣赏。这种形象的间接性既是文学的局限,也赋予文学反映生活的极大自由和艺术表现上的巨

---

① 王士军. 中国近代文学的文体变革[D]. 哈尔滨:哈尔滨师范大学,2017:3.
② 张璘. 文学传统与文学翻译的互动[M]. 镇江:江苏大学出版社,2013:35.

大可能性,特别是在表现人物内心世界上可以达到其他艺术所不可及的思想广度和深度。

中国魏晋南北朝时期,曾将文学分为韵文与散文两大类,现代通常分为诗歌、散文、小说、戏剧、影视文学等体裁。在各种体裁中又有多种样式。《辞海》在20世纪末对文学所下的定义却散发出浓郁的19世纪批判现实主义的气息,片面强调文学反映社会,但是忽视了文学的独特性。换言之,忽视了使文学之所以成为文学的"文学性"。

20世纪20年代,兴起于欧美的新批评派将现实主义批评方式视为外部批评,认为这种批评方式远离了文学的本质,于是转而研究文学的内部。差不多在同一时期,俄国也有一批年轻人认为现实主义批评没有能够把握住文学的本质问题,即文学性问题,因此希望研究文学的形式,研究文学之所以成为文学的原因。因为他们关注文学的形式胜过关注文学的内容,因而被称为"形式主义者"。新批评和俄国形式主义都将文学视为封闭的系统。

"文学性"是俄国形式主义的重要研究目标。所谓"文学性",是指"文字中的形式与语言结构"。新批评虽然没有明确提出要研究文学的文学性,但是将文学研究分为内部研究和外部研究,而所谓的内部研究就是要研究文学之所以为文学的原因。[①] 文学不在于说什么,而在于怎么说。这就是新批评致力于研究文学作品的骨架和肌质,研究其内部张力的原因。

从以上讨论可以看出,文学是语言的艺术,通过一些艺术手法,将司空见惯的生活以一种清新的方式呈现出来。那么文学传统究竟是什么呢? 如前所述,传统包括两部分:有形的传统和无形的传统。其中,有形的传统是指从古代流传下来的实物,如建筑、书籍等;无形的传统则是指那些世代相传的思想、文化、道德、风俗、制度等。就文学传统而言,也包括两部分,其中有形的包括承载文学内容的纸质书籍、手稿、抄本、电子书籍、光盘、磁盘等。

---

① 张璐. 文学传统与文学翻译的互动[M]. 镇江:江苏大学出版社,2013:36-37.

人们关注的不是这些有形的传统,而是文学传统中那些无形的部分。换句话说,就是隐含在有形传统中的那些观念、思想、技巧、主题等。

文学传统在延传过程中发生变异,主要原因在于,固然有部分人对传统不满,立志要改变传统,但是更多的作家也许只是想借助于想象或观察而达到充分表现一种难以企及的洞悟,表现一种言语上或造型上难以企及的表现方式。所以,一部伟大的文学或艺术作品并不必然是传统中的一项创新;它也许既不想修正传统,也不想取代传统,而是只想创造一部在手法上内在地高于其他作品的杰作。这种手法可能涉及传统中的创新。绝大多数伟大的文学作品都是创新之作,不过并没有修正或理性化过去的作品,也没有取代它们。相反,它们融入到了作品的宝库中,不仅通过加入新的因素而改变了传统,而且也通过改变人们对伟大作品之传统的理解,从而改变了传统。

第二节　文学传统与文学翻译

传统只是埃文·佐哈尔(Evan Zohar)的多元系统的一个子系统,所以本节首先对多元系统进行概述,在此基础上探讨文学翻译与翻译文学。

一、多元系统理论

由于语言的问题,俄国形式主义文学理论直到 20 世纪六七十年代才为西方文学界所熟悉。20 世纪 60 年代末 70 年代初,以色列学者埃文·佐哈尔受俄国形式主义理论的启发,提出了多元系统假设,后来这种假设逐渐演变成多元系统理论,并逐渐走出文学领域,进入文化系统。

多元系统假设的背后隐含着一条原则:文学要素不再被看作孤立的,而是相互联系的。换言之,文学作品并不只是文学技法的简单堆积,而是一个结构整体,一个有秩序、分层次的集合。①
文学要想常新,就必须不断地将新的文学技法纳入前景中,而将
其他技法贬谪。

不过,与其说是这些新的技法重要,不如说重要的是它们与
周围事件的关系。文学不是社会中孤立的行动,它受到独特的、
不同于一切其他人类行为的法规约束,是人类行动中一个完整的
并且常常位于中心的强大因素。

埃文·佐哈尔明确指出,多元系统的思想源于俄国形式主义
文学理论。当然,影响埃文·佐哈尔的还包括接受和发展了俄国
形式主义理论的捷克结构主义者,以及苏联符号学家尤里·洛特
曼(Yury Lotman)。在俄国形式主义理论家中,尤里·梯尼亚诺
夫(Yury Tynjanov)对埃文·佐哈尔的影响最大,尤其是 1924 年
和 1927 年的两篇论文:《文学事实》(*The Literary Fact*)和《论文
学进化》(*On Literary Evolution*)。②

尤里·梯尼亚诺夫在《文学事实》一文中提出,文学事实就是
一个"关系实体"(relational entity),所谓的文学作品、文学类型、
文学时代、文学或文学本身,实际上是若干特征的聚合,这些特征
的价值完全取决于它们与网络中其他因素之间的相互关系。③ 这
个网络就是一个系统,而且是一个变动的系统。文学研究必须置
于共时和历时两个维度之下来进行。只有在这样的关系中,才能
确定某一作品、某一时期、某一类型或某一文学与众不同的特点。
共时和历时的交汇之处将会显示不断变化的统治和依附关系。
由占据统治地位,拥有特权,已经经典化了的中心构成的系统在
运行一段时间后变得僵化,被从系统边缘爬出来的更具有活力的
新形式所取代。

1927 年,尤里·梯尼亚诺夫在《论文学进化》一文中又提出,

---

① 张璐. 文学传统与文学翻译的互动[M]. 镇江:江苏大学出版社,2013:52-54.

② 汤霞. 晚清报人翻译家研究——以包天笑为例[J]. 开封教育学院学报,2019,
(4):42-44.

③ 张璐. 文学传统与文学翻译的互动[M]. 镇江:江苏大学出版社,2013:53.

文学的进化在于"系统的变异"(mutation of system),而所谓的变异是指系统内要素之间关系的变化,最典型的就是中心和边缘位置的互换。这个变异过程并非缓缓地发展或成长,而是充满了推推搡搡,充满了分裂、斗争和颠覆。

1928 年,尤里·梯尼亚诺夫与雅各布逊(Roman Jakobson)合作的一篇短文中,两位作者指出:"倘若文学是一个系统,那么文学史反过来也可以视作一个系统,因为'进化'必须是系统的。"倘若文学通过系统的进化过程而形成一个系统,那么人们就有理由把其他的文化和社会活动看作系统。这些林林总总的系统之间的关系就形成了一个"系统的系统"。

二、文学翻译与翻译文学

(一)文学翻译的含义

文学翻译的历史溯源中外有别。国内最早出现的诗歌翻译,可追溯至公元前 1 世纪,由西汉文学家刘向在其著述《说苑·善说》中记载的古老壮族民歌《越人歌》,是国内文学翻译的起点;国外最早出现的史诗翻译,可前溯至公元前约 250 年,由古罗马史诗与戏剧的创始人里维乌斯·安德罗尼柯(Livius Andronicus)用意大利粗俗的萨图尼尔斯诗体译出了荷马(Homer)的《奥德赛》(*Odyssey*),用于教学。①

自文学翻译诞生之日起,人类对其的思考与探索就未曾止步。当代,对文学翻译的研究更多地开始以专著的形式得以呈现。不同的学者持有不同的研究目的,从多个角度出发,对文学翻译进行了深度研究,得到了环环相扣的各种结论。对于国内外众多学者给出的文学翻译的定义,下面择其要者分而述之。

(1)北京师范大学王向远教授认为,文学翻译主要是对文学

---

① 白玥. 英语文学翻译中艺术语言的处理原则[J]. 文学教育(上),2018,(12):145.

作品中的文本信息进行语言转换,这种行为更多地带有介质载体的色彩,而不具备本体属性。

(2)苏联著名文学翻译家兼翻译理论家加切奇拉泽(Ga-chechiladze)认为,文学翻译的过程也是译者进行文学再创作的过程,译著既要尊重原著的艺术真实,也要反映译者的价值观念和思维理念。

(3)我国知名作家兼文学评论家茅盾先生认为,文学翻译的过程是借助语言营造原著艺术意境的过程,译文需要使读者感受到原著的美与神韵。

(4)我国著名文学研究家、作家兼翻译家钱钟书先生认为,文学翻译不仅仅是对文字牵强生硬地再转变,而应该弥合两种语言之间的文化差异,在译著中保留原著的风味。这种文学翻译的过程,类似于灵魂的迁徙(The Transmigration of Souls)过程,虽然躯壳有变,然而精神永存。

(5)北京师范大学郑海凌教授认为,文学翻译是译者对原著的艺术化转换,是译者从审美的角度再现原著的艺术风格与思想内容,使读者通过译文就能获得与阅读原著相同的美感和启发。

(6)张今和张宁教授在其合著的《文学翻译概论》中指出,文学翻译是专注于文学领域社会语言的沟通与交际过程。文学翻译的首要任务应该致力于促进社会繁荣、政治清明、经济发展和文化进步,并通过语言间的转换实现对原著镜像的完美展示。

根据上述分析可知,文学翻译的初级阶段涉及文字符号的译介;高级阶段的文学翻译则重在展示原著的艺术风格与形象特质。此时的翻译语言已不再满足于传递信息,而是对原著的再创作,是不同文化观念的融合汇流,是艺术的展示与再现过程,既要客观真实地反映原著,又要追求艺术风格、社会影响和读者效果的有机统一。①

---

① 白玥. 英语文学翻译中艺术语言的处理原则[J]. 文学教育(上),2018,(12):145.

（二）文学翻译与翻译文学之辨

文学翻译、翻译文学与很多概念一样，似乎是不言而喻的，很少有人对二者进行界定，更不用说加以区分了。即使是最早为翻译文学呐喊，为翻译文学正名的谢天振，早期也没有对二者进行定义并加以区分。直到1997年，葛中俊在《翻译文学：目的语文学的次范畴》中才对文学翻译和翻译文学之间的不同进行了辨析。翻译文学不同于文学翻译，二者的区别如下所述。[①]

（1）文学翻译是翻译的一种，属于翻译的门类或方法论，与科技翻译并行；翻译文学尽管与翻译的关系极为密切，然而它属于文学范畴，与外国文学、国别文学并行。

（2）文学翻译指的是从一种语言经由翻译者中介向另一种语言过渡的种种努力，是一种方法或过程；翻译文学则是由文学翻译的产品（译作）组成的、处于不断建构之中的体系，即历史上或某一文学阶段翻译作品的总和，是一个集合或实体。

（3）文学翻译的任务在于规定和制作，而作为学科门类的翻译文学的主要职责在于描述和批评。

（4）文学翻译规定的是如何做，而翻译文学描述的是做了什么及做得怎样。

概括而言，文学翻译是翻译，做翻译应该做的事，而翻译文学是文学，因此做文学应该做的事。从表面上来看，文学翻译与翻译文学这两个概念之间的差别似乎很清楚了。其实不然，葛中俊的辨析是基于一个假设，即"文学"和"翻译"两个概念都是不需要定义、不言而喻的。然而，这两个概念并不简单。"文学"与"非文学"的界限有时很难界定，将文学视为"文体、文类等方面的独特的创新模式"，历史并不长，学界至今仍然难以说清文学与某一语言之间关系的深浅，更不用说和某一地域、某一民族或某一国家的关系了。

---

① 谢晓霞. 民初短篇小说翻译中现代性的三维书写[J]. 深圳大学学报（人文社会科学版），2018，(5)：132-138.

提及翻译,也没有一个公认的定义,有时候与改编、改写很难划清界限。谢天振指出,"文学翻译是一种在本土语境中的文化改写或文化协商行为。两种不同文化的遇合际会,必然经历碰撞、协商、消化、妥协、接受等过程。"不仅如此,由于译者的"隐身",翻译还真假难辨,翻译可能伪装成原创,原创有时也会伪装成翻译。所以,人们采取约定俗成的方式,凡是被"文化中人"公认为翻译作品的,就视其为翻译作品。翻译文学就是这类作品的总集,是译语文学系统的一个子系统,而产生这些产品的过程就是文学翻译(过程)。换言之,翻译文学是文学翻译之果。

葛中俊还给文学翻译和翻译文学指派了任务,认为前者的任务在于"规定和制作",后者的任务在于"描述和批评"。不难看出,葛中俊在此处不仅将文学翻译研究和文学翻译本身混为一谈,而且将文学翻译研究限定在规定性研究范畴,将当下的描述性翻译排除在外。文学翻译研究的任务同样可以是描述,但是描述的重点可能和翻译文学研究不同。① 以误译现象为例,文学翻译研究从翻译质量的角度考虑,可能关注其数量、造成误译的原因(包括译者有意或无意地误译、后续质量控制不严)、如何减少错误等;翻译文学研究则不同,对它来说误译不再是影响质量的瑕疵,而是既成事实,它把误译称为"创造性叛逆",所关心的是误译是否会产生别样的效果等。

谢天振在《中国现代翻译文学史(1898—1949)》的"总论"中,对翻译文学进行界定时持类似的观点。不过随着翻译研究和比较文学研究的进一步发展,各自研究领域的进一步扩大,文学翻译研究与翻译文学研究之间的差异将越来越小。

(三)翻译文学与文学传统

多元系统理论将翻译文学视为一个系统,是译语文学这个多元系统的一个子系统。翻译文学一头连接源语文学,一头连接译

---

① 谭业升. 美国汉学家陶忘机的中国小说翻译观[J]. 外语学刊,2018,(6):102-107.

语文学。换言之,翻译文学联系着两个文学传统,其中"外国文学—源语文学—传统"通过翻译文学这个中介影响"本土文学—译语文学",促进新的"本土文学—译语文学—传统"的形成。

对外国文学传统来说,翻译文学像是撒出去的种子,在译语文学系统内生根发芽,生命得到延续。但是人们永远也不可能将某一外国文学系统全部移植到译语文化中来,只能有所选择,甚至是盲目选择。其结果,是翻译文学所展现出的传统可能与源语文学传统大相径庭,甚至面目全非,如晚清对侦探小说、传记小说的推崇,不免使人对英美小说传统产生误解。所以,依照翻译文学去推断源语文学传统无异于盲人摸象,把翻译文学等同于外国文学是自欺欺人。正如谢天振指出的那样,翻译文学"已不复是原来意义上的外国文学作品"。

翻译文学源自不同的外国文学系统。因为译者所代表的文化势力如何,以及他对这一文化所持的态度怎样都会在译者的不自觉中以这样或那样的方式制约着他的语言选择,所以在不同时期对外国文学作品的选择必然不同。早先遗漏的作品也许会受到青睐,原先热门的类型如今也许会无人问津。就这样,翻译文学不断进化,形成其特有的传统。然而,这一点却很少有人注意到,文学史只是在无可避免的情况下才会谈及翻译作品,并且绝大多数人提到翻译文学想到的仅仅是个别作品的"翻译"或"翻译作品",从没有想到翻译文学是一个特殊的文学系统。翻译文学绝不是某一个或某几个文学系统的移植,它源自外国文学系统,在本国文学系统中扎根,是一个杂合的系统。

对于本国文学系统来说,翻译文学就像搅局的鲶鱼,使得原本可能是死气沉沉、僵化的系统充满了活力。通过翻译文学所引进的新概念、新类型和新技巧等,丰富和完善本国文学系统。在外来因素的催化之下,本国文学传统经历了淘汰和新生,其中一部分从中心走向了边缘,一部分得以保留甚至发挥,其中心地位得以巩固,还有一部分则和外来因素进行化合,产生新的传统。

例如,现实主义本是我国古代文学的传统之一,到了20世纪二三十年代,受苏联文学的影响,批判现实主义逐渐成为新文学传统,甚至一度占据绝对的统治地位,其他要素无不望之披靡。盛极必衰,由占据统治地位、拥有特权、已经经典化了的中心构成的系统在运行一段时间后就会变得僵化,被从系统边缘爬出来的更具有活力的新形式所取代。到了20世纪70年代末,随着我国改革开放以及引介西方各种文艺思潮和文学传统,批判现实主义不再一统天下,而是群雄逐鹿,一些曾经被放逐的要素又重新登场,一些崭新的外国传统也挤上了舞台,我国的文学领域变得热闹非凡、丰富多彩起来。

当然,有时候外来的文学冲击力比较大,本土文学传统一下子难以消化,因此不得不改变其范式,通过一场革命来吸收接纳外来因素。所以,翻译史也就是文学革新史,是一种文化影响另一种文化的历史。不过,人们还应当注意到另外一种情况,不妨称为"隐性翻译"的影响。如果说把实实在在的翻译(包括改编和改写)称作"显性翻译"的话,那么,那种因为阅读外国文学著作等而在文学创作过程中受到的影响则称为隐性翻译的影响。

相对于显性翻译的影响,人们很难对隐性翻译的影响进行实证研究。文学之间的相互影响很多时候难以确证,没有作者的自陈,有时候明知道作者受到某种影响,但是对其中的过程却很难弄得明白,不知道究竟是受到直接的影响,还是经由其他途径受到间接的影响。以钱钟书为例,他的《围城》中所反映出来的受外国文学影响的文字中,究竟有哪些是受到小时候阅读林译小说的影响?又有哪些是在他游学欧洲时受到的欧洲文学的直接影响呢?这一点人们也许永远不得而知。事实上,有时候连作者自己也无法弄清楚。

例如,某个作者曾经阅读或听闻过某些事,这些事进入了作者的记忆库。由于人脑不是电脑,记忆库中的事件随着时间的推移有的会变得模糊,不经过特殊刺激,很难被调用;而有的部分则变得模糊,不再完整。因此,作者在进行创作并调用这些记忆时可能连自己也不太清楚其来源。尽管如此,这种隐性翻译的影响仍然是值得关注的课题。相对于显性翻译所体现出的不完整的外国文学传统,这种无形的翻译可能体现的是更全面的外国传统。

第三节　文学传统影响下的文学类作品翻译

文学类作品的翻译过程会不断发生改变,并对文学传统起到一定的反拨效应。基于此,本节就对这两个层面展开分析。

一、文学传统对文学类作品翻译的制约

人们都存活于传统中,呼吸到传统的气氛,每时每刻都受到传统潜移默化的影响。文学传统也不例外,也时刻影响着一切文学行动,包括文学类作品翻译。社会上的大多数人都不希望抛弃传统,也就是那个整个发挥着作用的文化范型综合体。传统意味着成功范型,显然与前途未卜的创新相比更有吸引力,更值得效仿。[①] 反抗传统意味着走上一条前途不明的道路,也许会成功,成为文学史上的丰碑,但是更有可能倒毙在途中,成为文学发展道路旁的累累白骨。传统就以这种润物无声的方式,让身处传统中的人进行抉择。

文学传统并不直接影响翻译过程,而是通过代理人来发挥影响。安德烈·勒菲弗尔(Andre Lefevere)认为赞助系统、专家、意识形态和诗学控制着文学系统,因此也就控制着文学的生产和流通。在控制文学系统的几个要素中,意识形态和诗学、文学传统一样并不直接控制,而是通过赞助系统和专家来实现控制的目的。

事实上,文学传统和意识形态、诗学颇有共同之处。按照安德烈·勒菲弗尔的定义,意识形态即"制约我们行动的形式、习俗和信念的网络",而诗学则包括两部分:"一部分包含文学技巧、类

---

① 张璐. 文学传统与文学翻译的互动[M]. 镇江:江苏大学出版社,2013:65-67.

型、主题、原型人物和情境、象征符号等；另一部分则是指文学观念，即文学作为整体，在整个社会系统中所扮演或应该扮演的角色。"那么，什么是文学传统呢？那就是有关文学的观念、思想、技巧、主题等，而按照《辞海》的定义，文学则是"社会意识形态之一"。

可见，文学传统、意识形态和诗学概念相互交叉，有很多重合之处，只不过传统强调延传，意识形态着眼于政治、经济方面，而诗学则侧重文化方面。所以，适用于安德烈•勒菲弗尔系统中意识形态和诗学的也基本适用于文学传统，不过意识形态要素的约束力要远远大于诗学和文学传统的约束力。在安德烈•勒菲弗尔的文学系统内，文学活动，包括文学类作品翻译，直接受到两方面的制约。

第一，文学系统中的专业人员，即批评家和评论家（影响作品的接受）、教师（决定用什么作教材），以及翻译家（决定翻译文本的诗学观念和意识形态）。他们偶尔会压制明目张胆地违背主流诗学或意识形态的作品，不过更多的时候会对作品进行改写，直到作品符合主流诗学或意识形态。

第二，文学系统之外的赞助系统，即促进或阻碍文学的阅读、创作和重写的力量。其中，包括有影响或有权力的个人、团体（出版商、媒体、政党或政治阶层），以及规范文学和文艺思想流通的机构（国家学术机构、学术期刊，特别是教育机构）。赞助系统可通过意识形态、经济利益和社会地位三个方面发挥作用。意识形态决定文学与其他社会系统之间的关系，经济利益保证作家的生计，社会地位提供特权和知名度。由于受到这两方面的制约，文学类作品翻译活动并不是完全自由的。换句话说，文学传统通过赞助系统和专业人员这两个代理在一定程度上实现了对文学类作品翻译的操控。

二、文学类作品翻译对文学传统的反拨

文学传统在一定程度上操控文学类作品翻译，而文学类作品

翻译反过来又对文学传统形成反拨。

首先，文学传统虽然具有相对稳定性，但是并非铁板一块。在主流文学传统出于维持稳定的目的而选择某些或某类作品进行翻译时，必然有支流对这些作品进行排斥，引进别的作品，冲击主流文学传统，促进文学变革。有时为达到目的，反抗者甚至不惜"发明"传统，意图狐假虎威，借助外部的力量来实现内部的革命。

其次，尽管在文学系统的稳定阶段，翻译可能成为保护传统趣味的手段，但是翻译通常都是引进新观念、新文类、新技法的媒介。虽然文学内部有一个反文学传统，但是传统中人由于思想受传统的束缚，除了走向其反面外，往往没有太多的办法。[1] 通过文学类作品翻译，反抗者可以接触到不同的文学传统，找到现成的榜样，于是在外来要素的催化下，新的文学作品诞生了并成为文学传统的一部分，文学传统不断进化。

第四节　外来文学传统对文学类作品翻译的影响

在西学东渐的大变局中，包括文学在内的中国社会的各个领域都发生了前所未有的擅变和转型。在中西文化交流的大背景下，西学对中国文学的强烈冲击与中国文学自身的创造性转化这两种力量共同作用，推动着中国古典文学逐步走向现代化的发展道路。在此过程中，外来文学传统起到了直接的助推器和催化剂的作用。

以小说为例，在中国文学传统中，小说一直被认为是小道，不能登上大雅之堂。在文学系统内部，一直有人致力于提升小说的地位，但是效果显然是不明显的。受西学东渐的影响，外来文学传统极大地影响了中国传统知识分子对小说的看法，小说也逐渐获得了较高的地位。本节就来分析外来文学传统对中国近代小

---

① 李东杰，蓝红军. 翻译文学史书写的新探索——兼评《20 世纪下半叶中国翻译文学史：1949—1977》[J]. 东方翻译，2018，(3)：16-21.

说翻译的影响。

一、虚构的传统

霍布斯鲍姆认为，"当社会的迅速转型削弱甚至摧毁了那些旧的社会模式，新的社会模式与旧传统格格不入时，或者当旧传统及其机构载体和传播者已经僵化，缺乏灵活性，甚至已经消亡时。当需求方或供应方发生了相当大且迅速的变化时，传统就有可能被发明。"霍布斯鲍姆还指出，传统的发明往往是通过改造的方式来实现的，如环境变化后，对旧用途进行调整，为了新的目的而使用旧的模式。

小说在中国向来被视作小道，不登大雅之堂，尤其是通俗小说，在近几百年来受到禁毁。不过通俗小说的巨大影响力却让志士仁人看到了小说在开启民智方面的巨大作用，但是小说的卑微地位让他们有些犹豫，于是他们想到了西洋小说。他们不仅仅拿来了西洋小说，而且"发明"了西洋小说传统，夸大小说在西方发展过程中的作用，杜撰了西洋小说的神话。发明是因为有需要，中国传统小说观念已经极大地妨碍了他们利用小说来进行宣传、启智的诉求，因此要想充分利用小说，就必须改变人们对小说的看法，提高小说的地位。

严复、夏曾佑仅仅"且闻欧、美、东瀛，其开化之时，往往得小说之助"，就"不惮辛勤，广为采辑，附纸分送。或译诸大派之外，或扶其孤本之微"。康有为感叹"泰西尤隆小说学哉"，因此"亟宜译小说而讲通之"。梁启超作为康有为的弟子，在《〈蒙学报〉〈演义报〉合叙》中声称，"西国教科之书最盛，而出以游戏小说尤盛。故日本之变法，赖俚歌与小说之力，盖以悦童子以导愚氓，未有善于是者也。"[1]《译印政治小说序》进一步指出："在昔欧洲各国变革之始，其魁儒硕学，仁人志士，往往以其身之所经历，及胸中所怀，政治之议论，一寄之于小说。"翌年，梁启超再发高论，"于日本维

---

[1]　张璘. 文学传统与文学翻译的互动[M]. 镇江：江苏大学出版社，2013：82.

新之运有大功者,小说亦其一端也"。

对小说作用的夸大,在梁启超的《论小说与群治之关系》中达到了极致,"欲新一国之民,不可不先新一国之小说"。于是,要想出现新的道德、风俗、学艺,乃至人心、人格,就必须革新小说。为了革新小说,梁启超假借洋人之力,让传统中小道的小说打了一个翻身仗。同年,楚卿在《论文学上小说之位置》一文中指出:"吾昔见东西各国之论文学家者,必以小说家居第一,吾骇焉"。在第二段,他重复梁启超的"小说为文学之最上乘"以及小说具有两种德、四种力的观点。

显然,梁启超等人杜撰的有关西洋小说的神话已经深入人心,中国读者已经接受一个经过加工的甚至说是杜撰的西洋小说传统。有趣的是,正是这个虚构的西洋小说传统促进了中国小说界的革命。在本土势力的配合下,小说界革命所向披靡,迅速取得成功,不仅引进了新体裁,更输入了新思想、新内容。

二、新体裁的引入

晚清的小说革命其实是建立在一个虚构的西洋文学传统上的,换言之,晚清的小说革命家用一个虚构的神话推动了晚清小说的革命。在中国文学的土壤上最先生根发芽、茁壮成长的却是侦探小说,另外言情小说、科学小说、军事小说等也均有所发展。限于篇幅,这里对侦探小说与科学小说进行探讨。

(一)侦探小说

侦探小说是以案件的发生和推理侦破过程为主要描写领域的小说,故又称"侦探推理小说""侦破小说""推理小说"等。侦探小说最早产生于美国。1841 年,美国小说家埃德加·爱伦·坡(Edgar Allan Poe)发表《莫尔街凶杀案》,这是文学史第一篇侦探小说,和《玛丽·罗杰的秘密》《失窃的信》等成就了埃德加·爱伦·坡的侦探小说之父之名。①

1863年,法国作家埃米尔·加博里奥(Aimier Gaboriau)发表《血案》。1868年,英国作家威尔基·柯林斯(William Wikie Collins)发表《月亮宝石》(*The Moonstone*),扩大了侦探小说的影响。1887年,英国作家柯南·道尔开始发表的《血字的研究》,把侦探小说的创作推向高潮。

侦探小说是一种集惊险、神秘、趣味、娱乐于一体的小说,具有独特的历史文化蕴含和艺术风格。

首先,侦探小说多以具有超强的推理和判断能力的私人侦探为主人公,再配上一些平平常常的人,如警察、侦探的朋友或助手、罪犯、受害人、目击者和见证人。这些私人侦探语言幽默风趣,洞察力惊人,在与罪犯的对话中语言犀利无比,直刺对方心脏,使其毫无反驳之力。他们侦察破案时所表现的超人智慧、敏锐洞察力和平常之人的平庸、无能形成鲜明的对比,也使前者更令人折服。

其次,侦探小说的情节结构相对固定,先对侦探本人进行介绍,然后描写犯罪事实,找出侦破线索,层层推进地描写案件的调查和分析,进而宣布侦破结果,并解释疑点。故事情节神秘、刺激,对于读者具有很强的吸引力。

最后,侦探小说多产生于科学技术和实证主义相对发达的社会,所写的案情复杂、诡秘,侦破手段巧妙、严谨,以严格的科学精神、缜密的逻辑推理服人,和中国传统的公案小说颇为不同。所以,侦探小说是舶来品。尽管如此,侦探小说传统与中国传统公案小说传统的契合之处却使得侦探小说迅速流行开来。

郭延礼认为,在近代译坛上,侦探小说约占全部翻译小说的五分之一,并且欧美侦探小说名家几乎均有译介,甚至与西方侦探小说创作同步,所以倘就翻译数量之多、范围之广、速度之快来讲,在整个翻译文学的诸门类中均名列前茅。

---

① 林妙莹.清末民初翻译侦探小说研究[D].海口:海南大学,2017:5.

我国翻译的第一部侦探小说是柯南·道尔（Conan Doyle）的《海军协定》（*The Naval Treaty*），张坤德把它译为《英包探勘盗密约案》，发表在《时务报》6—9 册（1896 年 9 月 27 日至 1896 年 10 月 27 日）上。此外，张坤德还翻译了《记伛者复仇事》（*The Crooked Man*）、《继父诓女破案》（*The Case of Identity*）等。

自此之后，侦探小说的翻译绵延不绝。根据《新编增补清末民初小说目录》，1895—1917 年间，有明确标记的小说共 1 062 部/篇，标记为侦探小说的翻译小说共 192 部/篇，另有一部小说标记为侦探言情小说，一部标记为侦探艳情小说，占有标记小说综述的 18.23%，涉及英、法、美、日四个国家。

此外，1906 年，小说林社出版《福尔摩斯再生一至五案》《福尔摩斯再生六至十案》《福尔摩斯再生十一至十三案》；1907 年，小说林社出版《聂格卡脱侦探案》16 册；1916 年 5 月，中华书局出版《福尔摩斯侦探全集》12 册，共 44 篇，均未标记为侦探小说。

从标记为侦探小说的翻译小说的数量来看，1907 年前后，侦探小说翻译达到第一个高潮。武润婷认为出现侦探小说翻译的第一个高潮的原因有如下两个。

其一，和中国刑律的改良有关。过去，处理刑事案件的是地方行政长官，这些长官未经过专门培训，审案时难免疏漏。所以，在和西方接触之后，晚清要求刑法改良的呼声高涨。但是法律易于修订，执法机构也易于改组和建立，如何提高办案人员的素质和侦破能力却成了难题。在这种情况下，西方的侦探小说为人们提供了这种借鉴。

其二，因为侦探小说是人们喜闻乐见的作品。中国本土的公案小说让民众对同是侦破案件的故事感到熟悉，而公案小说描写破案的手段粗率、幼稚，情节也不够曲折，又让民众觉得侦探小说新鲜，将侦探小说视为了解西方社会生活的一个窗口。

舶来的侦探小说使本土的公案小说相形见绌，促使中国作家对公案小说进行改造或创作我国的侦探小说，在创作技巧上为我国作家提供了有益的借鉴。特别是我国近代小说中倒装叙事的运用,更是直接得益于此类作品。^① 另外,在柯南·道尔创作的福尔摩斯系列作品中,华生直接参与案件并加以记录的第一人称叙事手法对我国近代侦探小说的创作也有影响。我国著名侦探小说家程小青的《霍桑探案》就受到柯南·道尔这种创作模式的影响。

(二)科学小说

郭延礼认为,所谓的科学小说也就是我们今天统称的"科幻小说",不过晚清时经常被标为"理想小说"或"冒险小说"。晚清国势江河日下,内忧外患,灾难重重,洋务运动的失败使得晚清知识分子认识到仅靠少数精英不足以改变国运,必须开启民智,对群众进行普及教育,其中也包括科学教育。

我国翻译的第一部科学小说是薛绍徽在她丈夫帮助下译的儒勒·凡尔纳(Jules Verne)的作品《八十日环游记》。小说系根据英译本转译,但是相当忠实,几乎没有删节和随意的增添。虽然小说中人物名字的翻译明显地带有中国色彩,如福格的仆人路路通译为阿荣,艾娥达夫人译为阿黛,但在体制上也还是传统的章回体,把37章改成了37回,每回有七字回目,却无"话说""且说""且听下回分解"等俗套。和《巴黎茶花女遗事》相比虽然忠实有余,但是受章回小说传统的影响却要大过《巴黎茶花女遗事》,而远小于《十五小豪杰》——另一部被转译的凡尔纳的作品。晚清翻译的科学小说大致可分为三类:空间探险、灾难小说以及科技发明。

第一类科学小说,仅译介儒勒·凡尔纳的作品就有鲁迅翻译的《月界旅行》、佚名翻译的《空中旅行记》、佚名翻译的《环游月球》、谢炘翻译的《飞行记》等数种。世纪之交的人们挖空心思构想飞向太空、征服空际的方式,如周桂笙翻译的《飞访木星》,描写科学家葛林士与其助手用氢气球举陨石上天,访求木星。

---

① 李东杰,蓝红军. 翻译文学史书写的新探索——兼评《20 世纪下半叶中国翻译文学史:1949—1977》[J]. 东方翻译,2018,(3):16-21.

　　第二类科学小说描写灾难,如梁启超根据日文转译的《世界末日记》、佚名翻译的《杞忧星灾》等。《世界末日记》勾画了一幅世界走向死寂的苍凉景象,一切的文明与先进面对宇宙寂灭都显得不再重要,感叹"世界终末之期,早已至矣"。经过初期的狂热后,人们对科学技术稍微理智,开始译介描述由于科技的广泛应用导致的一系列社会问题的科学小说,如杨心一翻译的威尔士的《火星与地球之战争》《八十万年后之世界》等。这类作品有利于人们真正高瞻远瞩,对科技采取批判的理性接纳态度。

　　第三类是以科技发明为题材的科学小说,这也是数量最大的一类。这类作品覆盖面广,涉及自然科学的多个学科,如金石翻译的《秘密电光艇》,陈鸿璧翻译的《电冠》,史九成翻译的《微生物趣谈》,包天笑、张毅汉合译的《乔奇小传》,定九、蔼卢、包天笑合译的《人耶非耶》等。在所有自然科学中,以化学知识为素材的作品较为突出,但总体而言,成就不大。

　　外国科学小说的译介也催生了中国科学小说的诞生。① 中国科学小说的开篇之作是署名荒江钓叟的《月球殖民地小说》,于1904年3月17日—1905年11月11日在《绣像小说》21—62期上连载。在此之后,中国科学小说作家们吸收传统神魔小说和西方科学小说的精华,创作出一系列上天人地、云游太空的科幻作品。

　　当然,科学小说本要借小说的形式来阐述科学道理,起到科学启蒙的作用。例如,李迫创作的《放炮》只是平铺直叙化学课上老师演习通过"电气分水"和"亚铅"取"水素"的过程,像是学生毫无声息地对一次化学实验课所作的记录。天卧生创作的《鸟类之化妆》通过一个嫁到乡间的知识女性的叙述,介绍了燕子的飞速、家禽的砂浴等动物知识。由于过于注重传授科学知识,这些小说写得有些沉闷。

　　不过,也有些科学小说写得生动活泼,如端生创作的《元素大

　　① 高原. 从《侠隐记》看近代译介小说及文学翻译的流变[J]. 理论界,2017,(5):104-109.

会》，刊登于《东方杂志》第十卷第十一号（1914 年 5 月 1 日）。小说以幽默诙谐的笔调介绍化学元素，写八十多种元素济济一堂，有"衣冠皓洁，形容光艳，常左右驰走于四隅，与人周旋"的"敏捷活泼""青年"——"水银"；有"克薄族"的"奇僻"少女——"亚可儿（酒精）"，"此女生有异秀，闻者辄为心醉"；有"性外温和而内刚烈，好扶弱锄强""曳绿色之"的格鲁林（氯气）夫人。作者通过这种拟人化手段介绍元素的性质、作用，故事情节也构思巧妙、令人忍俊不禁。

第五节　变化中的文学传统

面对外国文学传统的冲击，中国文学传统不断调整，进行自我适应。基于前面的论述，下面主要以现代小说及其意识的形成为重点分析变化中的文学传统。

一、现代小说

现代小说不同于现代派小说。现代小说是与古典小说相对的概念，是在域外小说影响下而形成的一门语言艺术。20 世纪20 年代，西方社会知识分子对科技进步和工业化所带来的灾难感到震惊，以至于对人类社会是否能够逐步走向更加美好的明天感到怀疑，从而产生忧郁彷徨的情绪。这种思想和情绪反映到艺术上，便造就了所谓的现代派艺术，而表现这种思想和情绪的小说就被称为"现代派小说"。早在 1934 年，胡怀琛就讨论过现代小说与中国原有小说的区别，他指出现代小说具有以下几个特质。[①]

（1）用现代语写，脱尽了古代文言的遗迹。

（2）是写的，不是说的，脱尽了说书的遗迹。

（3）所写的是一般人的日常生活，不是特殊阶级的特殊生活。

---

① 张璐. 文学传统与文学翻译的互动[M]. 镇江:江苏大学出版社,2013:182-183.

(4)脱离了神话和寓言的意味。

(5)结构无妨平淡,不必曲折离奇。

(6)结构不可不缜密,不可松懈。

(7)注意能表现出民众的生活实况及某地方的人情风俗。

(8)注意人物描写的逼真和环境、人物配置的适宜。

将这八条归类,不难发现第(3)(4)(7)条谈的是小说的内容和主题,第(1)(2)(8)条谈的是小说的技巧和语言,第(5)(6)条谈的是小说的结构。再仔细分析一下会发现,胡怀琛的八条是针对传统小说的一些特点提出的,似乎急于和传统小说割离,走向传统小说的对立面,从而显得有些片面。就内容和主题而言,胡怀琛虽然道出了部分现代小说应该描写的内容,但是把另一部分内容完全排除在外,使得现代小说概念过于狭窄。

就技巧和语言而言,第八条最能反映现代小说的特征,而第(1)(2)两条却并非现代小说的必要特征,反而把范围缩小了。就结构而言,第(6)条可谓是现代小说与传统小说的一个重要差别。所以,胡怀琛的八条虽然涉及了现代小说与传统小说的一些差别,但是其中一部分并非现代小说的本质特征。

那么究竟什么是现代小说呢? 现代小说就是在西洋小说的影响下,形成的以叙述为主,描写、抒情、议论等多种手法并用的文学的一大样式,刻画一定环境中的相互关系、行动和事件以及相应的心理状态、意识流动等,从不同角度反映社会生活。与传统小说相比,现代小说内容和主题更加丰富,技巧更加多样,结构更加缜密。

二、现代小说意识的形成过程

在 1902 年,虽然梁启超高举小说革命的义旗时,响应者云从影随,但是这场革命并不彻底。事实上,晚清的"小说界革命"虽然提高了小说的地位,人们对小说的认识也有所提高,但始终没有彻底摆脱传统小说观念的影响。

随着时间的推移,人们对小说的认识逐步加深,现代小说意识渐渐形成。所谓的现代小说意识，就是摆脱传统小说观念，在西方小说的影响下形成的，将小说要素分为情节、性格和背景的意识。

贺根民认为，中国小说观念的近代化是"一个新小说家不断扬弃的过程"，"一个新小说家接纳异域文化，并不断检讨、对比和化用的文学实践过程"。① 不过早期小说理论批评家如梁启超等，对传统小说思考得并不多，对西方小说也是耳食多于真知，对外国小说理论更是处在略知皮毛的程度上，常常以讹传讹，造就了晚清有关西洋小说的神话。他们从错误的认识出发，主张小说界革命，提倡政治小说之类的新小说，用小说来启迪民智，借此改良群治，富国强民。他们将中国文学传统中的"载道"观念推向极致，将小说当成工具，其理论口号多于翔实的分析，未能提出符合小说发展规律的理论来。

徐念慈在西方美学思想的影响下，从美学的角度来分析小说的审美特征，为晚清小说理论批评开辟了一条新的途径。尽管他对刚刚被引进国门的黑格尔（Hegel）、基尔希曼（Kirchmann）等的美学思想还有不少的误解，但他毕竟运用了全新的思想来论证小说的审美价值，并将理论初步系统化，所以徐念慈在某种程度上可以说是代表了晚清小说的理论高度。

不过，阎奇男、王立鹏认为对小说的见解最为深刻的是王国维和周氏兄弟。他们的共同之处是否定文学作为政治的工具，但并不否认文学对于人生的意义。他们强调艺术的独立价值，不依傍经史，不谋求直接功利，其论调与早期的"新小说"理论家有明显的差异，与当时的潮流相左，但是更贴近真正意义上的文艺观。

王国维的小说理论主要体现在《红楼梦评论》中。他深受康德、叔本华的哲学美学思想的影响，就文学的性质、功能、价值、目的，形成了一套崭新的文学观念，确立了艺术表现人生的理论，从理论上深刻批判了传统的"文以载道"文学观。

---

① 郭竞. 中国近代文学翻译中的意识形态问题[J]. 郑州航空工业管理学院学报（社会科学版），2016，(4)：141-144.

　　王国维的《红楼梦评论》是第一次运用从西方舶来的新型的文学观来解剖中国传统小说。王国维也是我国历史上第一位能体察作者用心，领会作品意图，道出《红楼梦》真谛的评论家。当世人还热衷于用索隐、影射之说来研究《红楼梦》时，他却直奔中心，以《红楼梦》本身作为研究对象，指出《红楼梦》是我国文学中唯一的真正"具厌世解脱之精神"的"悲剧中之悲剧"，具有极高的美学价值。①

　　可以说，正是由于王国维，中国古代小说的优秀传统才开始展示在世人面前，人们才开始懂得怎样读小说，怎样理解《红楼梦》中的悲欢离合。当然，王国维的小说理论带有相当严重的唯美主义倾向。在"文以载道"观念甚嚣尘上的文学传统中，王国维能将西方美学思想引进，无异于在层层黑夜里给人们带来了一束火把……它使文学不再依附于道，不再作为政治道德的工具。文学与哲学、伦理道德并列，获得了独立存在的意义，找到了自身存在的价值。这就从根本上改变了中国传统文学观念的价值体系。

---

　　①　郭竞．中国近代文学翻译中的意识形态问题[J]．郑州航空工业管理学院学报（社会科学版），2016，（4）：141-144．

第八章　文艺视阈下小说与诗歌 的翻译实践研究

文学翻译作为翻译类型的一种,在中外翻译史上都占有重要的地位,对各国文化的传播有着重要价值。文学翻译与文学创作一样,其本质都是一种审美创造活动,只是文学翻译是在原作的基础上进行的一种再创造。文学翻译包括以小说、戏剧、诗歌、散文等为题材的翻译并具有自己的特点。世界上不论哪一种民族文学,诗歌总是最早产生的一种文学体裁。小说是最受欢迎的一种形式。本章就具体探讨文艺视阈下小说和诗歌的翻译。

第一节　小说的翻译实践

一、与小说翻译相关的理论

(一)小说批评

有人说,21 世纪属于批评的世纪,因为把批评包括在艺术创造在内的观念形成了文学价值观的特色。批评是艺术创造的一部分,对任何一门艺术的认识,必须包括批评这一领域,否则就无法形成完整的认识。但是,批评家这个角色一直被外界忽视乃至蔑视,因此必须从艺术的普遍角度证明批评家和批评在整个小说艺术上不可替代的位置。

1. 小说批评的内涵

狭义的小说批评是专业意义上的批评,以方法上的自觉为核心要素。广义的小说批评就是小说阅读,任何读者无论是有意识的还是无意识的,其实无一例外地在阅读作品时都进行着批评。

一旦将批评严格限定在方法的意义上,那么专业的小说批评家必须接受过小说批评的方法训练并自觉运用这种方法。通常情况下,专业的小说批评家需要满足以下三种条件:一是阅读的积累;二是比较的意识;三是程序化地处理自己的观点。艺术真实和艺术价值是小说的内在生命力,完整的小说批评必须兼顾这两者,也就是说,既对原作作品的"事实"部分进行阐释,又对作品的"价值"部分进行评价。

从一定意义上讲,译者是一种特殊的读者,需要研究小说原作的方法论的有无。

2. 中西小说批评对比

小说批评已形成四大类:鉴赏批评、实证批评、实用批评、功能批评。

(1)西方小说批评

现代英美新批评重视对作品的细读,但仍是十足西方化的,其最终指向作品的语言结构、逻辑方式等内在要素。另外,西方小说批评试图建立统一的理论范畴、概念,包括什么是含混、反讽、矛盾语、张力等。

总体来讲,西方的小说鉴赏批评是从具体向普遍过渡,为读者提供普遍知识,在结合个别作品事例的同时超越作品本身。因此,西方的批评目的在于达到科学性。

(2)中国小说批评

中国明清两代的小说评点以鉴赏批评为主流,这种评点方式是中国小说批评家独创的,它不仅提高了人们对排斥在正统文学门外的古典小说的重视程度,更重要的是小说批评这门学科提供了一种美学方法。

中国的小说评点无意识地就将自身限定在纯阅读经验的述说这一维度上,并不追求理论的升华。中国小说点评家坚持细读,坚持不超越作品本身,而是注重浓厚的艺术品位。尽管中西小说批评的目的不同,但都符合一定的读者的需求。

中国小说评点与作品内容自然、融洽地结合在一起,所以中国小说批评方式与西方文论批评模式相比,表现出鲜明的特色。在中国古典小说译出时,为了突出中国小说的特色,要广泛吸取中西小说批评理论的长处,并据此从宏观上把握小说的艺术性以及从微观上选择译语的修辞。

(二)小说文本解读

无论是翻译学的理论构建,还是翻译行为的具体实施,都需要先从文体研究入手。古今中外,关于文体的定义,有很多种说法。在综合古今多重定义的基础上,笔者认为文体主要包括两方面:体制规范以及艺术构造方式和形态。叙事是艺术构造方式和形态背后的文化精神和主体意识,因此文化精神自然成为文体研究的对象。

1. 语言解读

文学语言的传统分类往往是以体裁为标准的,即分为小说语言、散文语言、诗歌语言和戏剧语言,但是这种分类不可避免地带有很大的局限性。首先,这种分类忽视了同一体裁内部的语言差异。其次,这种分类抹杀了四种体裁的文学语言的共性。实际上,这四种体裁的文学语言并不是互相对立和矛盾的,它们之间表现出一定的交叉性,如散文语言中蕴含诗歌语言,诗歌中也有散文化的语言,优美的戏剧语言是诗化的语言,小说既有散文语言,又有诗歌般的作者叙述语言等。按照这种文学语言的分类方法去研究文学语言,就无法探究文学语言的本质,而只是浮于表面。

因此,曹炜提出从文学语言的交际功能着手对文学语言进行分类。从本质上讲,文学语言就是作家向读者传递信息的工具。在这个传递信息的过程中,文学语言内部各要素承担了不同的功能。据此,文学语言分为直接交际语和间接交际语两大类。从文学语言的内部组成成分来看,这两类语言的交际功能、交际角度和制约因素都是有差异的。

直接交际语是作者直接同读者进行言语交际的话语,即叙述语言。根据不同的视角还可以分为元叙述语和次叙述语。

间接交际语是作者借助作品中人物之口向读者传递信息的编码,即人物语言,具有间接交际功能。据交际对象的不同,又可分为对白和独白。

2. 审美解读

对于文学翻译来讲,审美的终极目标是实现语言的正确与得体。老舍曾经指出,写作需要运用与对象相适合的语言,写花要用花的语言和感觉。看书是需要灵感的,只要书中有一部分吸引了自己,就认为是好书,因为这一段使我对这全书有了好感;只是因为没有时间细读,也就不作批评,如果强行批评,也是不完美的批评。其实,老舍道出了潜批评的表现形式,即内在的没有说明的审美批评,这与显批评,即已经说明的专业批评是相对应的。这两种批评都是翻译所需要的。从宏观与微观两方面进行译语再现,就会产生不同的译文。

二、小说的翻译

(一)审美与翻译

小说以人的情感脉动为主线探索宇宙与社会,而情感的脉动离不开由心理事实构成的人的精神世界,因此小说的创作与欣赏是人的一种审美活动。翻译离不开语言审美,小说翻译也是如此。刘宓庆指出,翻译必须回归美学,翻译学应该成为美学的重要分支。另外,翻译研究应大力倡导科学的理论原则,要加强语言间的互补性研究。翻译研究要摆脱二元化的认识局限,不能认为除了直译就是意译,二者并非是相互排斥的关系,更多是表现为你中有我、我中有你。例如：

The excellence of every art is its intensity, capable of making all disagreeable evaporate from their being in close relationship with beauty and truth.

任何一种艺术的高超之处就在于它具有强烈的感染力，因为它与美、与真紧密相连而使种种有失于怡人的成分烟消云散。

（刘宓庆 译）

在本例中，译者就是将直译和意译结合起来，才建构出了这样优秀的译文。这正是梁启超所谓的好的翻译，也就是直译和意译的圆满调和，对"二元化"的优化解构。

翻译审美中必须把握住作者的情志、意旨，才能以此为准绳选择词语，确定译文总体风格、风貌或风骨的再现。

如果属于文学语言，就没有必要管一字对一字的准确，一句对一句的工稳，一段对一段的齐整了。而所要求的是笼罩全书的气氛，是鸟瞰整体宏观的架构，把语言不能表达的表达出来。既是文学的本质，翻译一事就不能用任何肯定的方法，只有求之于从模糊中显出要表达的意思来。求"雅"是文学之为艺术的唯一要求，"信"与"达"是不能列为要求的条件的。翻译小说，是翻译文学语言，是把日常语言所不能表达的东西曲予表达。不能谈"信"，也不必谈"达"。

在此，以《咆哮山庄》为例来说明小说的审美与翻译。《咆哮山庄》是一件艺术品，所述既不是日常的事，说的也不是日常的话。作者既不是要研究那里的风为什么刮得如此之大，也不是要探讨那里的树为什么长得那么畸形。《咆哮山庄》是艺术，既不是新闻报道，也不是科学报告。一团暴烈的情感，一股野蛮的力量；一堆盘根错节的树，一场呼号嘶叫的风从 1769 年到 1802 年，跨越四分之一世纪，辗转于思萧（Eamshaw）家的咆哮山庄与林顿（Linton）家的画眉山庄，回荡在两山庄间广漠的荒野上。这一片英格兰北部约克郡的沼泽地，隔绝了来往其间的人物。尤其是希兹克利夫（Heathcliff），因疏离而压抑，因压抑而爆发。他与凯撒琳(Catherine)二人是沼地孕育的儿女,他们的气息与脉动呼应了沼泽上的雨雪与狂风。二人的感情宣泄而出,倾盆如注,亦如雪的汹涌与风的骤狂。外人无法参与他们的天地,也消受不了他们的震荡。这种震荡的剧烈由画眉山庄的个性与俯仰其间人物的平稳、踏实与宁静衬托出来。就是在开卷不久,洛克伍德(Lock-wood)拜访希兹克利夫时,就看到呼叫的狂风下挣扎求生的枞树与张牙舞爪的荆棘,由这种外在的自然环境引出了主人的心理状况,完全的不驯与恣意的野狂。

Wuthering Heights is the name of Mr. Heathcliff's dwelling, "Wuthering" being a significant provincial adjective, descriptive of the atmospheric tumult to which its station is exposed in stormy weather. Pure, bracing ventilation they must have up there, at all times, indeed; one may guess the power of the north wind, blowing over the edge, by the excessive slant of a few, stunted firs at the end of the house; and by a range of gaunt thorns all stretching their limbs one way, as if craving alms of the sun. Happily, the architect had foresight to build it strong; the narrow windows are deeply set in the wail, and the corners defended with large jutting stones.

(Emily Jane Bronte: *Wuthering Heights*)

"咆哮山庄"是希兹克利夫先生的住所。"咆哮"是当地一个很有意义但太偏狭的形容词,显示出在暴风雨的时节所感受到的气候的骚动。当然,纯洁的空气他们这里是随时都有的。这屋子的末端几株发育不全的枞树之过度倾斜,以及一排茁壮的荆棘向着一个方向伸展着四肢,好像在求太阳的施舍似的,我们可以猜想到那北风的声势是什么样子。侥幸地,这房屋的建筑者是有先见的,造得很坚固:狭窄的窗子深嵌在墙里,同时,墙角也用突出的大石头保护着。

(梁实秋 译)

原作主要是在抓住与展开这荒凉与恐怖的气氛,而梁实秋的翻译却偏偏没有抓住,遑论展开。梁实秋是在一字对一字、一句对一句、一段对一段地零碎翻印,正像诗人罗伯特·弗洛斯特(Robert Frost,1874—1963)所说,在诗的翻译中,所失掉的正是该诗之所以为诗的东西。我们可以引申为梁实秋的译文所失掉的,正是该小说之所以为艺术品的东西。

（二）语体与翻译

语体分为口头语体和书面语体。书面语体又分为文言语体和白话语体。这两种书面语体先后成为小说创作的工具,并一直共存。文言语体注重写意传神。文言小说语体可以吸收口语元素,以及韵语、骈语,以至译音译意外来词等各种成分。通常情况下,当文言语体中引进了较多的口语元素时,就越能发挥写实描摹的作用,也越能将写意表现得更加充分,这样就慢慢形成了"杂而文"的语体特色。由于文言语体在写意功能上具有很大的延展性,因而文言修养较高的人几乎可以近似地描摹任何事物。

古代小说的两种书面文体是动态发展的,俗和雅是发展的两端,两种语体从不同出发点进行相向运动,文言语体的由雅趋俗,白话语体的由俗趋雅,最后实现语言的雅俗融合和雅俗共赏的终极目标。这就表明通俗化和艺术化是小说文体对语体和语言发展的根本要求。近年来,由于翻译文化转向潮流来袭,学界开始注意到了林语堂成功的翻译活动及其对中西文化交流的价值。他始终将忠实、通顺和美作为自己的翻译目标。例如:

惟每年篱东菊绽,秋兴成癖。

The chrysanthemum,however,was my passion in autumn of every year.

在上述例子中,林语堂将"癖"译为 passion 而不是 addition,让西方读者认识到了中国人赏菊的审美情趣,以及菊花在中国文化中独有的地位。

在《围城》中钱钟书以掉书袋的方式评人平事,英文、法文亦手到擒来。与其说是幽默,不如说是讽刺。《围城》中的中外夹杂句子出现在叙述部分时,多半是中外并置,中文多为外国词语下定义或释名词。那对话又如何呢?《围城》中有一段描写方鸿渐拜访张先生,张先生喜欢在言语里中英夹杂,简单举一个例:

张先生大笑道:"我不懂什么年代花纹,事情忙,也没工夫翻书研究。可是我有 hunch;看见一件东西,忽然 What d'you call 灵机一动,买来准 OK。他们古董掮客都佩服我,我常对他们说:'不用拿假货来 fool 我。O yeah,我姓张的不是 sucker,休想骗我!'"关上橱门,又说:"咦,headache,——"便搭电铃叫佣人。

Mr. Chang laughed heartily and said,"I don't know anything about period designs. I'm too busy to have time to sit down and study it. But I have a *hunch* when I see something,and a sudden—*what d'you call*? —inspiration comes to me. Then I buy it and it turns out to be quite *OK*. Those antique dealers all respect me. I always say to them,'Don't try to *fool* me with fakes. *Oh yeah*, Mr. Chang here is no *sucker*. Don't think you can cheat me!'" He closed the cupboard and said,"Oh, *headache*," then pressed an electric bell to summon the servant.

(茅国权 译)

原书夹杂的英文字在英译本中自然是不译,但译者把原来的英文字以斜体来表示,以资区别。这倒不失为一个聪明的方法,至少在英译本中可以看出原文就掉的是洋书袋,比加小注要高明些。

王尔德《快乐王子》的主角是快乐王子,而整篇故事却是在一只小燕子的牵引下展开。小燕子在月光下看见的是哭泣的雕像,借王子的自我介绍而点题:

"Who are you?" he said. "I am the Happy Prince. ""Why are you weeping then?" asked the Swallow; "you have quite drenched me. ""When I was alive and had a human heart," answered the statue,"I did not know what tears were,for I lived in the palace of Sans-Souci,where sorrow is not allowed to enter. In the daytime I played with my companions in the garden, and in the evening I led the dance in the Great Hall. Round the garden ran a very lofty wall, but I never cared to ask what lay beyond it, everything about me was so beautiful. My courtiers called me the Happy Prince, and happy indeed I was, if pleasure be happiness. So I lived, and so I died. And now that I am dead they have set me up here so high that I can see all the ugliness and all the misery of my city, and though my heart is made of lead yet I cannot choose but weep. "

(Oscar Wilde: *The Happy Prince and Other Tales*)

周作人如此译：

（燕心怜之，）问曰："君何人耶？"曰："吾安乐王子也。"燕曰："然胡为泣？已濡我矣。"王子曰："当吾生时，犹具人心，乃不知泪为何物。以吾居商苏西（此言无忧）宫中，忧怨无由得入，昼游苑中，夕就广殿，歌舞相乐。苑外围以崇墉，吾但见是中之美，更无暇问此外何有矣。诸臣字吾曰安乐王子，使人世欢娱，足称安乐者，则吾信安乐矣。吾墨墨以生，亦墨墨以死。逮死后，众置我高居是间，吾遂得见人世忧患，虽吾，心为铅，不能无动，舍涕泣外，无他道矣。"

从快乐王子的生前之乐到身后之忧，周作人的译笔经济而又干净，如"昼游苑中，夕就广殿，歌舞相乐"，又如"吾墨墨以生，亦墨墨以死"，实得唐人传奇以降至于《聊斋志异》之风采：格调高华，语言尊贵。周作人曾说王尔德童话乃"诗人的诗"。就语言而论，周作人的译文也达到了这个境界，读来直如以中文写就的西洋故事。

再看巴金所译：

"你是谁？"他问道。"我是快乐王子。""那么你为什么哭呢？"燕子又问，"你看，你把我一身都打湿了。""从前我活着，有一颗人心的时候，"王子慢慢地答道，"我并不知道眼泪是什么东西，因为我那个时候住在无愁宫里，悲哀是不能够进去的。白天有人陪我在花园里玩，晚上裁又在大厅里领头跳舞。花园的四周围着一道高墙，我就从没有想到去问人墙外是什么样的景象，我眼前的一切都是非常美的。我的臣子都称我是快乐王子，不错，如果欢娱可以算作快乐，我就的确是快乐的了。我就这样地活着，我也这样地死去。我死了，他们就把我放在这儿，而且立得这么高，让我看得见我这个城市的一切丑恶和穷苦，我的心虽然是铅做的，我也忍不住哭了。"

此处所引的段落较长，译笔的风格就看得更清楚些，其冗长拖沓也就显得更严重些。例如，"我并不知道眼泪是什么东西"，至少可译成"我并不知道什么是眼泪"；"悲哀是不能够进去的"，也可简化为"悲哀是不许进去的"。遑论原作中大量的人身代名词，巴金似乎毫无保留地全译了出来。只一个"我"字，王子的答话中就有 18 个，怎么看都太多了。以巴金的译作与创作对照来看，就会发现累赘实为其文风。说白点，他显然误解了白话文的根本定义。

刘易斯·卡罗尔（Lewis Carroll）所著的《爱丽斯漫游奇境》有随兔子直入洞中的地底探险，也有后来的小飞侠，干脆冲破地心吸力的限制，飞向永无岛去。周作人赞赏赵元任选译这部书的眼力及选用原著的插图，又佩服他纯白话的翻译以及注音字母的应用。再看赵元任的十条译书凡例，其中有一条专说本书叙事采用的是普通语体文，而会话要说得活现，就借用了方言的材料。所谓方言，指的是北京话。

"Ahem!" said the Mouse with an important air, "Are you all ready? This is the driest thing I know. Silence all round, if you please! 'William the Conqueror, whose cause was favoured by the pope, was soon submitted to by the English, who wanted leaders, and had been of late much accustomed to usurpation and conquest. Edwin and Morcar, the earls of Mercia and Northumbria-'"

赵元任如此译：

那老鼠做着个高贵的样子，咳一声道，"呃哼！你们都齐备了吗？我将要给你们的东西是天下再没像这样又干又暖的了。请你们诸位静听，不准吵闹！'威康大将，其义军本为罗马教王所嘉许，故末久即将英格伦完全臣服，英格伦彼时本缺乏领袖，近年来频遭国内僭篡与夫外邻侵略之乱，亦已成习惯。哀德温与摩耳卡耳，即迈耳西亚与娜司生勒利亚之伯爵——'"。

细看这段话实际上有两部分，前半部分说的是大家从眼泪池中爬出来，全身自然是湿透了，都想让自己快点干。the driest thing 一语双关，既用干燥一义来对照全身湿透的情况，又意味着要讲的话是最干巴巴的了。以双关语为游戏文字，比任何词汇都要难译。"又干又暖"照顾到了"干燥"之意，但"枯燥"就无法两全。再者，"齐备"又不是指用具，这样译还真的有些怪。至于后半部分是话中话，英语原文显出一派装腔作势，令人想起历史教科书来。这应是卡乐尔与阿丽思原型的小姑娘之间的心灵交感，是以诙谐来挖苦维多利亚时代的说教。赵元任者，语言学家也。他把前半部分译为口语，即周作人所说的"纯白话的翻译"，后半部分则改用文言文。虽然语体并不成熟，我们仍能感觉到译者从语体转文言时逗弄文字的兴奋，以及他借以讽刺文言文之为死文字的得意。但就翻译而言，用文言文来译老鼠的陈腔，却是神来之笔。

第二节　诗歌的翻译实践

一、诗歌的特点

（一）自然感性

自然感性是审美思维的起点。文艺作品中种种外象的审美信息，通过人的视听感官，意在"扣人心弦"，引起读者初始阶段的审美感受，情感开始富集，并进入意识构建的初阶过程。

（二）形式感性

"形式感性"中的"形式"指"有意义的形式"。文学的内在形式美集中于"意象"（image，imagery）。刘勰说文学的外在形式美具有物态特征，他称之曰"物色"，物色可以"属彩附声"（《文心雕龙·物色》第四十六）："彩""声"都是诉之于自然感性的。意象是在物态（彩、声）之外蕴涵着"意"。美学上认为，"意象"已从艺术的感性构形（forming）进入到理性涵蕴（implying）。这时文艺家谈的常常是一些感性事物即"象"，但就在他的感性事物描述中涵蕴着他的理性抒发即"意"，而且常常采取象、意交织的表现法。因此，康德认为审美意象是表象与观念的统一、一般与特殊的统一。康德的名言是"美一般可以说是审美意象的表现"。

显然，意象美不仅关注物态特征，更执著于如何以"象"来涵蕴"意"，刘勰称之为"意象运斤"（《文心雕龙·神思》），这种执著，杜甫则谓之"意匠惨淡经营中"。这时，经艺术家选择的物象，处在"似花非花"的虚淡境界，期待"意"的充实，在格式塔（Gestalt）心理美学观中称为"完形"（perceptional organizing into whole or 'a new whole'，R. Amheim，1949）。其实，在中国古典文艺美学中，王弼（226—249年）很早就提出了"得意忘象"（《周易略例·明象》)的命题，至唐代王昌龄、近人王国维发展为"意境说"，把文学美（主要指诗词）概括为"情、意、境"三维融合的结晶。

（三）象征感性

文学美的深层形态就是象征（symbol）。这时艺术家的主观意识（理念）已完全处于潜隐状态，完全被某种象征符号所覆盖。中国文论认为隐喻具有一种"玄机性"，玄机在寄意于外物，以外物隐内情，就如骆宾王（619—687年）在狱中以"咏蝉"来自喻。"蝉"成了"己"的象征。因此，黑格尔（Hegel）认为："象征首先是一种符号，象征艺术是一种形象压倒理念的艺术。"文学美的象征感性的特征是具有很大的概括性和理念"演绎性"（paraphrasibilty)。有人称之为"真理断言"(Morris Weitz),美在"理"的间接性、隐喻性,在声、色漫语中蕴涵箴言。

二、诗歌的翻译

(一)自由灵活

翻译审美的目的,不是随心所欲、收放自由、无所约束的一般性文学赏析。翻译者在进入审美境界以前必须善于把握审美所必备的自由意志、非先验认识、非因袭态度等。这些都属于审美意志的积极条件;同时还必须充分认识到翻译审美的目的是语际的审美再现(aesthetic representation),欣赏不是终极目的。译者的审美自由度有很大的依附性。但是,依附性只是翻译审美的一个消极方面。我们要把握和凭借的是它的积极方面,那就是人的审美心理结构所具有的无限的能动性。正如刘勰所云:"枢机方通,则物无隐貌"(《文心雕龙·神思》)。所谓"枢机",即神思之机,也就是我们今天所说的审美心理机制。充分调动神思之机,使神居胸臆,则"畅与物游",物象之美"必无隐貌",这是必然的。

"不入于物,焉能取象"的道理,对于"搜求"内在形式的文学美尤为真切。审视文学的内在形式美(意象、形象美)不像欣赏油画、欣赏音乐,前者要求审美主体将整个审美心理结构(康德归纳为"知、情、意"三个系统)调动起来,以物(依据原文)取象(意象美),否则断难"出乎其外,故有高致"。

(二)感同身受

情感是审美心理结构中最富有能动性的因素,同时也是贯彻始终的因素:审美始于感知,而终于领悟,而情感则始终起着催动作用。王国维有句名言说:"一切景语皆情语"(《人间词话删稿》)。清代的文艺美学家刘熙载也说过类似的话:"情景齐到,相间相融"(《艺概·词曲赋》)。亨利·詹姆斯(Henry James)认为艺术作品是情感生活在时空中的投影,没有情感,也就谈不上投影,可见情感才是艺术家所欲表现的实体,艺术形式只是一个容载情感的"投影",作品只是作家情志的载体。在符号学美学家(如 S. Langer)看来,艺术是人类情感的符号形式。艺术品是情感的"符号形式创作"。

从翻译美学上说,翻译文艺作品之成败,在很大的程度上取决于译者能否恰如其分地应乎原作之理,顺乎原作之情。伟大的文艺作品总是理蕴于辞间,情溢于言表。

西方美学对情感在审美心理过程中的作用认识有限,一般倾向于只把情感视为认识美的一种功能(美的认知功能),对情感的研究至今无显著进展。其实,情感不仅仅是一种认识的表现,它本身是一种基本的、最活跃的、伴随整个审美过程的心理因素,具有鲜明的个人特色。审美者尽管可能对某一事物有同样的认识,但他们可能产生各式各样的个人情感。正因为如此,文艺作品中的"情"也是千差万别、丰富多彩的。情感(情)确实伴随着人们对事物的认识(识),但审美情感却总是以自由意志为条件,以审美体验为依据,以价值态度为标准,也才是庄周所说的"析万物之理"(认识),"判天地之美"(审美)。自由意志是超功利的,所以庄子说:"淡然无极而众美从之"(《庄子·刻意》)。情动于衷而形寓于言。

在中国传统文论美学中,融情、景、志于一体,"景生情、情寓志"的创作契机称为"感兴说",源自《礼记·乐记》:"感物而动"。把握感兴说的必要,对翻译审美的意义是不言而喻的。这一点也非常符合现代符号论美学的观点:艺术符号的解码(翻译),取决于根据直觉形式(外在景物)对情感符号(内在情志)的解码。

第九章　文艺视阈下中国部分古代文学经典的译介与个案分析

文学是用语言塑造形象并反映社会生活的一种语言艺术,是文化中极富感染力的重要组成部分。中国古代文学经典是中国文学史上闪耀着璀璨光芒的经典性作品,是中华民族最重要的文化遗产之一,是世界上令人瞩目的瑰宝。对中国经典文学经典进行翻译,可以向世界传播中国传统优秀文化,让其他国家和民族了解中国经典文学,进而促进中国与其他国家和民族的深入沟通与交流。本章将对文化视阈下的中国部分古代文学经典的译介与个案进行研究分析。

第一节　西方汉学家英译的《诗经》

《诗经》是中国古代诗歌的开端,是中国最早的一部诗歌总集,收集了西周初年至春秋中叶的诗歌,内容丰富多样,情感真实,其犹如一面镜子,反映了当时的社会生活面貌。《诗经》具有强烈的艺术魅力,是中国现实主义文学的第一座里程碑。有着独特魅力的《诗经》也引起了西方汉学家的关注,他们将《诗经》译成英文呈现给西方读者,对中国文学的传播做出了重要的贡献。本节将对西方汉学家英译的《诗经》进行具体分析。

一、《诗经》英译的历程

《诗经》的早期英译活动是从 17 世纪开始的。1626 年,比利时人金尼阁(Nicolas Trigault)用拉丁语翻译了包括《诗经》在内的"五经",这是最早的《诗经》西文译本。1698 年,法国人马若瑟

(J. H. Marie de Bremare)翻译了《诗经》中的 8 首诗歌,译文被法国汉学家杜赫德(Jean-Baptiste Du Halde)收入其《中华帝国全志》一书中。该书曾在 1736 年和 1738 年两度被译为英文,英语读者正是由此最早接触到其中收录的《诗经》。

18 世纪,英国汉学家威廉·琼斯(William Jones)初次接触中国诗歌是《大学》的拉丁文译本所引用的《诗经》中的若干篇。琼斯曾经将《卫风·淇奥》中的一节分别用直译和意译的方式译成拉丁文。1829 年,英国汉学家戴维斯(J. F. Davis)在其专著《汉文诗解》中以《诗经》和先秦至六朝民歌为例论述了中国诗歌格律,开创了《诗经》原文英译的先河。①

19 世纪,《诗经》英译出现了第一个全译本,理雅各(James Legge)是第一个全译者,英译本的名称为 *The Shi King*,该译本于 1871 年在香港出版,其在《诗经》英译史上具有里程碑式的意义。理雅各的译本前附有"绪论",对《诗经》的基础知识进行说明,为英语读者的理解和欣赏扫清了语言文字的障碍,但是他的翻译只传递了原诗的字面意思,没有再现原诗的质朴和美感。

1876 年,理雅各又推出了另一个《诗经》英译本,与 1871 年的译本有明显的区别。这种一诗两译的做法,让理雅各在中国古典诗歌英译史上占有一个很独特的位置:为了平衡源语学术知识与译入语诗歌规范的矛盾就需要找寻实际的答案,他是这方面的先驱;另外推出的这个诗体译本,证明了他认为译作的重点不可能同时兼顾学术与诗歌规范两方面的要求。②

进入 20 世纪,《诗经》的英译受到越来越多的关注,这一时期阿瑟·韦利(Arthur Waley)的 *The Book of Songs* 和高本汉(Bernhard Karlgren)的 *The Book of Odes* 两个译本备受瞩目。

相较于之前的汉学家,韦利在诗歌的翻译风格方面有所创新,不仅超越了表明的"形似",而且体现了其追求传达原诗精神的"形似"风格。韦利的翻译更强调诗集的审美价值,注重再现原

---

① 包延新,孟伟.《诗经》英译概述[J]. 晋东南师范专科学校学报,2002,(6):36.
② 孔慧怡. 翻译·文学·文化[M]. 北京:北京大学出版社,1999:92.

文的韵律之美。但是他的译文没有押韵,因为他认为"用英语不可能再现原文的押韵效果"[①],这一观点对后来的西方汉学家产生了深远的影响。韦利的中国文学英译本是少数能真正吸引英语读者的译作,能够引起读者的共鸣。

高本汉在《诗经》翻译方面的取向与韦利相反,他的翻译以学术需要为旨归。他认为《诗经》产生年代久远,文字繁难,只有掌握中国传统的训诂和音韵方法,辅之以现代语言学理论的科学方法,才能真正读通文本,从而更好地翻译《诗经》。为此,他在《诗经》字词训释上面花了大量工夫。他的译作是学者译诗,是以学问完全压倒诗意的作品,可以说作为学术翻译,其译作是一个重要的里程碑。但是这种牺牲诗意译诗方法注定了取法吸引大量英语读者的目光。

美国著名诗人庞德(Ezra Pound)也对《诗经》进行了翻译。早在1915年,庞德在不懂汉语的情况下通过研究美国东方学家费诺罗萨(Ernest Fenellosa)的遗稿,翻译了一系列的中国古诗,包括《诗经》在内的共19首中国古诗,收集在《华夏集》(Cathay)中。由于不懂汉语,庞德无法理解中国古诗的音韵和形式结构,但是可以清楚地看到诗中的意象,因此在译诗时最为关注对诗中意象的处理。《华夏集》在翻译上并不忠实于原文,很大程度上是作者的再创造。此书也成为英美意象派诗歌的代表作,产生了深远的影响。

1954年,庞德开始翻译《诗经》,书名为 *The Classical Anthology Defined by Confucius*(《诗经:孔子所审定的古典诗集》)。此时庞德已经基本通晓汉语,其译文不再是对原诗的再创造,而是力求传达原诗的风格与韵味。庞德认为《诗经》是中国百姓的民歌,因此他开创了用美国民歌的文风来阐述《诗经》。

---

① Arthur Waley. *A Hundred and Seventy Chinese Poems*[M]. London:Constable and Company LTD,1920:20-21.

二、《诗经》翻译的难点

中国古诗讲究音韵优美、节奏和谐,注重简洁、含蓄、凝练等,而这一特点在《诗经》中发挥到了极致。但在英译过程中,如何有效兼顾外在雅和内在美一直是中外译者关注的问题。其中,诗歌的体式、诗性语言和诗的意象是最为常见的几个问题,下面就从这几个方面来分析《诗经》英译中的问题和难点所在。

(一)诗歌体式的选择

就体式而言,现在的《诗经》译本主要有四种体式:散体、韵体、无韵体和诗意的散文。下面以《诗经·小雅·采薇》中的第六章为例来分析这四种体式。

昔我往矣,杨柳依依;今我来思,雨雪霏霏。

行道迟迟,载渴载饥;我心伤悲,莫知我哀!

At first, when we set out,/The willows were fresh and green;/Now, when we shall be returning,/The snow will be failing clouds. /Long and tedious will be our marching;/We shall hunger; we shall thirst. /Our hearts are wounded with grief,/And no one knows our sadness.

(James Legge 译)

理雅各的翻译并没有使用节奏和韵脚,而是使用了分行的散文,但是读起来十分自然流畅。理雅各忠实再现了原诗的字面意思,使英语读者能够切身体会到诗歌的意境。理雅各的译本可以作为《诗经》散体译文的代表。

At first, when we started on our track,/The willows green were growing. /'Tis raining fast and snowing. /And food and drink will fail us. /Ah, hard to bear is the misery! /None knows what grief assail us.

(William Jennings 译)

威廉·詹宁斯(William Jennings)的译诗具有英语传统诗歌

的韵味,读来更像是诗,能够给读者带来美的享受。詹宁斯的译本可以作为《诗经》韵体译文的代表。

Long ago,when we started,/The willows spread their shade. /Now that we turn back,/The snow flakes fly. /The march before us is long,/We are thirsty and hungry. /Our hearts are stricken with sorrow,/But no one listens to our plaint.

（Arthur Waley 译）

韦利的译诗以抑扬格为基础,但又没有那么严格,而且没有使用韵脚,读起来却颇有诗歌的节奏。这种体式为"无韵体",韦利的《诗经》译本可以作为"无韵体"的代表。

Willows were green when we set out, It's blowin' an' snowin' as we go down this road；muddy and slow,hungry and thirsty and blue a doubt(no one feels half of what we know).

（Ezra Pound 译）

庞德在翻译时并不拘泥于词与词的对立,也不在意句子的长短和次序,而是将诗词译成了散文,虽然译诗更像是自己创作的诗歌,在一定程度上有损原诗的意味,但主题旨趣距离原文并不远。庞德的《诗经》译本可以作为诗意的散文翻译体式的代表。

（二）诗性语言

诗性语言表现在语言的准确性、音韵的处理和意象的转换上。

《诗经》中的诗句多为四言句,并藏经含典,在文学史上历来被称为是意蕴深远的典范。但随着时代和语言的发展,当时或许是通俗易懂的内容到了汉代就难以被人理解了。因此,准确把握并传达原诗的含义就成了翻译《诗经》的首要难题。要让外国读者充分领略中国文化的魅力,译者就要具备深厚的汉语功底和广博的古文化知识,这样才能准确理解原诗,发现诗句中蕴含的历史典故,进而明确传达其神韵。例如:

青青子衿,悠悠我心,纵我不往,子宁不嗣音? 青青子佩,悠

悠我思，

　　纵我不往，子宁不来？挑兮达兮，在城阙兮。一日不见，如三月兮。

　　上述《诗经·郑风·子衿》是一首著名的情诗，其中"青青子衿"和"青青子佩"运用的是借代手法，用绿色衣领以及其佩戴的绿色玉佩来指代女子的心上人。这种用法在《诗经》中很常见，而且对于中国读者而言理解起来并不困难，但对于西方读者则很难。理雅各将"青青子衿"译为：O you, with the blue collar；"青青子佩"译为：O you, with the blue(strings to your) girdle-gems。通过添加括号里的内容，就为"衣领"和"佩玉"加上了主语，为读者塑造出了一个着绿色衣襟并佩戴玉佩的谦谦君子形象。可以看出，译者采用的是阐释性的翻译方法，对原文中可能对读者产生陌生性的信息加以阐释性处理，从而完整地传达了原文的信息。

　　《诗经》中的诗歌是可以咏唱的乐歌，在翻译时就有必要对诗歌这一咏唱特点加以体现。《诗经》在词语的使用方面惯用重言、双声、叠韵以及叠字等，在句子的使用上则惯用四字结构，言简意赅，音韵和谐，节奏整齐，加之叠章手法的使用，使诗歌有一唱三叹之感。可见，韵脚对原诗具有十分重要的作用，若译文失去了韵脚，就无法让读者想象与体会到古代中国的民众吟咏诗歌的景观。威廉·詹宁斯的译本就强调了 metrical(格律诗的)，更是突出了 rhymes(韵脚)。威廉·詹宁斯在翻译中努力保持汉语原诗的外在形式，特别是在用韵方面。因此，他的翻译是比较规范的韵体翻译，基本移植了原诗的格式、韵律和节奏。韵体翻译使得意韵和谐，相得益彰，在听觉效果上超过了无韵体。因此，就《诗经》的翻译而言，韵脚的翻译在是很有必要的。

　　中国古代诗歌具有很高的艺术欣赏价值，在翻译时既要传神达意，又要再现原诗的意境，但这对于有着不同历史文化和审美价值的两种语言来说，是很难做到的。很多诗词经过翻译之后很难在异域文化背景下保持完整的意象，诗词魅力和价值也会有所削弱。

中国诗人在创作诗歌时十分注重"象外之旨"和"弦外之音"，他们常用某些具体的有限形象来表达超越形象本身的无限意义，从而生动地反映生活情景和思想感情。意象在中国古典诗歌的创作和欣赏中作用巨大。但是在翻译过程中，原文意象很难进行传达，而且效果也不尽如人意。下面以《诗经》中《邶风·北风》（第一节和第三节）的翻译为例进行说明。

北风其凉，雨雪其雱。惠而好我，携手同行。其虚其邪？既亟只且！

莫赤匪狐，莫黑匪乌。惠而好我，携手同车。其虚其邪？既亟只且！

Cold blows the northern wind, /Thick falls the snow. /Be kind to me, love me, /Take my hand and go with me. /Yet she lingers, yet she havers! /There is no time to lose.

Nothing is redder than the fox, /Nothing blacker than the crow. /Be kind to me, love me. /Take my hand and ride with me. /Yet she lingers, yet she havers! /There is no time to lose.

(Arthur Waley 译)

对于上述诗歌，不同的人有不同的理解，一些儒家学者认为本诗是歌者对魏国境内的压迫和苦难的一种抗议，但在韦利的译本中，则将其解读为一首爱情诗。在韦利的译文中，狐狸和乌鸦这两个意象只是作为自然界中的典型形象被歌者用以自比来表白心迹。而对中国人而言，狐狸和乌鸦常常是奸诈、邪恶的象征，因此将该诗作为政治悲歌来看更自然，而将它作为爱情诗句来理解则显得十分牵强，也是对中国传统文化没有深刻了解的表现。

第二节　英美国家唐诗的英译

唐诗是中国文化的重要组成部分，是中国文化中的瑰宝。唐诗的英译在中西文化交流史上占据着重要的位置，而且对许多西方诗人的创作产生了重大影响。本节就对英美国家唐诗的英译进行探究。

一、英美国家唐诗的英译概况

(一)唐诗在英国的译介

英国对中国古诗的翻译要远远早于其他国家,而且翻译数量巨大,甚至超出其他欧洲国家的总和。

在中国唐诗英译史上,翟理斯(H. A. Giles)的地位十分突出,他比较注重作品的文学性,1883 年编译了《中国文学瑰宝》(*Gems of Chinese Literature*)两卷本,1901 年又出版了《中国文学史》,这是第一部以"史"的方式编写的中国文学史,全书中有 46 页介绍唐诗,并译介了孟浩然、王维、崔灏、李白、杜甫、白居易、韩愈等人的诗篇。为了尽量传达唐诗的风貌,翟理斯非常严肃地采取了直译押韵的诗体形式。[①]

韦利是继翟理斯之后的又一位重要的汉学家,为中国古典诗歌的翻译做出了巨大贡献。韦利摆脱诗歌韵律的束缚,采用了自由诗体的形式,试验性地创造了一种"跳跃节奏",以英诗的重读与汉诗的汉字相对应,多采用直译的方式,力求再现原诗风貌。其主要译作有《中国古诗一百七十首》(*A Hundred and seventy Chinese Poems*)、《中国古诗选译续集》(*More Translations From The Chinese*)、《中国古诗集》(*Chinese Poems：Selected From* 170 *Chinese Poems，More Translations，From The Chinese，The Temple And The Book of Songs*)、《白居易的生平与时代》(*The Life and Times of Po Chu-yi* 772—846 *A. D.*)、《李白的诗歌与生平：701—762 年》(*The Poetry and career of Lipo，*701—762 *A. D.*)。

中国唐诗的英译大致有两种倾向:一种是钟情于"创意英译",译出的诗优美流畅,带有强烈的创造性;另一种是强调忠实地再现原文含义。

---

① 马祖毅,仁荣珍.汉籍外译史记[M].武汉:湖北教育出版社,1997:241.

（二）唐诗在美国的译介

中国诗歌在美国的英译始于 20 世纪之后。1912 年，哈丽特·蒙罗（H. H. Munro）庞德等人创办《诗刊》并发起了新诗运动，他们主张打破传统诗风，开创诗歌新局面，大量吸收外来因素。中国诗歌就此进入这些新诗人的视野，并迅速形成一股向中国古诗学习的浪潮。这一时期的杰出翻译家有庞德、艾米·洛威尔（A. Lowell）、艾思柯（Florence Ayscough）、宾纳（W. Bynner）、弗莱彻（W. J. Bainbridge-Fletcher）均是这一时期杰出的翻译家。他们的翻译虽然并不局限于唐诗，弹唐诗的译介最为壮观。

在 1922 年之后，中国诗歌的影响在美国逐渐减弱，但是到了 20 世纪 50 年代末，随着美国社会各种思潮和运动的兴趣，"中国热"第二次兴起，这次随没有第一次那么激烈，但持续时间更长，而且影响范围更广。这一时期的主要翻译家有雷克斯罗斯（Kenneth Rexroth）、史奈德（Gary Snyder）、阿瑟·库柏（Arthur Cooper）、洪业（William Hung）等。美国诗歌和翻译家翻译的中国唐诗集有庞德的《华夏集》（*Cathay*）、洛威尔和艾思柯夫人合译的《松花笺》（*Fir-flower Tablets*）、弗莱彻的《中国诗歌精华》（*Gems from Chinese Verse*）和《中国诗歌精华续编》（*More Gems from Chinese Verse*）、宾纳和江亢虎合译的《群玉山头：唐诗三百首》（*The Jade Mountain：A Chinese Anthology*）、阿瑟·库柏的《李白与杜甫》（*Li Po and Tu Fu*）、洪业的《中国最伟大诗人杜甫诗歌注释》（*Tu Fu，China's Greatest Poet*）。

二、唐诗英译的难点

（一）韵律

唐诗有着严格的韵律要求，而且讲究押韵，注重句式的工整，讲究对仗和平仄，这便给翻译带来了一定的困难。虽然英诗也有其自身的韵律和音步，但中英两种语言之间存在很大的差异，因此在翻译中译者面临多重难题，如是否以英语格律模式翻译汉语律诗，如何再现原诗的韵律特点，如果放弃格律的使用是否影响原诗风格、意象、美感的传递。从唐诗英译的整个过程来看，韵律问题的处理与时代、译者有着直接的关系，具体表现为以下几个阶段性特点。

在唐诗英译的初期，以翟理斯为代表的译者多采用以格律诗来译唐诗的方法，竭力保留原诗的形式美。下面来看其对王昌龄《闺怨》的翻译。

闺怨

闺中少妇不知愁，春日凝妆上翠楼。

忽见陌头杨柳色，悔教夫婿觅封侯。

At the Wars

See the young wife whose bosom ne'er/has ached with cruel pain! …/In gay array she mounts the tower/when sping comes round again. /Sudden she sees the willow-trees/their newest green put on, /And signs for her husband far away/in search of glory gone.

（H. A. Giles 译）

翟理斯将每句译为两行，单行用四音步，双行用三音步，与原文的七言相一致，体现了原诗的形式美。

在 20 世纪初，由于对中古诗歌理解的不深入，很多诗人，如庞德、宾纳、韦利等人的翻译均采用了无韵诗的形式。而随着对中国古诗了解的深入，一些西方汉学家认为"创意英译"并不能反映中国诗的全貌，尤其会对中国古诗音律、形式造成丢失，许多中国学者也参与到唐诗翻译之中，他们的译诗更加着力于对唐诗韵律和形式的体现，如杨宪益、吴钧匀、许渊冲，并受到了华人和美国学界的欢迎。

（二）典故

中国诗人在创作诗歌时喜欢引用典故，这在唐诗中体现得十分明显。典故用词简洁，但负载着深广的历史文化内涵，能够扩大时空意境，使意义的传达处于虚实之间，给读者留下自由解释的空间。例如，李亳隐的《无题》"庄生晓梦迷蝴蝶，望帝春心托杜鹃。沧海月明珠有泪，蓝田日暖玉生烟。"就包含四个典故，但这些典故的意象又很模糊，很难用简单的英语来呈现厚重而又模糊的意义。可见，引用典故是唐诗英译中的又一个难题，如果隐去原典故而直接呈现原诗的深层含义，则会导致读者不能真正了解中国重要的文化意象。例如，庞德对李白的《长干行》中"十五始展眉，愿同尘与灰，常存抱柱信，岂上望夫台？"一句的翻译：

At fifteen, I stopped scowling, / I desired my dust to be mingled with yours, / Forever and forever and forever, / Why should I climb the lookout?

虽然译作传达了原诗的整体韵味，也表达了原诗的含义，但是没有准确传达原诗中的典故。

如果直接呈现典故，英语读者又往往会不能理解它的真正所指，如宾纳对"但使龙城飞将在，不教胡马度阴山"一句的翻译：Oh, for the winged General at the Dragon City—/That never a Tartar horseman might cross the Yin Mountains。原诗用了汉代飞将军李广威震边塞的典故，宾纳采用了直译的方法，这样读者只能在字面上理解诗句，并不能深入了解其文化内涵，无法产生与中国读者相同的感受。唐诗短小精致，添加注释会破坏译诗的形式美，而且典故蕴含的内容丰富，翻译时很难兼顾形式和内容。也要译者主张采用改译法翻译唐诗，也就是将中国的典故化为相似的西方典故，以便于西方读者理解，但中西相似的典故很少，即使相似，文化内涵也不一定相同。典故确实难以准确翻译，无法全面传达，但是可以根据具体情况传达对整首诗而言最为重要的东西。

（三）模糊性

中国古诗的语法形式并不严格也不规范，一词多义现象十分普遍,很容造成模糊效果,这就为自由表达和阅读理解留下了大量空间,同为英译带来了一定的困难。与中国古诗不同,英诗句子合乎语法规范,将中国古诗译成英诗时很难保留原诗的简洁、模糊性和意义的多重性。唐诗中常省略主语,这在英译过程中会产生不同的理解,如李商隐的"晓镜但愁云鬓改,夜吟应觉月光寒。蓬山此去无多路,青鸟殷勤为探看。"此处可以是第一人称的内心独白,也可以是以第三人称进行的素描,所以汉语语境中的理解本身就是多元的,但具体到翻译的过程中译者往往只能取其一。模糊性不仅仅是由于成分的缺失造成的,汉诗中许多词语本身在语境中就能产生模糊性的效果,翻译为英诗时很难保存。例如,李白《对月独酌》中"我歌月徘徊,我舞影零乱"一句,"零乱"就带有很丰富的意义,给人们十分丰富的想象空间,它既可以指诗人的寂寞情怀和零乱的心境,也可以指诗人酒后舞步的蹒跚,"影零乱"好像使影子也具有了生命,呈现的是人、月、影之间的和谐。罗厄尔(Amy Lowell)的翻译如下:

I sing—the moon walks forward rhythmically;

I dance,and my shadow shatters and becomes confused. [①]

可以看出,上述译诗"零乱"一词意义十分单一,并没有体现原诗的模糊性。

(四)文化意象

唐诗中有着丰富的文化意象和浓浓的意境,但因英汉语言的差异,在英译时很容易丢失最具价值、最能体现诗歌精髓的文化意象,所以意境成为唐诗翻译中的一个突出问题。很多名篇佳作在翻译后常常会丢失原诗的意境,甚至导致文化错位。例如,杜甫的《曲江二首》中的一句"江上小堂巢翡翠,苑边高冢卧麒麟",雷克斯罗斯将"麒麟"译为 unicorns male and female(雄性和雌性的独角兽)。虽然"麒麟"与西方的独角兽外形相似,但象征意义

---

① Amy Lowell & Florence Ayscough. *Fir-Flower Tablets*: *Poems Translated from the Chinese*[M]. Boston: Houghton Mifflin Company, 1926: 39.

不同，所以这样翻译并没有准确传达原诗意象。

三、译作赏析

鹿柴

王维

空山不见人，但闻人语响。

返景入深林，复照青苔上。

Empty mountains:/no one to be seen. /Yet hear—/Human sounds and echoes. /Returning sunlight/Enters the dark woods;/Again shining/On the green moss，above.

（Gary Snyder 译）

王维的诗主要描绘山水田园风光和隐逸生活，其意境往往寂静，语言平易晓畅，意象精美。《鹿柴》这首诗历来以反衬手法为人所赞赏一句和二句以有声反衬空寂，三句和四句以光亮反衬幽暗。史奈德的译作十分接近原诗文字与风格，很好地保持了原诗的特点，而且首句译作被动语态很好地传递了原诗的清幽意境以及人与自然界的浑然一体。

宿建德江

孟浩然

移舟泊烟渚，日暮客愁新。

野旷天低树，江清月近人。

A Night-Mooring on the Chien-Tê River

While my little boat moves on its mooring of mist，/And daylight wanes，old memories begin…/How wide the world was，how close the trees to heaven，/And how clear in the water the nearness of the moon！

（Witter Bynner 译）

原诗是一首借景言愁的诗，其中"日暮"和"月"的内涵意义十分丰富且具有典型性，奠定了整首诗意境恬淡、哀愁浓郁的基调。宾纳的译诗非常符合英语的规范，语言流畅优美，没有任何生硬之感。宾纳采用了自由式的译法，不刻意追求原诗的音韵美，有着自己的风格,但也造成了原文意境的损失。

第三节　韦利译白居易诗对英语诗歌的影响

韦利是 20 世纪英国著名的汉学家、翻译家,其一生致力于汉籍英译,对中国文学和文化在西方的传播做出了巨大贡献。他的译作涉及从先秦诸子散文、《诗经》、楚辞、古近体诗歌至先秦汉魏六朝辞赋、敦煌变文、文言小说、历史文学、白话小说等。[①]

一、韦利对白居易诗翻译的概况

韦利最为喜爱的中国诗人是白居易,从 1916 年翻译汉诗起,韦利就开始翻译白居易的诗歌(后文简称"白诗"),到 1949 年共翻译了一百多首白诗。下面就韦利对白居易诗歌翻译的概况进行说明。

1916 年,韦利自费印刷了他翻译的第一本诗集《中国诗选》(*Chinese Poems*),翻译了 52 首中国古诗,包含了 3 首白诗翻译,其中《竖琴》和《村居病卧》修改后选入了 1918 年出版的译诗集《中国诗 170 首》(*A Hundred and Seventy Chinese Poems*)。在《中国诗选》中韦利极为重视对原诗形式和内容的保留,许多诗句均是按照汉诗逐字对译,不符合英诗的语言表达,成了"中国式英语诗"。这本译诗集在当时受到了冷遇,也受到了一些人的批评,但是为韦利之后的翻译积累的经验教训,在此之后韦利开始改变方式,用流畅的英语来译中国诗。

1917 年,韦利在伦敦大学创办的《东方研究学院学刊》(*Bulletin of the School of Oriental Studies*)发表了《白居易诗 38 首》,这是韦利第一次公开发表译作,并受到赞誉。这对韦利来说具有重要意义,这些白诗翻译后来被其选入多部译诗集之中。

---

① 程章灿. 魏理眼中的中国诗歌史——一个英国汉学家与他的中国诗史研究 [J]. 鲁迅研究月刊,2005,(3):36.

1918 年,韦利出版了译诗集《中国诗 170 首》,这部译诗集与 1916 年的《中国诗选》相比,语言表达明显更为流畅自然。按译诗诗题统计该译本收录了 62 首白诗的翻译,这些白诗不少是韦利之前发表过的译作。这部译诗集为韦利带来了巨大声誉,被视为韦利的成名作,产生了较大影响。

1919 年,韦利出版社了第三本译诗集,即《中国古诗选译续编》(More Translation from Chinese),这是韦利继《中国诗 170 首》之后又一部汉诗翻译力作,该集仍然是以白诗翻译为主,在所选译的 68 首中国诗文中,白居易的诗多达 53 首。

1941 年,韦利出版了翻译集《译自中国诗》(Translations of the Chinese)。该译集主要来自之前的翻译,共收录 108 首白诗翻译《译自中国诗》中还附有白居易生平年表和长达十页的介绍,对白居易生平重大事件及《与元九书》一文有比较详细的介绍。

1946 年,韦利整理出版了《中国诗选》,该译集所选译的诗作基本上全部来自之前的《中国诗 170 首》《中国古诗选译续编》、《寺庙集》和《诗经》。此译集共收录了 103 首白诗翻译。该译集在原译作的基础上对许多译诗都进行了一定的修改,并在译集最后做了附录。

1949 年,韦利出版了第一部传记类作品《白居易的生平与时代》,其中不仅包含对白居易生平及时代背景的介绍,也译介了许多尚未翻译过的白诗。

二、对白居易诗不同风格的再现

白居易曾将自己的诗歌分为讽喻、闲适、感伤和杂律诗四类,但是这种分类受到后期研究者的质疑。这里主要是从内容而非诗体上探讨韦利的白诗翻译,因此主要从广义的讽喻和感伤两个方面来研究韦利对白居易不同诗歌风格的翻译。

(一)韦利讽喻诗翻译之叙事性凸显

在白居易的诗中,讽刺诗是非常重要的一类,韦利的白诗翻译中也包含了部分讽喻诗的翻译。通过研究发现,韦利对讽喻诗的翻译凸显了原诗的叙事性。虽然整体来说讽喻诗原本就属于叙事诗的范畴,但是韦利在讽喻诗的翻译中通过一些情节和细节的描写以及对议论性语言的叙事性改译凸显了原诗的叙事性特征。例如:

寄隐者

卖药向都城,行憩青门树。道逢驰驿者,色有非常惧。亲族走相送,欲别不敢住。私怪问道旁,何人复何故? 云是右丞相,当国握枢务。禄厚食万钱,恩深日三顾。昨日延英对,今日崖州去。由来君臣间,宠辱在朝暮。青青东郊草,中有归山路。归去卧云人,谋身计非误。

THE POLITICIAN

…/Friends and relations, waiting to say good-bye,/Pressed at his side, but be did not dare to pause. / …/Green, green, … the grass of the Eastern Suburb;/And amid the grass, a road that leads to the hills. /Resting in peace among the white clouds,/At last he has made a "coup" that cannot fail!

译诗对叙事性的凸显主要体现在三个方面。首先,原诗诗题为《寄隐者》,韦利将其改译为《政治家》(*The Politician*),将原诗讽刺的意味表现得十分明显。其次,韦利对隐者远去崖州、亲族相送的场面添加了一些描述性语言。韦利将"亲族走相送,欲别不敢住"中的"走相送"拆解成了 waiting to say good-bye 和 pressed at his side 两部分,press 意为挤着走,这个词本身就给读者比较强的具体感,使人感觉这个送别场面人很多,很拥挤。再次,最后四句译诗将原诗寄托诗人感情和感慨的诗句改译成对故事结局的陈述。

韦利对白居易的《宿紫阁山北村》一诗的翻译也体现了在讽喻诗翻译中对叙事性的凸显。来看韦利对"举杯未及饮,暴卒来入门。紫衣挟刀斧,草草十余人"四句的翻译:

We raised our cups, but before we began to drink/Some

rough soldiers pushed in at the gate,/Dresses in brown,carrying knife and axe/Ten or more,hustling into the room.

原诗"暴卒来入门"一句只是交代了暴卒入门而来,并未提及暴卒进门的形态,韦利在译诗中选用 push 一词表示入门而来,同时将暴卒气势汹汹的形态简洁而巧妙地表现了出来,给人一种很强的可感性。韦利在翻译"草草十余人"一句时,通过自身的想象和创造性,将原诗所隐含的这一故事情节直接在译文中表现出来,一方面使故事情节更为连贯,另一方面给人更为直接的感触,描绘出了暴卒的飞扬跋扈,使情节和行为更为具体、形象。

受自身主体性的影响,译者无论多么重视原诗,都不可能完全再现原诗。译者首先是一个读者,阅读的过程也是"视域融合"的过程,读者对原作的理解是在自身主体性影响下的一种阐释,翻译就是在这种阐释之后的再阐释。韦利的讽喻诗翻译就是这种认识影响下的再阐释,韦利的该类译诗与原作相比表现出更强的叙事性。

(二)韦利感伤诗翻译之选择性

韦利翻译了很多白居易的伤感诗,并对白居易感伤诗的翻译表现出了较高的选择性。韦利白诗翻译集的感伤诗,多是那些语言平实浅显、不假雕琢、不饰华丽辞藻的诗作,其译诗不仅较好地传递了原作平实的特点,而且对原诗本身的感情也有较为传神的表现。例如:

昨日闻甲死,今朝闻乙死。知识三分中,二分化为鬼。逝者不复见,悲哉长已矣。

(《感逝寄远》)

四时未常歇,一物不暂住。唯有病客心,沉然独如故。

(《村居病卧》)

这些伤感诗语言平实,用词口语化,没有刻意讲求形式和技巧。然而从情感上来看,在平淡自然的语言背后却饱含深情。

韦利对这些诗歌的翻译较好地传递了原诗本身的特点。下面来看韦利对《初与元九别后梦见之及寤而书适至兼寄桐花诗怅然感怀因以此寄》中部分诗句的翻译。

一章三遍读，一句十回吟。珍重八十字，字字化为金。

（《初与元九别后梦见之及寤而书适至兼寄桐花诗怅然感怀因以此寄》）

The whole poem I read three times;/Each verse ten times I recite. /So precious to me are the fourscore words/That each letter changes into a bar of gold.

此诗语言平易自然，但字字含情。韦利的译诗词汇均是日常之语，没有丝毫华丽生僻之词，保留了原诗语言平实、不假雕琢的特点，而且通过简单的词语承载了诗人浓浓的感情。

再如，韦利对《村居病卧》最后四句"四时未常歇，一物不暂住。唯有病客心，沉然独如故"的翻译。

The Four Seasons go on for ever and ever;/In all Nature nothing stops to rest/Even for a moment. Only the sick man's heart/Deep down still aches as of old!

韦利在原诗基础上巧妙进行创造性调整，选词用字均来自日常俗语，语言简练，在平淡的字词中传递了原诗的感伤之情。

总体而言，韦利受自身诗学审美的影响，在白居易的感伤诗中偏爱语言平实自然、不假雕琢、不饰技巧的一类，并对原诗之风格和情感有较好地体现。

第四节　汉语"朦胧诗"的跨界呈现

一、英语中 ambiguity 的多义性

英语中的 ambiguity 具有两层含义，即"不确定"和"歧义"，二者是相互生成的关系。英国著名批评家、诗人威廉·燕卜荪（William Empson）指出，任何导致对同一文字的不同理解及文字歧义，不管多么细微，都可以称作"朦胧"。他于 1930 年写成了

Seven type，of Ambiguity 一书，改书有多种翻译:《含混七型》《朦胧七义》《复义七型》《歧义七型》等，直到周邦宪等人的全译本《朦胧的七种类型》出版，Ambiguity 的中译名才基本确定。在该书中，燕卜荪将朦胧具体分为七种类型，并指出朦胧是诗歌的根基。燕卜荪认为朦胧是诗歌的重要特征，一切优秀的诗歌都是朦胧的典范。当然燕卜荪对朦胧的分类标准并不严格，缺乏一个统一的尺度。燕卜荪对"朦胧"的探讨不只局限于语言层面，而是深入到诗的本质当中，甚至深入到诗人的创作心理和读者的阅读心理层面。他注重诗人的思维、诗人的表达、读者的理解三者之间的距离。燕卜荪的朦胧是一种美学的概念，类似于中国古典文论中的"言不尽意""言有尽而意无穷"等概念。早在中国的先秦典籍《周易·系辞》中，就有"言不尽意"的表述，其后的老子、庄子都对这一问题有过阐释。燕卜荪的朦胧所涉及的心理层面正与中国古代文论中的内心不可言说相暗合。

中国古典诗歌是朦胧的典范，诗人一向崇尚含蓄、蕴藉、朦胧，要求诗歌如同镜中花、水中月，既空灵虚幻又富有无穷的情致和韵味。晚唐著名诗人李商隐的诗更是朦胧中的经典，其用细腻的表达、扑朔迷离的结构，开创了一个充满激情和幻想的奇异、迷人的境界。本文将尝试从燕卜荪的英诗七种朦胧类型来反观李商隐的"无题诗"，探讨其诗歌"朦胧"在英译中的得失。本节选取李商隐最有代表性的《锦瑟》作为研究对象，用四位国内外著名翻译家:葛瑞汉(A. C. Graham)、宾纳、刘若愚(James J. Y. Liu)、许渊冲的翻译作为例证，对"朦胧"在英译中的得失进行分析。

二、《锦瑟》代表的"朦胧"

李商隐，字义山，号玉溪生，怀州河内(今河南沁阳)人，晚唐著名诗人。李商隐诗现存约六百多首，大都以抒情婉曲见意，往往寄兴深微，想象奇特，余味无穷。他诗歌的特点往往是避实就虚，刻意求曲，打破了时空顺序，混淆了实虚境界，透过一种象征手法把感情表现出来，使人读起来感到晦涩难懂，如雾里看花。①
《锦瑟》一诗含义隐晦，意境朦胧，引发多少人去追寻其义，然而越解其义越多，它因此成为中国诗歌史上最具争议的诗歌之一。

锦瑟

李商隐

锦瑟无端五十弦，一弦一柱思华年。

庄生晓梦迷蝴蝶，望帝春心托杜鹃。

沧海月明珠有泪，蓝田日暖玉生烟。

此情可待成追忆，只是当时已惘然。

《锦瑟》这首诗中包含许多典故，每个典故都有出处，可是合起来说明什么，却不可捉摸。对于这首诗的主题则更是众说纷纭，意见难以统一。

李商隐思想敏锐、感情丰富、多愁善感；他对社会，对人生总能以一种独特的方式来感知，来表达。他所追求的朦胧意境、含蓄意味、深邃思想为诗歌的多重主题奠定了基础。李商隐借用锦瑟所暗指的对象，几千年来一直让人迷惑不解。可是越是这样模糊的意指越是能引发人的兴趣。另外，诗歌中的典故：蝴蝶、望帝、珍珠、美玉等也都是虚指，但虚指中又含着极强的象征、暗示色彩，表达的是实际生活中的事物和人生。这些铺排的典故，给人一种不确定和变幻的感觉，营造了扑朔迷离的审美意境，让人陷入对主题的模糊难解中。

①　李冰梅.文学翻译新视野[M].北京：北京大学出版社，2011：127.

参考文献

[1]白靖宇. 文化与翻译[M]. 北京:中国社会科学出版社,2010.

[2]包惠南,包昂. 中国文化与汉英翻译[M]. 北京:外文出版社,2004.

[3]陈福康. 中国译学理论史稿[M]. 上海:上海外语教育出版社,1992.

[4]陈俊森,樊葳葳,钟华. 跨文化交际与外语教育[M]. 武汉:华中科技大学出版社,2006.

[5]范存忠. 中国文化在启蒙时期的英国[M]. 上海:上海外语教育出版社,1991.

[6]方梦之. 译学辞典[M]. 上海:上海外语教育出版社,2003.

[7]高华丽. 中外翻译简史[M]. 杭州:浙江大学出版社,2009.

[8]龚光明. 翻译美学新论[M]. 上海:上海交通大学出版社,2016.

[9]龚光明. 翻译思维学[M]. 上海:上海社会科学院出版社,2004.

[10]何江波. 英语翻译理论与实践教程[M]. 长沙:湖南大学出版社,2010.

[11]胡经之. 文艺美学[M]. 北京:北京大学出版社,1999.

[12]胡文仲. 英美文化辞典[M]. 北京:外语教学与研究出版社,1995.

[13]黄书泉. 文学批评新论[M]. 合肥:安徽大学出版社,2001.

[14]孔慧怡. 翻译·文学·文化[M]. 北京:北京大学出版社,1999.

[15]雷淑娟.文学语言美学修辞[M].上海:上海财经大学出版社,2004.

[16]李冰梅.文学翻译新视野[M].北京:北京大学出版社,2011.

[17]李国华.文学批评学[M].保定:河北大学出版社,1999.

[18]李建军.文化翻译论[M].上海:复旦大学出版社,2010.

[19]林煌天.中国翻译词典[M].武汉:湖北教育出版社,1997.

[20]刘华文.汉诗英译的主体审美论[M].上海:上海译文出版社,2005.

[21]刘军平.西方翻译理论通史[M].武汉:武汉大学出版社,2009.

[22]刘宓庆,章艳.翻译美学理论[M].北京:外语教学与研究出版社,2011.

[23]刘宓庆.翻译美学导论[M].北京:中国对外翻译出版有限公司,2012.

[24]刘宓庆.文化翻译论纲[M].武汉:湖北教育出版社,1999.

[25]刘宓庆.现代翻译理论[M].北京:中国对外翻译出版公司,1999.

[26]刘运好.文学鉴赏与批评论[M].合肥:安徽大学出版社,2002.

[27]马祖毅,仁荣珍.汉籍外译史记[M].武汉:湖北教育出版社,1997.

[28]马祖毅.中国翻译简史[M].北京:中国对外翻译出版公司,1998.

[29]马祖毅.中国翻译史[M].武汉:湖北教育出版社,1999.

[30]冒国安.实用英汉对比教程[M].重庆:重庆大学出版社,2004.

[31]蒲震元.中国艺术意境论[M].北京:北京大学出版社,1999.

[32]宿荣江.文化与翻译[M].北京:中国社会出版社,2009.

[33]童元方.译心与译艺:文学翻译的究竟[M].北京:外语教学与研究出版社,2015.

[34]王平.文学翻译意象论[M].成都:西南财经大学出版社,2013.

[35]魏海波.实用英语翻译[M].武汉:武汉理工大学出版社,2009.

[36]吴晟.中国意象诗探索[M].广州:中山大学出版社,2000.

[37]武锐.翻译理论探索[M].南京:东南大学出版社,2010.

[38]谢天振.中西翻译简史[M].北京:外语教学与研究出版社,2009.

[39]严明.大学英语翻译教学理论与实践[M].长春:吉林出版集团有限责任公司,2009.

[40]杨丰宁.英汉语言比较与翻译[M].天津:天津大学出版社,2006.

[41]于德英."隔"与"不隔"的循环:钱钟书"化境"论的再阐释[M].上海:上海译文出版社,2009.

[42]张今.文学翻译原理[M].开封:河南大学出版社,1987.

[43]张晶.审美之思[M].北京:北京广播学院出版社,2002.

[44]张璐.文学传统与文学翻译的互动[M].镇江:江苏大学出版社,2013.

[45]张全.全球化语境下的跨文化翻译研究[M].昆明:云南大学出版社,2010.

[46]张维友.英汉语词汇对比研究[M].上海:上海外语教育出版社,2010.

[47]赵小兵.文学翻译:意义重构[M].北京:人民出版社,2011.

[48]钟书能.英汉翻译技巧[M].北京:对外经济贸易大学出版社,2010.

[49]陈桂琴.大学英语跨文化教学中的问题与封策——一项基于黑龙江科技大学的个案研究[D].上海:上海外国语大学,2014.

[50]杜倩.汉英植物词语文化语义对比研究[D].保定:河北大学,2011.

[51]金鑫.汉英语序对比与对外汉语教学[D].长春:东北师范大学,2011.

[52]林妙莹.清末民初翻译侦探小说研究[D].海口:海南大学,2017.

[53]刘雅峰.译者的适应与选择:外宣翻译过程研究[D].上海:上海外国语大学,2009.

[54]王海枫.浅析英语否定句的翻译方法——以《我们这个时代的美国》的汉译为例[D].北京:北京外国语大学,2017.

[55]王士军.中国近代文学的文体变革[D].哈尔滨:哈尔滨师范大学,2017.

[56]祝军.从跨文化交际学的角度探讨英汉动物词汇文化内涵的异同与翻译[D].武汉:华中师范大学,2003.

[57]白玥.英语文学翻译中艺术语言的处理原则[J].文学教育(上),2018,(12).

[58]包恩齐.从反叛走向和解——论百年新文学与传统文学的关系[J].延边大学学报(社会科学版),2018,(3).

[59]包延新,孟伟.《诗经》英译概述[J].晋东南师范专科学校学报,2002,(6).

[60]蔡杰.概述中国翻译理论与实践的发展[J].课程教育研究,2018,(52).

[61]蔡静.浅析中西价值观差异[J].辽宁行政学院学报,2014,(4).

[62]曹容.汉英动物文化词汇联想意义比较及其差异溯源[J].成都教育学院学报,2006,(10).

[63]陈嘉铭.语境文化对英美文学翻译的影响及其翻译策略[J].齐齐哈尔师范高等专科学校学报,2018,(5).

[64]陈顺意."特朗普"还是"川普"——论英语人名地名翻译的原则[J].凯里学院学报,2018,(4).

[65]陈雪.浅析英汉翻译中的词汇和句法对比[J].长春教育学院学报,2013,(11).

[66]程章灿.魏理眼中的中国诗歌史——一个英国汉学家与他的中国诗史研究[J].鲁迅研究月刊,2005,(3).

[67]段满福.从英汉语言语态上的差异看英汉被动句的翻译[J].内蒙古农业大学学报(社会科学版),2004,(4).

[68]傅静玲.英汉思维差异与语态选择[J].安徽文学(下半月),2008,(10).

[69]高日华,王新.接受美学视阈下文学翻译文本的意义生成[J].语文学刊(外语教育教学),2015,(9).

[70]高原.从《侠隐记》看近代译介小说及文学翻译的流变[J].理论界,2017,(5).

[71]葛婉.论作为文学史叙述对象的中国现代翻译文学[J].文学教育(上),2018,(6).

[72]郭竞.中国近代文学翻译中的意识形态问题[J].郑州航空工业管理学院学报(社会科学版),2016,(4).

[73]郝建设.英汉姓氏人名翻译论述[J].武警学院学报,2016,(11).

[74]何震.从英汉语态中看中西文化差异[J].学周刊,2016,(9).

[75]胡建华.关于中西人名文化差异的跨文化研究[J].燕山大学学报(哲学社会科学版),2002,(8).

[76]贾宁宁.英汉语逻辑连接对比与翻译[J].海外英语,2016,(7).

[77]金奕彤.从"创意"到"创译":译者创造性思维的应用[J].上海翻译,2019,(1).

[78]兰佩莉.语境文化对英美文学翻译的影响研究[J].英语广场,2019,(2).

[79]李东杰,蓝红军.翻译文学史书写的新探索——兼评《20世纪下半叶中国翻译文学史:1949—1977》[J].东方翻译,2018,(3).

[80]李茜茜.浅析英汉词汇的文化差异[J].山西青年报,2016,

(8).

[81]梁赤民.论中国地名英译的统一[J].安徽工业大学学报（社会科学版）,2010,（4）.

[82]廖喜凤.中英植物文化词汇差异与翻译[J].邵阳学院学报,2008,（3）.

[83]林梅.语境在英美文学翻译中的功能及运用研究[J].辽宁科技学院学报,2018,（4）.

[84]刘美娟.中西地名命名及文化意蕴比较[J].浙江社会科学,2010,（9）.

[85]刘沭丰.基于英语文学翻译中创造性生成运用的研究[J].英语广场（学术研究）,2013,（12）.

[86]毛莉.英汉词汇对比与翻译[J].陕西教育（高教版）,2008,（10）.

[87]容新霞,李新德.文学翻译中的变异与顺应论[J].萍乡高等专科学校学报,2010,（4）.

[88]沙德玉.英汉词汇的对比研究及其翻译初探[J].零陵学院学报（教育科学）,2004,（6）.

[89]沈世锦.英汉句法对比综述[J].现代交际,2017,（8）.

[90]谭卫国.略论翻译的种类[J].上海师范大学学报,2002,（3）.

[91]谭业升.美国汉学家陶忘机的中国小说翻译观[J].外语学刊,2018,（6）.

[92]汤霞.晚清报人翻译家研究——以包天笑为例[J].开封教育学院学报,2019,（4）.

[93]王冬梅.英汉动物文化内涵的比较与翻译[J].南通航运职业技术学院学报,2006,（2）.

[94]王桂灵.英汉缩略词对比[J].产业与科技论坛,2013,（11）.

[95]王建始.前重心与后重心——英汉句子比较[J].中国翻译,1987,（3）.

[96]王娟."文本间距"与文学翻译审美理解的实现[J].巢湖学院学报,2018,(4).

[97]王灵芝.文学翻译的义旨:意义再生——《文学翻译:意义重构》述评[J].中国俄语教学,2014,(1).

[98]王绍瑾.汉英语言中动物文化意象的互译研究[J].湖南工业职业技术学院学报,2015,(1).

[99]王伟.文化翻译的原则和方法[J].文教资料,2010,(5).

[100]卫孝芬.英汉动物词汇的跨文化对比及翻译[J].岱宗学刊,2005,(2).

[101]魏烨.英美文学翻译中的语境文化因素[J].英语广场,2019,(3).

[102]肖华芝.论英汉人名折射出的中西文化差异[J].湖南医科大学学报(社会科学版),2009,(5).

[103]肖唐金.跨文化交际翻译学:理论基础、原则与实践[J].贵州民族大学学报,2018,(3).

[104]谢晓霞.民初短篇小说翻译中现代性的三维书写[J].深圳大学学报(人文社会科学版),2018,(5).

[105]徐岩.文化角度下的英语人名翻译初探[J].太原城市职业技术学院学报,2013,(6).

[106]杨超.人名、地名的中西互译[J].科学大众·科学教育,2017,(8).

[107]张戈,王肖.文化视域下特指地名翻译中象征词的运用[J].和田师范专科学校学报,2015,(4).

[108]张军燕.浅析英汉词汇翻译技巧[J].外语教研,2008,(14).

[109]张义桂.中西方传统思维方式的差异及成因[J].文史博览(理论),2016,(6).

[110]张毓展.文学翻译中语言内语境对语义的影响[J].智库时代,2019,(2).

[111]赵小兵.文学翻译:意义筹划与突显论 以《静静的顿

河》中译为例[J].俄罗斯文艺,2016,(2).

[112]赵小兵.文学翻译中的意义重构[J].中国俄语教学,2012,(4).

[113]赵小兵.文学翻译中的语境的特殊性[J].攀枝花学院学报,2012,(6).

[114]郑东方,张瑞娥.文学翻译的译者本土化身份构建[J].安康学院学报,2019,(3).

[115]郑燕平.英汉语跨文化翻译的基本原则与方法[J].华北科技学院学报,2002,(4).

[116]钟璇.从迁移理论看周作人的文学创作对文学翻译的影响[J].海外英语,2018,(15).

[117]朱华.关联理论视角下文学翻译中隐含意义处理[J].中国电力教育,2008,(24).

[118]朱梦.新闻传播中英语地名翻译探讨[J].科技传播,2015,(10).

[119]庄国卫.英汉语篇对比与翻译教学[J].林区教学,2007,(8).

[120]Amy Lowell & Florence Ayscough. *Fir-Flower Tablets：Poems Translated from the Chinese*[M]. Boston：Houghton Mifflin Company,1926.

[121]Arthur Waley. *A Hundred and Seventy Chinese Poems*[M]. London：Constable and Company LTD,1920.

[122]Susab Bassnett & Andre Lefevere. *Constructing Cultures—Essays on Literary Translation*[M]. Shanghai：Shanghai Foreign Language Press,2001.